꾸물거리고 미루는 습관

고치고 싶어요!

꾸물거리고 미루는 습관 고치고 싶어요!

안드레아 페리 지음 ● 오태균 옮김

Isn't It About Time?

꾸물거리고 미루는 습관 고치고 싶어요!

Isn't It About Time?

초판 1쇄 2015년 11월 12일

지은이 | 안드레아 페리
옮긴이 | 오태균

펴낸이 | 임말희
편집 | 공윤조
프린트 | 영진문원
펴낸곳 | 눈 출판그룹

출판등록 | 2012년 5월 23일 제321-2012-000122호
주소 | 서울특별시 서초구 효령로 60길 23-11 서전빌 3층
전화 | 1661-4310
팩스 | 02-3394-4749
이메일 | master@nun.or.kr

값 22,000원
ISBN 978-89-94347-54-7(93180)

파본이나 잘못된 책은 바꿔드립니다.

 이 도서의 국립중앙도서관 출판시도서목록(CIP)은 e-CIP 홈페이지(www.nl.go.kr/ecip)에서 이용하실 수 있습니다. (CIP 제어번호 : 2015023595)

사랑하는 마틴을 위하여

목 차

감사의 글 10

서문 이제는 때가 되지 않았는가? 13

I 이 일은 내일 해야지… 17

꾸물대는 것 – 시간 도둑 19

나선형 행동 20

보류된 인생 25

미루는 것과 신뢰 30

우리는 무엇을 미루는가? 33

때론 꾸물대는 것이 도움이 되지 않는가? 38

누가 미루는가? 40

어떤 사람들이 미루지 않는가? 43

어떤 사람들이 앞으로 나아가는가?

II 해야 할 것, 하지 말아야 할 것 49

1단계 : 인식하기 52

2단계 : 탐색하고 실험하기 58

3단계 : 선택하고 몰입하기 64

4단계 : 완수하기 74

5단계 : 멈추고 되돌아보기 80

생각하는 것과 꾸물거리는 것 88

그렇다면 꾸물거리는 것은 어떻게 발달하는가? 95

1단계 : 인식하기를 미루는 것 96

2단계 : 탐색하고 실험하는 것을 미루기 110

3단계 : 선택하고 몰입하는 것을 미루는 것 128

4단계 : 완수를 미루는 것 159

5단계 : 멈추기를 미루는 것 178

III 앞으로 나아가는 방법들 197

앞으로 나아가는 신체적인 방법들 199

앞으로 나아가는 정신적-정서적 방법들 225

자신에 대한 신뢰 쌓기 225

자신에게 앞으로 나아갈 수 있도록 허락하기 247

인식할 수 있는 기회 주기 247

탐색하고 실험할 수 있도록 허락하기 251

선택하고 몰입할 수 있도록 허락하기 254

그만하면 되었다는 것을 알고 완수하도록 허용하기 276

잠시 멈추기를 자신에게 허용하기 281

관계들 287

협력자들 288

역할 모델들 298

존중과 책임 302

다른 창의적인 전략들 305

비단과 상실 314

IV 당신이 아는 누군가가 꾸물거린다면 301

집에서 꾸물거림 324

일터에서 꾸물거림 342

V 새로운 삶의 방식 349

참고문헌 360

이 책에 묘사된 사람들의 이름들, 개인적인 세부항목들, 그리고 상황들은 개인의 사생활 보호를 위해 변형되었다. 어떤 개인과 관계된 정확한 표현이 있다면 그것은 순전히 우연의 일치일 것이며, 그에 대한 책임을 작가 혹은 워스 출판사에 돌릴 수는 없다.

감 사 의 글

이 책을 쓰고 완성하기까지 많은 사람이 도움을 주었으며, 그들의 격려와 기술, 영감에서 많은 도움을 받을 수 있었던 것은 내게 큰 행운이라고 생각한다.

먼저, 나와 함께한 치료therapy 나 워크숍에서 미루기를 극복하는 방법을 공유해준 사람들에게 감사와 경의를 표하고 싶다. 그들의 용기와 영감, 그들이 이루어낸 변화에서 나는 많은 것을 배웠다. 나는 채플 오차드, 머튼, 그리고 킹스턴 대학의 스태프들에게도 감사의 뜻을 전하고 싶다. 그들은 지난 몇 년간 지지와 격려, 그리고 풍부한 깨달음과 실험의 기회, 그리고 내가 직업적으로뿐만 아니라 개인적으로도 성장할 기회를 제공했다. 또한 그들 때문에 많이 웃을 수 있었다. 집필 과정에서는 수퍼바이저들의 후한 도움을 받았으며, 특히 알리다 거시, 파리재드 바사이, 고든 웰러, 마리나 젠킨스에게 감사의 말을 전하고 싶다. 그리고 누구보다도 T의 지혜와 친절, 순전한 끈기는 나의 능력이 발휘되는 데 크나큰 기여를 했다.

나는 처음으로 이 책에 대한 믿음을 보여준 사라 타이어에게 고마움을 표한다. 나는 그녀의 충고를 종종 참고했다. 킹스톤 대학의 강의를 통해 학생들과 함께한 것도 내게는 큰 즐거움이었다. 삽화를 그려준 조엘 미스천에게도 감사한다. 그는 내가 원고 마감을 미루고 있을 때도 삽화를 완성해주었다! 루이즈 페치는 사랑과 지지, 그리고 2장에 대해 사려깊은 충고를 해주었다. 제니 스테이시는 피드백과 코멘트, 또한 적절한 순간에 기쁨을 선사했다. 캐서린 페스타노의 '엄한 사랑'과 끊임없는 격려와 번뜩이는 아이디어에 감사한다. 앤 크럼프는 디자인에 대한 피드백을 해주었다. 제인 우드의 예리한 통찰력과 위트, 믿음직한 가르침에 감사한다. 패딩튼 레크리에이션 센터 내에 있는 코트니 체육관의 클립튼 피어론은 3장의 '몸을 움직일 때It's time to move your body'에 대한 아이디어를 주었다. 브루스 커리는 너그러운 지원과 창의적인 방법들을 공유해주었다. G&E 2000의 브라이언 스윈슨은 확신을 가지고 이 책의 프로젝트를 맡아 주었다. G&E 2000의 트레이시 윅스의 지속적인 애정과 상상력, 그리고 내가 '하나만 더' 수정하겠다고 부탁할 때마다 보여주었던 인내심에도 감사를 표한다.

이 프로젝트에 대한 워스 출판사 직원들의 진심어린 열정에 고마움을 표한다. 책이 나오기 전부터 쉬지 않고 홍보를 해준 넬 크라우디에게 감사한다. 페트라 하워드우어즈의 에너지와 유머 감각, 전문성 및 책에 대한 충고에 감사한다.

누구보다도 나의 남편이자 동료 정원사인 마틴 우드의 끊임없는 사랑과 지지, 분별력, 그리고 밤이든 낮이든 차를 끓여주었던 그 정성이 없었더라면 이 책이 나올 수 없었을 것이다. 나는 그에게 언제나 변함없는 사랑과 감사의 마음을 전한다.

서 문

이제는 때가 되지 않았는가?

당신은 일을 미루는 편인가 ?

당신은 '나중에 할 거야' 라고 스스로에게 말하는가 ? 오늘 마칠 수 있는 일이라는 것을, 혹은 오늘 마쳐야만 하는 일이라는 것을 알면서도 내일 또는 다른 시간으로 미루고 있지 않은가 ? 당신만 그런 것은 아니다. 거의 모든 사람이 이따금씩 일을 미룬다. 나 역시도 마찬가지다 ! 이것은 짜증 나는 습관이자 정말로 큰 어려움이 될 수 있다. 만일 당신이 일을 지나치게 미루는 사람과 같이 살고 있다면 아마도 미쳐버릴 수도 있다. 제1장의 후반부에 수록된 질문지에서 '예' 라고 응답한 답변의 수를 세어보라. 그 합계는 당신의 삶에서 꾸물대는 것이 얼마나 많은 비중을 차지하고 있는지를 알려줄 것이다.

책을 쓰면서 사람들에게 이런 이야기를 할 때마다 나는 친구는 물론이고 잘 알지 못하는 사람들에게서조차 똑같은 '농담' 을 들었다. "장담컨대 당신은 결코 그 책을 완성하지 못할 걸 !" 수년 간 내가 가장 좋아했던 문장들 중 하나는 '내일 해야지' 였다. 때때로 내담자들과 동료들은 나를 자신감 있고, 결단력 있으며 효율적인 사람으로 보았다. 그리고 물론 그들의 말은 옳았다. 내가 그렇게 보였을 수 있다. 하지만 나는 '만일 그들이 이것을 안다면… !' 하고 씁쓸한 생각을 하곤 했다. 왜냐하면 내게도 미루어둔 약속과 반쯤 하다 만 프로젝트가 있었고, 오랫동안 기피해왔지만 이제는 결정을 내려야 할 문제들이 진료실 밖에서 나를 기다리고 있기 때문이었다. 그렇기 때문에 오히려 나는 내가 치료했던 사람들이 겪는 힘든 싸움에 대한 직접적인 지식을 알고 있다는 이점이 있었다. 그들은 실제로 자신들이 하고자 하는 일을 시작하거나, 전념하려고 할 때마다 이러한 싸움을 경험했다. 그리고 그들은 좌절했고, '어서 계속 해!'라는 말에 따를 수 없는 자신의 외적 무능력함의 덫에 빠지게 되었다. 내가 그랬던 것처럼 말이다.

나는 어느 날 우리 가운데 누군가가 마법에 걸려 누구에게나 광범위하게 적용 가능한 해결책을 발견했다는 소식을 전했으면 좋겠다. 그러나 그런 일은 현재까지 일어나지 않았다. 지난 세월 우리는 시행착오를 통해 꾸물대는 것을 극복하는 다양한 방법을 발견해냈으며, 많은 이가 꾸물대는 것을 멈추고 당신이 바라는 것처럼 효과적이고 창조적인 사람이 되었다. 그러므로 이 책은 우선 어떻게 미루는 습관이 생겨났는지에 대한 이해를 돕고, 나의 치료와 직업 현장에서 내가 만난 사람들을 앞으로 나아가게 만들었던 수많은 전략을 제안하려고 한다. 치료 과정에서 우리에게 많은 사랑을 보여주었던 사람들과 그들의 친구와 가족들이 이 책의 탈고를 기념하는 자리에 나와 함께 동석해주었다.

아무리 당신의 습관이 견고하더라도, '당신의 삶 속에서 꾸물대는 것을 중단하는 법을 배울 수 있다'는 좋은 소식이 있다는 사실은 충분히 기뻐할 만하다. 당신은 해방될 수 있으며 에너지를 더 즐겁고 만족스러운 삶의 방식으로 전환시킬 수 있다. 당신이 현재 얼마나 옴짝달싹 못하고 있다고 느끼고 있든지, 당신은 시스템 상의 장해물을 제거하고 삶을 제자리로 돌려놓을 수 있다. 당신이 자동적으로 당장 할 수 있는 일이나 반드시 해야만 하는 일을 미룬다고 하더라도, 당신은 목표 지향적으로 행동할 수 있는 능력이 있으며 이를 크게 발전시킬 수 있을 것이다.

이는 첫날부터 매우 흥미진진한 과정이 될 것이다. 왜냐하면 당신이 색다른 시도를 할 때마다, 짜증나고 혼란스러웠던 미루는 습관 속에 가려져 있던 것이 바로 당신이 이끌어낼 수 있는 소중한 가치와 기쁨의 보물 창고라는 사실을 발견할 것이기 때문이다. 당신이 엄청난 꾸물대기의 대가라면, 당신이야말로 아직 발견되지 않은 보물 창고를 가진 사람일 것이다. 당신이 그 열쇠를 발견하는 데 이 책이 도움이 되기를 바란다.

I

이 일은 내일 해야지…

딱 5분만요…

꾸물대는 것-시간 도둑

꾸물거림으로써 지연이 발생한다. 그것은 당신에게 필요한 일을, 혹은 하고자 하는 그 일을 나중으로, 아니면 내일로(문자적 의미 그대로) 미루는 것이다. 그러나 한 번이라도 일을 꾸물거리고 미루어본 사람이라면, 모두가 알다시피 내일이라는 용어가 실제로는 그 일을 다음날 한다는 것을 의미하지 않는다. 꾸물거리고 미루는 용어로서 '내일 해야지'라는 말의 참뜻은 올해 안에, 내년에, 언젠가는, 혹은 결코 하지 않겠다는 말과 같다. 그것이 '연장하기'와 다른 이유는 바로 이 때문이다.

당신이 일, 결정, 그리고 대화를 연기할 때, 당신은 때가 되면 하겠다던 그 일을 해낼 것을 알고 있다. 당신이 '나중에'라고 말하더라도, 일이 아무리 어렵고 힘들더라도, 그 일에 대한 완성을 확신할 수 있다면 그 느낌은 다를 것이다. 반면에 당신이나 내가 꾸물거릴 때, 우리는 무엇인가를 회피하고자 한다. 예를 들자면 우리에게 필요한 것이나 우리가 원하는 것을 인식하는 것, 어떤 계획을 짜는 것, 과제를 끝까지 포기하지 않고 하는 것, 그 일을 다 끝내는 것, 심지어는 일을 끝내고 쉬는 것까지도 말이다. 우리의 모든 행동, 즉 움직이고, 만들고, 창조해내고, 말하고, 다가가고, 멀어지는 것 모두가 이런 단계를 따른다.

우리는 나선형 모양의 단계에 따라 움직인다. 이것은 폐쇄된 사이클이 아니므로 한 가지 행동을 마칠 때마다 다음 단계로 움직일 수 있다. 당신은 더 이상 과거의 누군가가 아니며 과거의 그 장소에 있지도 않다. 당신의 몸과 생각, 마음, 영혼은 더 많은 삶의 경험을 했으며 좀 더 나이를 먹은 것이다!

그림 | 나선형 행동Action Spiral의 다섯 단계

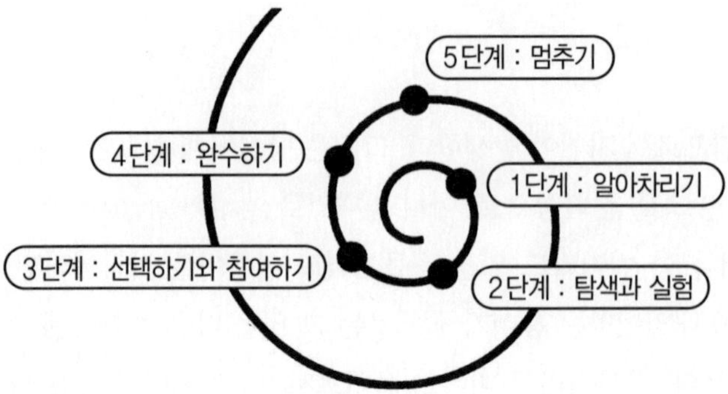

1단계 : 알아차리기

당신에게 필요한 것과 당신이 하고자 하는 것을 알아차림

2단계 : 탐색과 실험

계획하기, 준비하기

3단계 : 선택하기와 참여하기

무엇을 할 것인지 선택하고 그 일에 참여함

4단계 : 완수하기

당신이 시작한 일을 완수함

5단계 : 멈추기

행동을 멈추고 휴식하며 당신이 끝낸 일을 되돌아봄

당신은 나선형 행동의 이미지를 이 책 전반에 걸쳐 발견하게 될 것이다. 그 까닭은?

당신은 이 나선의 어떤 단계에서 꾸물댈 수 있고,
우리 중 일부도 그러하다!

나선형 행동을 이해하면 당신의 인생에서 어떻게 나아갈 것인지, 당신이 어떻게 정체하게 되었는지를 알게 될 것이다. 우리는 출생 순간부터 이런 단계를 통해 인생 항해법을 배운다. 우리는 인생 초기에 만났던 어른들에게 일을 시작하는 법에 대한 교훈을 배운다. 그들이 하는 것을 관찰하거나, 우리 스스로 어떤 일을 할 수 있도록 허락을 받거나(또는 허락을 못 받거나) 하는 것을 통해서 말이다. 당신은 효과적으로 행동하는 법을 배우며, 당신 자신의 논리와 직관에 따라 창조적이고 건설적이며 유쾌한 방식으로 옮길 수 있다. 또는 꾸물거리는 것을 통해 행동이나 일의 진행을 차단하는 법을 배울 수도 있다. 우리 대다수는 그 두 가지를 같이 배운다.

1장에서는 미룬다는 것이 우리 삶에 얼마나 심각한 영향을 미치는지, 어떤 사람이 영향을 받으며 어떤 사람은 그렇지 않은지, 그리고 그 습관을 극복하는 것이 당신의 삶에 얼마나 큰 유익을 가져올지를 낱낱이 살펴볼 것이다.

당신 특유의 미루는 습관을 확인할 수 있도록 2장에서는 첫 번째로 '우리는 일하는 방법을 어떻게 배우는가'를 영아기나 유아기 시절의 발달과정에 따라 묘사할 것이다. 그리고 우리가 자신의 자원을 개발하기 위해 필요하면서도 중요한 허락을 어떻게 받았는지와 효과적인 행동을 한 뒤의 만족감을 얻었던 방법에 대해 살펴볼 것이다. 그 다음 '미루는 습관은 어떻게 발달하는가'를 설명할 것인데, 여기서는 우리가 어떻게 나선형 행동의 각 단계마다 앞으로 나아가는 것을 막는 법을 배웠는지에 대해 설명할 것이다.

한편 당신은 바로 '해결책' 부분으로 직행할 수도 있다! 3장 '앞으로 나아가는 법'에서는 당신의 효율적인 부분을 개발하고 더욱 능동적이고 창조적으로 활용할 수 있는 다양한 아이디어와 제안들을 가득 실었다. 이를 통해 우리 안의 미루는 습관이 그 자리에서 물러날 수 있게 말이다. 이 제안들은 당신이 나선의 어느 단계에서 막혔다고 생각하는지에 맞추어 분류할 수도 있다. 따라서 어떤 방법이 당신에게 가장 도전적인지를 파악한다면, 당신은 그 부분에 초점을 맞추어 나머지 과정을 순조롭게 진행할 수 있을 것이다.

4장 '당신이 아는 누군가가 미루는 습관을 가지고 있다면'에서는 당신의 배우자나 자녀, 동료, 상사 등 미루는 습관을 가지고 있는 이를 돕기 위해 무엇을 할 수 있는지에 대해 생각할 수 있을 것이다. 그리고 무엇이 오히려 방해물이 되는지도 알 수 있다! 끝으로 5장 '새로운 삶의 방식'에서는 당신의 오래된 습관인 미루기가 더 나은 습관으로 대치된다면 삶이 얼마나 달라질 것인가를 다루고자 한다.

이 책을 지금부터 차례차례 읽어나갈 수도 있고, 필요한 부분만 읽어나갈 수도 있을 것이다. 가장 중요한 것은 당신이 이 과정을 즐기는 것이다.

만일 당신이 어떤 일을 미루고 있다고 생각한다면, 그리고 이것을 변화시켜보고 싶다면, 당신은 지금 꼭 필요한 책을 읽고 있다.

꾸물거리는 것은 시간을 얻고자 하는 노력이며, 앞으로 나아가는 나선형 행동의 방향에 대해 저항하는 방식이다. 이때 우리의 머리나 입에서는 많은 언어적 행동이 나타난다. 우리가 마주치게 되는 말들은 다음과 같다.

- 그것을 곧 할 거야.
- 커피 한 잔 더 마시고 의사에게 전화해야지.
- 휴가가 끝나면 배관공에게 전화해야지.
- 그가 좀 더 기분이 좋을 때 돈 얘기를 해야겠어.
- 이 일을 마칠 때쯤 그녀에게 승진 부탁을 해야겠다.
- 좀 더 피로회복이 되면 아이들과 놀아줄 수 있을 거야.
- 우표가 생기면 그 자선단체에 기부금을 보낼 거야.
- 이메일 확인을 하고, 다림질을 끝내고, 18kg 정도 체중을 줄이고, 커튼의 먼지도 털고, 등산을 하고, 17억 정도 모아서 세계 일주를 한 후에 그 일을 할 거야.

* *당신이 어떤 일을 회피하려는 바로 그 순간 다른 일이 흥미롭고 중요하게 보이기 시작한다는 것이 놀랍지 않은가!*

익숙한 말들인가? 스스로에게 하던 말들을 발견했을지도 모르겠다(내가 유일한 사람이 아니라는 사실이 기쁘다!). 꾸물대는 것은 인간의 모든 행동 목록 중 하나의 방법일 뿐이다. 그러니 우리 대부분은 한 번쯤 이와 같이 행동할 확률이 높다.

인식하기

당신이 삶의 모든 영역에서 꾸물대지는 않을 것이다. 하지만 때때로 꾸물거리고 있다면, 그리고 다르게 행동하기 위한 어떤 지침을 알고 싶다면, 당신이 미루는 시점과 그렇지 않은 시점에 대한 인식을 확대시켜 나아가라. 이는 긍정적인 변화를 위한 출발점이다.

눈을 감거나 허공을 바라보면서 당신이 일을 미루었던 가장 최근의 사건을 떠올려보라.

(그것은 당신이 원했거나 해야만 했던 일일 수도 있고, 혹은 다른 사람이 당신이 하길 원했거나 해야 한다고 했던 일일 수도 있다.)

가능한 한 뚜렷한 그림을 그리고, 마음의 눈으로 자세한 사항들을 떠올려보라.
그 일은 무엇이었는가?
당신은 그 일을 원했는가 아니면 원하지 않았는가?
당신의 마음속에 어떤 생각이 스쳐 지나갔는가?
그 일을 한다고 생각할 때 기분이 어떠한가?
그 일을 미루어야겠다고 결정한 뒤의 기분은 어떠한가?
그 다음엔 무슨 일이 일어났는가?
당신이 마침내 그 일을 마쳤다면, 그때 기분은 어땠겠는가?

다음에는…

최근에 당신이 하고 싶었던 일이나 해야만 했던 일(혹은 다른 이가 당신이 하길 바랐던 일이나 해야 한다고 했던 일)이면서 그때 실제로 끝냈던 일을 떠올려보라.

(역시 가능한 한 뚜렷한 그림을 떠올리고, 마음의 눈으로 자세한 이미지를 그려보라.)

그 일은 무엇이었는가?
당신은 그 일을 원했는가 아니면 원하지 않았는가?

당신의 마음속에 어떤 생각이 스쳐 지나갔는가?

그 일을 한다고 생각할 때 기분이 어떠한가?

그 일을 할 때의 기분은 어땠는가? 그 이후의 기분은?

위의 간단한 활동을 통해 당신은 스스로 매우 유용한 정보를 얻었다. 이 책에서 당신은 행동을 변화시키는 방법뿐 아니라 우리가 어떻게, 왜 일을 미루게 되는지에 대해 더 많은 제안과 아이디어를 얻을 것이다. 그러나 처음부터 기억해야 할 것은 당신도 성공을 위해 결단력 있고, 충실하고, 효율적으로 변할 수 있다는 것이다. 그리고 이것은 축하할 만한 일이다. 왜냐하면 단지 변화시키기 원하는 습관에만 초점을 맞추는 것으로는 불충분하기 때문이다. 이 책은 당신의 강점을 계발하는 것을 돕기 위한 것이며, 당신의 약점을 반드시 제거해야만 하는 것도 아니다! 이 강점을 활용하는 법은 3장에서 다룰 것이고, 우선은 미루기에 대해 이해해보도록 하자.

보류된 인생

꾸물대는 것은 시간 도둑으로 알려져 있지만, 그보다 더 나쁜 것이 있다. 하고자 하는 일이 무엇이든 꾸물대고 있다면 당신은 삶을 보류하고 있는 것이며, 나선을 따라 움직이는 것을 멈추고 있는 것이다.

당신의 세금 환급에 대해 생각해보자. 당신은 그 일의 필요성을 기억하고 있지만, 한 번 미룬다. 누군가가 귀를 기울였다면 당신의 입에서 새어나오는 '끙' 소리를 들었을 것이다. 한 번 미룬 후에 당신은 행동을 개시하여 관련된 서류를 모조리 찾고, 커피 한 잔을 내려 그 일을 하고자 자리에 앉았다. 이제 됐다. 당신은 우표를 붙이고 그것을 발송하면, 이제 우쭐함과 안도감을 느낄 것이다. 당신은 이제 그 일을 멈추고, TV를 볼 수도 있고, 또 다른 일을 계속해서 할 수도 있다.

만일 당신이 생각, 감정, 의도에 따라서만 움직인다면, 문제는 매우 단순해질 것이다. 진짜 감정이 오가고, 생각이 오가고, 그것은 행동으로 전환되고 표현될 에너지를 보유한다. 행동의 결과로 당신의 사고, 감정, 신체가 실제적인 경험을 하게 될 것이고, 이런 경험은 미래에도 활용할 수 있으며, 더 나은 선택과 결정을 하는 데도 도움이 될 것이다. 한 번 쉬고 나면, 가용한 모든 에너지를 가지고 또 다시 다른 일을 찾아서 주의를 기울일 준비가 된다.

하지만 당신이 꾸물거리고 있다면, 이런 것을 막고 있는 것이다. 세금환급 서류는 벽난로 선반 위의 시계 뒤편에 머물러 있다. 당신은 상상 속에서 나선형 행동 모델을 지나고 있을 뿐이며, 감정 반응도 있지만, 실제로는 근육 하나 움직이지 않는 것이다. 그 일을 마치면 기분이 좋을 것을 알지만, 실제로 개시는 하지 않는다. 당신은 어떤 장애물이든 넘어가기 마련이라는 생각에 그쳐 있다. 당신은 자신만의 논리를 선택적으로 따른다. 때문에 모든 에너지는 여전히 당신의 시스템 안에 머물러 있다. 당신은 '그 일'이 여전히 주변에 도사리고 있으며 당신과 씨름할 날을 기다리고 있다는 것을 알고 있기 때문에 느긋이 쉴 수도 없다. 당신의 생각은 모순된 것이기 때문에 결코 편안할 수가 없다.

당신이 일을 미루고 있다면, 다음 항목 가운데 몇 개 혹은 전부를 경험하고 있을지 모른다.

- 해야 할 일에 대해 가볍게 투덜대거나 초조해 하는 것
- 자기 비난, 죄책감
- 우울증
- 안절부절 못하고 피로감을 느낌(특히 아침에)
- 짜증이나 나쁜 기분, 쉽게 논쟁함
- 울먹거림, 불평하기
- 욕하기, 소리지르기, 적대적인 태도
- 강박적이고 주기적인 생각, 비합리성
- 불안 행동
- 혼란이 가중됨
- 긴장
- 고혈압
- 멍하니 앉아 있기, 부동성
- 구강 민감도 증가와 구강기 욕구 증가 : 과식, 음주, 흡연

그리 즐겁지 않다 !

만약 일요일 아침 일찍 당신의 집 창밖에서 어떤 차가 계속 엔진 소리를 내고 있다고 생각해보라. 앞으로 나아가기 위해 차 속의 전진 기어를 넣지 않고 꾸물대거나 그런 사람 주위에 있는 것은 당신의 삶에 지장을 주는 일이 될 수 있다. 꾸물대는 것이 습관이 되면, 그것이 삶의 단순한 한 영역일 뿐이었더라도 조만간 여러 계획, 반쯤 하다 만 프로젝트, 지키지

못한 약속과 결코 검증된 적 없는 망상 등으로 인해 당신의 재능이 앞으로 나아가지 못하고 가로막힐 것이다. 당신은 그 시점에 갇히는 것이다. 컴퓨터의 파일들을 열지 않아도 에너지가 소비되는 것처럼, 많은 물건이 든 핸드백 속에서 뭔가를 찾으려면 시간이 오래 걸리는 것처럼, 당신의 에너지는 소진될 것이다.

당신은 아마도 그렇게까지는 문제 되지 않을 거야라고 스스로 말할 수도 있다. 하지만 '내가 ~을 한다면 삶이 더 나아지겠지'라는 이미지를 '내일 할 일' 폴더에 저장하는 것은 당신이 지금 현재에 대해서는 낮은 기대를 가지고 느긋하게 걷고 있음을 뜻한다. 최근 딱히 흥분할 일이 없었을 수도 있지만, 그것이 단지 나이가 들었기 때문일 것이라고는 생각하지 말라. 꾸물대는 것은 시간을 왜곡하면서 삶을 정체시킬 것이고, 호기심과 매력, 열정, 스릴, 기쁨, 상쾌함, '내일 또 하자!' 등의 말들은 점차 그 의미를 잃어갈 것이다.

당신을 선박이라고 비유하면, 따개비(바위나 배 밑에 들러붙는 작은 조개들 –역주)들이 선체에 붙어 자라나도록 방치하는 것이다. 더 작은 생물들도 따개비 옆에 둥지를 틀기 시작한다. 그러면 수초가 그곳에 걸려 울퉁불퉁한 따개비 껍데기 사이에서 자라기 시작하고, 배가 얕고 불투명한 물가에서 더 깊은 바다로 이동하고자 할 때 그들은 푸른 후광을 드리우며 이동을 방해한다. 또한 낡은 부츠나 종이류, 나뭇가지 등 상상도 못할 부유물과 폐기물들이 수초에 걸린다(상황은 분명히 더 악화된다). 끝내 바다를 건너려는 당신의 시도는 심각한 방해를 받는다. 무엇을 하든 필요 이상의 노력을 쏟아부어야 한다. '~은 나중에 해야지'와 같은 생각은 우리가 움직이려 할 때마다 우리를 뒤로 잡아끈다.

만일 당신의 생각, 감정, 정신이 꽉 막히고 느릿느릿한 상태라면 자발적으로 움직인다는 것은 더 힘들 수도 있다. 호기심이나 흥분감 같이 어떤 일을 즐길 수 있게 하는 고무적인 기분을 느끼는 일은 더욱 힘들 것이다. 신선한 아이디어가 떠오르지 않으면 사고방식은 굳어지고, 따라서 어떤 흐름을 타지 못한다면 당신의 전반적인 삶은 더욱 경직된다.

우리의 신체는 창의적이고 생산적이어서 자연스럽게 어떤 사물에 비유된다. 그래서 우리 자신이 행동을 취하도록 하거나 그 반대의 경우가 되기도 한다.

당신이 긴 관, 또는 여러 개의 관으로 구성된 장치라고 생각해보라.

당신의 파이프에 이물질이 가득하다!

당신의 동맥이 막혔다!

당신의 척추는 삐걱거리고 근육은 딱딱하다!

나는 2장에서 나선형 행동의 각 단계에서 움직이지 않아 삶이 정체되었을 때 느끼는 반복된 긴장으로 인해 어떤 신체적인 문제가 생길 수 있는지 기술했다. 3장에서는 긴장을 완화하고 일을 재개할 수 있는 능력을 강화하는 데 도움이 되는 다양한 활동들을 소개한다. 이를 통해 당신의 흥미나 호기심, 열정 등을 고취시키는 활동을 할 수 있는 이완된 준비상태를 되찾을 수 있을 것이다. 이것이야말로 우리가 원하는 삶의 방식이 아닌가?

미루는 것과 신뢰

똑같지는 않을 수 있지만, 당신은 스스로 다음과 같이 말할 때가 있다.

난 그 일을 할 거야 – 시작하고 – 끝내야지 – 뉴스 보고 난 뒤에 –아침에 첫 번째로 – 주말에 – 내일 – 다음 주에 – 나중에 – 곧…

그러고 나서 그때가 되면, 당신은 그 일을 하지 않고 다시 일을 미루게 된다. 근본적으로 자신과의 약속을 어기는 것이다. 자신에 대한 신뢰와 자기 가치감은 추락하게 되고, 해야 될 일에 대한 불안감은 급증한다. 우리가 자신을 신뢰할 수 있는지의 여부와 우리 성격의 각기 다른 부분이 서로 절충되는 방식은 자신감과 행복감, 창의적인 상태를 유지하는 데 중요한 역할을 한다. 당신 자신 속에 있는 조직하고 계획하는 부분과 실제 생활 속에서 일을 진행하는 또 다른 부분을 가만히 생각해보라.

그 두 부분은 잘 조화를 이루는가? 그것들은 서로 신뢰하고 있는가? 한 부분은 또 다른 한 영역이 일을 완수할 것을 확신하고 있는가? 그것들은 서로 협상하고, 서로 달래고, 서로 괴롭히고, 서로 저항하는가? 일을 실행하는 부분이 일을 계획하는 부분의 기대 때문에 부담을 느끼고 있는가, 아니면 일이 계획대로 진행되지 않을 때마다 지지가 부족하다고 느끼고 있지는 않은가?

아마 그들은 모두 꼼짝도 못한 채로 중재자를 기다리고 있을지도 모른다. 이런 내적 대화의 가장 단순한 사례는 아침에 침대에서 일어나고자 할 때 이루어지는 다음과 같은 고전적인 대화일 것이다.

장면 : 따뜻한 침대, 월요일 아침 7시

당신은 오늘부터 건강한 삶을 위한 새로운 한 주의 첫 날을 시작하기로 마음을 먹었다.

움직이려는 자아 : *제때 아침 먹고 출근하려면 지금 일어나야 해.*

누워있으려는 자아 : *하지만 이 포근한 침대를 벗어나고 싶지 않은 걸.*

움직이려는 자아 : *당장 일어나지 않으면 늦을거야.*

누워있으려는 자아 : *맞아, 하지만 딱 10분 더 누워있어도 제 시간에 준비할 수 있어. 지금 너무 편안하고 이 휴식이 정말 필요해.*

<u>10분 경과</u>

움직이려는 자아 : *지금 일어나지 않으면 걸을 때 소화불량에 시달릴 거야.*

누워있으려는 자아 : *아, 하지만 아침을 거르면 제시간에 출근할 수 있어. 아침을 먹지 않는 게 새로운 식사 패턴을 위해도 좋을 거야. 15분까지만 누워있을래.*

<u>다시 10분 경과</u>

움직이려는 자아 : *20분이나 지났고 아침을 굶어도 열차를 놓칠 판이야.*

누워있으려는 자아 : *차를 타고 가면 열차 시간에 맞출 수 있을 거야. 도보로 걷는 것은 내일부터 시작할 거야. 오늘 필요한 만큼 충분한 휴식을 취하면, 내일은 더 준비된 상태일 거야.*

당신이 어떤 일을 하겠다고 얘기하고 실제로 그 일을 한다면, 안정감을 느끼고 자신감도 증가할 것이다. 스스로를 신뢰할 수 있다고 느끼고, 당신이 작정한 그 일을 해내리라는 것을 확신하게 될 것이다. 그리고 이런 과정이 희망을 만든다. 하지만 스스로 한 약속을 지키지 않으면 자신에 대한 의심이 생기고 신뢰를 상실한다. 이는 꿈과 희망으로 자신을 흥분시키고 나서 완성하지는 않는 것이다. 스스로 나선형 행동을 따라가자고 말하고 나서 뛰어내리는 것이다. 만일 누군가 당신에게 지키지 못할 약속을 계속 한다면, 당신은 곧 그 말을 귀담아 듣지 않게 되거나 설령 듣더라도 그것이 말뿐인 것을 알게 될 것이다. 놀림 받는 것을 원하는 사람이 어디 있겠는가? 냉소적인 사람이 되길 원하는 사람이 어디 있겠는가? 도대체 왜 우리는 이런 식으로 스스로를 실망시키게 되는 것일까?

이 일로 스스로를 비난해봐야 소용없는 일이다. 이를 알고 이해하는 것이 중요하다. 조금 이상하지만 때때로 우리는 모두 그렇게 한다.

다음의 사항들을 스스로 혹은 친구와 함께 시도해보라. 사적인 공간도 좋고 넓은 공원에서도 괜찮다.

1단계. 당신이 항상 바라던 일을 막 성취했다고 상상해보라.

당신이 항상 바라던 모든 것들로 인생이 충만하고 앞으로도 그럴 것이라고 생각하며 걸어보라. 당신이 기대할 수 있는 모든 것들, 사랑, 기쁨, 행복 등을 생각해보라. 그 감정을 즐기고 호흡의 변화를 비롯하여 신체에 어떤 변화가 일어나는지 살펴보라. 당신의 움직임이 어떤지, 몸의 자세는 어떤지, 어느 쪽을 쳐다보는지, 평소와 다른 변화들을 관찰해보라(친구에게 관찰을 부탁해도 괜찮다).

2단계. 기대했던 사람이 당신을 여러 번 실망시켰다고 상상해보라.

인생은 늘 그랬듯이 똑같을 것이고, 당신이 바라는 일은 결코 일어나지 않을 것이며, 모든 약속이 무의미한 것이라고 생각하며 걸어보라. 당신의 호흡을 포함하여 그에 따른 감정과 신체의 변화에 주목하라. 당신의 움직임이 어떤지, 몸의 자세는 어떤지, 어느 쪽을 쳐다보는지, 평소와 다른 변화들을 관찰해보라(친구에게 관찰을 부탁해도 괜찮다). 그리고 몸을 한 번 크게 흔들고 점프를 크게 한 다음 '다신 안 그럴 거야!'라고 외쳐보라. 또는 무엇이든 즐거운 일이나 우울한 기분에서 벗어날 수 있는 일을 하라.

3단계. 원하는 만큼 1단계를 반복하라.

우리는 무엇을 미루는가?

그 일이 무엇이든, 단언컨대 어떤 것이든 우리는 미룰 수 있다. 이 책에서는 나선형 행동의 각 단계에서 일을 미루는 사람들의 실례를 발견할 수 있을 것이다. 그리고 그 습관을 극복하고 앞으로 나아가는 것도 볼 것이다! 흥미로운 것은 각기 다른 사람들이 각기 다른 일들을 미룬다는 것이다. 당신은 일 년 전에 쉽게 미루곤 했던 일들을 오늘 또 미룰 수 있다. 반대로 예전엔 엄청나게 어려웠던 일들을 오늘은 손쉽게 해치울 수도 있다.

이것은 우리 모두에게 희망을 준다. 삶의 어떤 단계에서든지 꾸물대기를 멈추는 법을 배우는 것이 가능하고, 당신이 바라던 삶을 사는 것이 가능하다. 아래 제시된, 사람들이 미루는 일의 목록을 살펴보라. 각 범주에서 어떤 항목들은 목표와 과제에 해당하는 것이고, 어떤 것들은 우리가 이미 신경을 쓰고 있는 것들이다. 특정 범주의 일을 다른 범주의 일보다 더 미루는 경향은 없는지 확인해보라. 이는 당신의 선호도를 알아보는 데 좋은 정보를 제공해준다.

당신이 좋아하는 것과 싫어하는 것을 확인하는 것이 꾸물대는 것을 멈추는 데 도움을 줄 수 있다.

(더 많은 선호와 선택목록을 보려면 3부 참고)

당신은… 을 미룰 수 있다.

신체 영역

안과 검진

치과 검진

염려스러운 증상 진찰받기(예 : 혹, 출혈)

유방이나 생식기의 변화 확인

체중 감소

머리카락, 손톱, 피부 관리

성생활 즐기기

적절한 피임하기

안전하게 섹스하기

금연

운동으로 건강 유지하기

충분한 수면, 휴식, 안정 취하기

적절한 체격 유지를 즐기고 그 가치를 발견하기

일

즐길 수 있거나 만족스러운 직업 찾기

기술 계발

업무상 인맥 쌓기

프로젝트에 착수하고, 진행 및 완수하기

시간 계획하기

작업환경 조직화하기

더 나은 보수를 위해 협상하기

서신이나 팩스, 이메일을 보내거나 답장하기

일을 즐기고 그 가치를 발견하기

대인관계

대인관계에서 주고 싶은 것은 주고, 받고 싶은 것은 받기

친구 사귀기

파트너 찾기

자녀를 낳고 가족을 이루기

자신과 타인의 욕구에 주의 기울이기

혼자만의 시간 갖기, 다른 사람이나 반려동물과 시간 보내기

경청하기

곤란한 상황에서도 해야 할 말은 하기

즐거운 시간 갖기

전화, 편지, 팩스, 이메일 주고받기

선물을 구입하거나 만들어서 주고받기

대인관계를 즐기고 그 가치를 발견하기

생활 현장

쾌적한 집을 찾거나, 살고 있는 집에서 즐길 수 있는 방법 찾기

만족스러운 방법으로 집 꾸미기

청소, 설거지, 다림질하기

집 수리와 유지하기

근사한 정원, 멋진 발코니, 베란다 꾸미기

외모

옷 고르기

새옷 구입

안 입는 옷을 자선단체 가게나 물물교환하는 날 가져가기

좋아하는 옷 입기

어울리는 헤어스타일 갖추기

물건

물건을 정리하고 관리하기

안 쓰는 물건을 정리하기, 버리기, 나눠주기

앨범 정리하기

자동차, 자전거 관리

좋아하는 물건, 보관하고 싶은 물건의 관리를 즐기고 그 가치를 발견하기

이웃

거주 지역과 이웃에게 관심 갖기

지역사회에 기여할 수 있는 영역 찾기

지역사회 활동에 참여하기

당신의 삶이 환경에 미치는 영향에 관심 갖기

지지하는 단체를 찾고 단체 활동에 기여하기

중요한 이슈에 대해 국회의원이나 지방의회에 편지쓰기

거주 지역과 이웃들의 가치를 발견하고 즐기기

흥미

당신이 즐기고 있는 것과 흥미를 가질 법한 활동이나 혹은 당신이 잘 할 수 있는 활동을 탐색하고 실험해보기

취미생활을 위한 시간 내기

기술을 증진시키고 다양한 취미 갖기

휴식

언제 쉬어야 할지 주목하기

휴식하고 재개할 시간 갖기

명상하기

수면

휴식에 도움되는 활동하기

꿈

백일몽

가치 있다고 생각하는 일이나 좋아하는 일 실현하기

올바른 방향으로 나아가기

필요한 절차를 밟거나 도움을 줄 수 있는 사람에게 얘기하기

발길 가는 대로 여행 즐기기

꿈을 이루었을 때 인정하기

성공을 축하하기

가치

가치를 실현시키기

가치에 따라 살기

실수에서 배우기

때론 꾸물대는 것이 도움이 되지 않는가?

이것은 매우 흥미로운 질문이다. 삶에 대처하기 위한 인간의 모든 전략은 우리를 보호하기 위해 진화했고, 꾸물대는 것도 이점이 있다. 때로는 정말 일을 미루는 것이 필요하기도 하다. 느긋하게 잠깐 눈도 붙이고, 빈둥거리면서 생각할 시간을 갖거나 종일 아무것도 하지 않고 휴식을 취하는 일은 온전한 정신을 유지하기 위해 반드시 필요하다(그리고 이것은 나선형 행동의 한 단계로 장기적인 책임을 가지고 일을 미루어두는 단계이다). 당신이 말하기 전에 그 내용을 예행연습해보는 것은 자신감을 북돋우고 불필요한 위험을 피하게 한다. 위험이나 불편한 상황을 회피하는 것은 당연히 당신에게 일시적인 안정감을 가져다준다. 이럴 경우에 지연시키는 것은 틀림없이 올바른 일이다. 예를 들어 운전자 간 싸움을 줄일 수 있는 방법은 기다리고, 살펴보고, 양보하는 것이다. 그러나 활동의 중단, 예행연습, 회피나 연기가 습관이 되면 삶의 자연스러운 흐름에 방해가 되고, 도움이 되지 않는 불편한 압박만 쌓인다. 꾸물대는 것은 무의식적이고 자동적인 반응으로, 마치 맹장처럼 한 때는 소화를 위해 필요한 기관이었지만 지금은 불필요한 존재일 수 있다. 그리고 사실상 더는 소용이 없다. 수술이 필요해질 때까지 내버려두고 싶지는 않을 것이다!

꾸물댐으로써 잠시나마 소화할 시간, 즉 이해하고 계획을 짜고, 충분히 심사숙고하는 등의 시간을 벌 수 있다. 따라서 꾸물대는 것은 마치 무엇을 실행하기 위해 움직이는 예비 단계처럼 보일 수 있다. 내가 말한 탐색과 실험 단계가 마치 꾸물대는 것을 뜻하는 것이고, 그것이 곧 준비단계인 것처럼 보일 수 있는 것이다!

> 오늘 아침 나는 3장의 한 부분을 집필하려 노력하고 있었다. 그런데 실제로 나는 2장의 이곳 저곳에서 문법을 점검하고 철자를 확인하는 등의 행동을 하고 있는 '나 자신을 발견했다'. 나는 즉시 이것이 새로운 글을 쓰는 것에 대한 월요일 아침의 회피행동이란 점을 생각했어야 했다. 그리고 내가 하고 있는 행동들을 실제 작업의 기분전환 정도로 생각했어야 했다(그런데 마치 제대로 된 한 끼 식사보다는 바삭바삭한 과자로 배를 채우는 것처럼 되어버렸다). 그렇게 교정을 보면서 3장에 대한 구상을 보류했지만, 지금 나는 그 일에 어떻게 접근하기를 원했는지 깨달았다. 그럼 이것은 미루기인가, 아니면 목적을 가지고 일을 지연시킨 것인가?

아마도 우리는 오직 결과로 이를 증명할 수 있을 것이다. 당신이 일을 미룬다면 불완전하다는 생각이 들 것이다. 당신은 쉬지 못하고, 불만스러우며, 심지어 막연한 죄책감을 느끼거나 어쩔 수 없이 많은 에너지를 썼다는 느낌에 피로해질지 모른다. 당신 자신의 일부는 당신이 미루어둔 바로 그 일에 매여서 정말로 인생을 즐겁게 잘 살아가기는 어렵다. 당신이 진정한 일(신체적, 정신적 혹은 정서적)을 하고 있거나 진정한 놀이를 하고 있을 때, 진정한 만족감을 느낀다. 몸은 몹시 힘들어도 기분은 상쾌할 것이다.

그것이 차이점이다. 따라서 난 꾸물대는 것이 결코 유용하다고 생각하지 않는다. 의식적으로 창의적인 지연을 사용했다면 모를까.

누가 미루는가?

자, 그럼 어떤 사람이 일을 미루는가? 꾸물대는 것은 이상한 인간의 행동이다. 당신은 개나 고양이가 일을 미루는 것을 본 적이 없을 것이다! 그들은 해야 할 일을 제때 자연스럽게 한다. 하지만 우리 인간은 복잡한 일상에 대처하기 위한 전략으로 꾸물대는 것을 발전시켰다. 미루거나 연기할 수 있는 능력은, 소진되고 과부화되고 압도되는 상태에서 회피하는 것을 의미한다. 그러나 이것은 너무나 쉽게 흥분과 즐거움, 책임감과 만족감을 놓치는 방식이 되어버린다. 그리고 그것은 알아채지 못하는 사이에 당신의 삶의 방식을 지배하기 시작한다.

대부분의 사람들은 이런 저런 일에 대해, 그리고 여기저기에서 일을 미룬다는 것이 무엇인지 알고 있으며, 다르게 행동하면 더 큰 만족감을 느낄 것을 알고 있다. 어떤 사람들은 다른 사람들보다 일을 더 많이 미루겠지만, 자기 자신이나 다른 누군가를 '항상 일을 미루는 사람'이라고 부르는 것은 별 도움이 되지 않기에 나는 이 책에서 그런 표현을 피하고자 한다. 이유는 간단하다. 내 존재에 대해 꼬리표를 붙이면, 그와 관련된 정체성이 형성되기 시작한다. 그래서 항상 그러는 것처럼, 혹은 앞으로도 계속해서 그럴 것처럼 여기게 된다. 그보다는 이렇게 말하는 것이 나을 것이다.

"때때로 나는 일을 미룬다"

다음과 같이 말하는 것이 더 나을지도 모른다(실제 사실이 아니더라도).

"음, 가끔 내가 일을 미루는 것 같긴 하지만, 난 효율적인 사람이고 창의적이고 생산적인 사람이기도 해."

(건설적인 자기 대화의 다른 예를 보려면, 3장을 참조)

꾸물대는 것은 정직하고 충만한 삶이나 꿈꾸는 삶을 중단하게 할 수도 있는데, 최악의 상태는 삶을 교착상태에 빠뜨리거나 심지어 삶에 위협이 되는 경우이다.

치명적인 미루기

만일 당신의 얼굴에 생긴 가려운 점에 대해 의사에게 물어보는 것을 잊으면, 피부암을 제때 치료할 수 있는 기회가 줄어들 수 있다. 내일 자동차 타이어를 확인하는 것이 좋겠다고 생각했다가 당신이나 가족이 빠른 속도로 고속도로를 달리고 있을 때 펑크가 날 수도 있다. 열심히 일하느라 휴가를 미룬다면 은퇴한 다음 날 당신은 치명적인 심장마비를 겪을 수도 있다. 꾸물대다가 우리는 자신이나 다른 사람의 인생에서 중요한 것을 망쳐버릴 수 있다.

탈진

당신은 삶의 다양한 영역에서 일을 미루고, 그 결과로 인생에 큰 타격을 입은 사람을 알고 있을 것이다. 그것은 그들이 탈진되어 고통스러워하고 있다는 신호일 수 있다. 탈진이란 일반적인 스트레스를 넘어서 신체적, 정신적 건강에 심각한 위험이 될 수 있는 상태이다. 그들은 일상생활의 요구에 대해 정신적으로나 정서적으로 압도당함을 느낄 수 있다. 그들은 인생의 즐거움과 목표를 잃어버렸는지도 모른다. 이는 지옥과 같을 것이고 다른 사람들이 '뭐든 좀 해봐'라고 말할 때마다 그 고통감은 더 가중될 것이다.

이런 상태의 사람들은 의사의 도움을 받거나, 얼마간의 휴식을 취하거나, 상담자나 심리치료사를 찾아가 무슨 일이 일어나고 있는지 이해하고 지지를 받는 도움이 필요할지 모른다.

다행스럽게도 우리 대부분은 이런 공포스러운 부동상태(정상적으로 움직이지 못하는 상태 -역주)를 절대 경험하지 않을 것이다.

대부분의 경우에 혹은 대부분의 사람들에게, *꾸물거린다는* 것은 바쁜 삶에 대처하기 위한 한 가지 방법일 뿐이다. 어떤 사람은 무슨 일이든 습관적으로 미루지만, 그렇다고 꽤 성공적인 인생을 살지 못하는 것은 아니다. 사람들은 실망감, 이루지 못한 꿈, 후회, 그리고 절대 끝내지 못했거나 제시간에 끝내지 못한 '해야 할' 목록들과 말하고 싶었고, 시도하고 싶었고, 경험하고 싶었으나 그렇게 하지 않은 것들을 어느 정도 가지고 있을지 모른다. 하지만 스스로 또는 그들 주위의 사람들은 이런 상태를 견딘다. 가끔 불평할 때도 있지만 이런 상태를 참는다. 어떤 사람은 인생의 한두 가지 영역에서 일을 미루거나, 다시 앞으로 나아가기 위해 얼마간은 미루는 상태를 거쳐갈 수도 있다.

그러므로 '누가 미루는가?'라는 질문에 대한 짧은 대답은 '우리 대부분이 때때로 일을 미룬다'는 것이다.

어떤 사람들이 미루지 않는가?
어떤 사람들이 앞으로 나아가는가?

심지어 일을 많이 미루는 사람이라도 삶의 어느 영역에서는 어떻게 효율적일 수 있는지에 대해 알고 있다. 하지만 우리가 어떤 범주를 따라가다 보면, 전반적인 삶의 방식이 꾸물대는 것과는 정반대인 사람도 있기 마련이다. 그들의 행동방식은 유용한 정보가 될 수 있다. 다음 페이지에 있는 시계 그림을 살펴보라.

만일 당신이 두 번째 상상하기 연습을 했다면(무언가에 대해 생각하고 나서 그렇게 하는 것), 내 생각에 당신은 다음 페이지의 이미지 속에 있는 자신을 발견할 수 있을 것이다. 우리는 모두 자신과 타인을, 그리고 지구상에서 갖는 시간을 존중하는 방식으로 행동할 수 있다. 그러나 때때로 우리는 이를 잊고 미루게 된다.

이 책은 스스로 필요하고 원하는 일을 할 수 있는 환경을 조성하고 자신감을 얻을 수 있는 방법에 대한 책이다.

그림 | **앞으로 나아가는 사람은...**

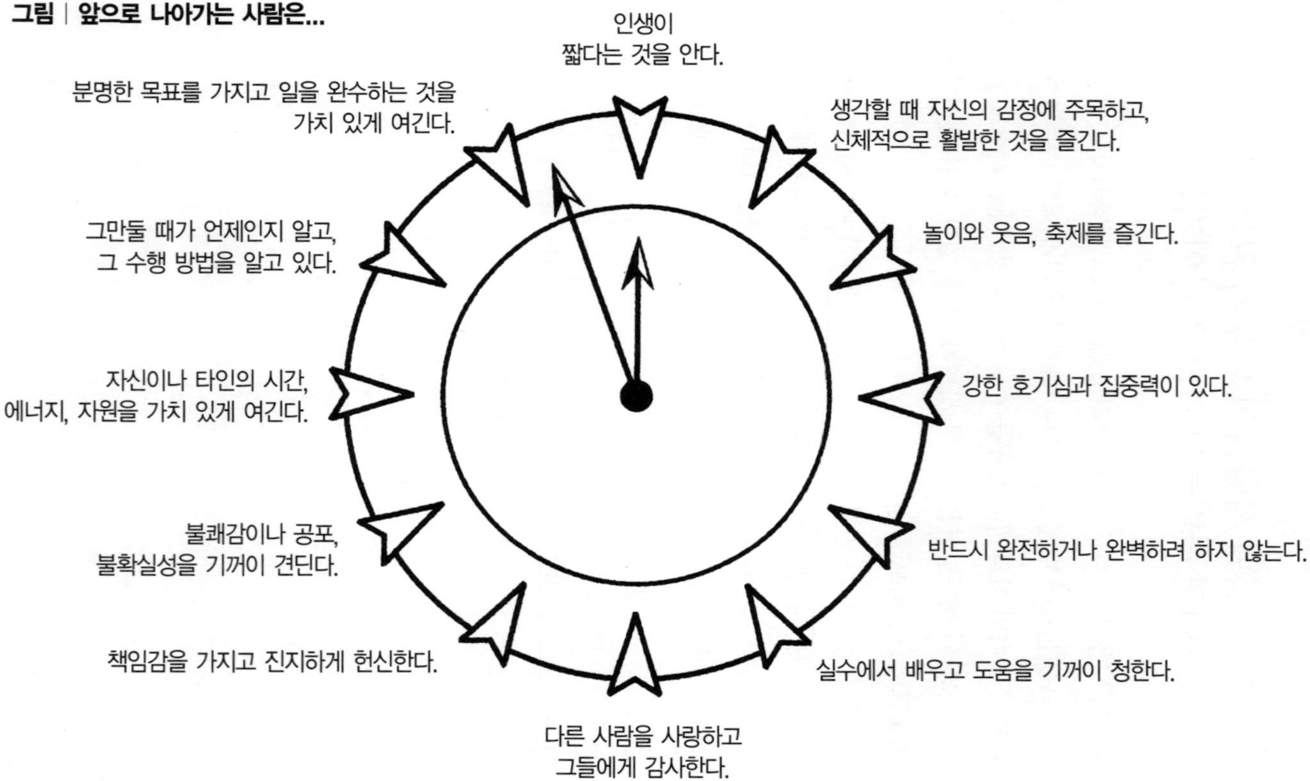

당신은 자신의 삶을 미루고 있습니까 ?

당신과 꾸물거림에 대해 더 잘 알 수 있도록 다음 질문에 답해보세요.

	그렇다	보통이다	아니다
1. 드라이를 맡겨야 하거나, 단추가 떨어졌거나, 실밥이 터져서 입지 않고 옷장 속에 넣어둔 옷들이 있다.	☐	☐	☐
2. 자신의 결심을 글로 쓰지 않고, 쓴 적이 있더라도 오래 되었다.	☐	☐	☐
3. 뭔가 흥미롭거나 즐겁고 특별한 일을 계획하지 않기 때문에 무의미한 주말을 자주 보낸다.	☐	☐	☐
4. 기안문이나 리포트, 에세이, 또는 서류 기입 등을 해야 할 때 마지막까지 미루어두는 편이다.	☐	☐	☐
5. '해야 할 목록'의 항목들을 끝낸 적이 거의 없다.	☐	☐	☐
6. 정말 상쾌한 기분으로 잠에서 일어난 적이 언제인지 기억나지 않는다.	☐	☐	☐
7. 다른 이에게 곤란한 말을 해야 할 때, 그 사람의 기분이 좋아질 때까지 기다린다.	☐	☐	☐
8. 어릴 때, 자신이나 다른 사람의 안전을 위해 주문 같은 것을 외우곤 했다.	☐	☐	☐
9. 배우자나 자녀, 부하 직원들이 꾸물대는 문제를 가지고 있는 것 같아 보인다.	☐	☐	☐

	그렇다	보통이다	아니다
10. 현관 문 매트 위의 공무 우편물을 치울 때가 되어 집어들기 전까지는 거의 뜯어보지 않는다.	□	□	□
11. 복권에 당첨되면 완전히 다른 삶을 살 것이다.	□	□	□
12. '딴 세상에 살고 있는 것 같다'는 말을 듣는다.	□	□	□
13. 하고 있는 일에 익숙하지만, 그 일을 더 발전시킬 수 있는 방법은 잘 모른다.	□	□	□
14. 발전했다거나 성공했다는 말을 종종 듣는다.	□	□	□
15. 항상 끊임없이 일하지 않으면 죄책감을 느낀다.	□	□	□
16. 아동기 때 자주 토라지곤 했다.			
17. 영화를 본 지 한참 지나도 이미지가 떠오르고 불안해지기 때문에 공포물이나 서스펜스 영화 보는 것이 힘들다.	□	□	□
18. 일상에서 해야 할 문서 업무 때문에 수렁에 빠진 기분이다.	□	□	□
19. 세상 돌아가는 일들에 대해 좀 더 잘 알고 싶어 한다.	□	□	□

20. 누군가가 지금 당장 당신의 핸드백이나 서류가방, 다락방이나 부엌서랍 속을 보면 당신은 기겁할 것이다.	□	□	□
21. 당신을 불편하게 하는 상황이나 결정, 사람 등으로부터 떠나야 할지, 아니면 머물러서 상황을 변화시켜야 할지 종종 확신이 들지 않는다.	□	□	□
22. 남몰래 품고 있는 불타는 야망이 있지만 그것을 우선적으로 처리할 틈이 나지 않는다.	□	□	□
23. 대학 시절의 책을 몇 년간 '만일'의 참고할 경우를 대비해 보관하고 있다.	□	□	□
24. 일을 어렵게 끝마치곤 하여 진심으로 만족했던 적이 거의 없다.	□	□	□
25. 새해 결심이 매년 거의 똑같다.	□	□	□
26. 마지막으로 휴가를 보낸 것이 언제인지 기억나지 않는다.	□	□	□
27. 다른 사람들의 생일이나 기념일, 중요한 사건, 특별한 행사를 자주 놓치거나 가족이 부탁한 것을 잊곤 한다.	□	□	□
28. 거의 쓰지 않는 스포츠 장비, 외국어 학습 자료, 다이어트나 요리책이 많다.	□	□	□

29. 부모 밑에서 성장하는 동안 긴장감을 많이 느꼈다. 즉, 부모가 완전히 마음의 문을 열어놓고 대화함으로써 고조된 분위기를 전환하거나 사랑을 회복시키는 일들을 거의 하지 않았다. ☐ ☐ ☐

30. 당신이 종종 어떤 일을 끝내기 어려워질 때면, 그 일을 하는 데 왜 그렇게 오랜 시간이 걸리는지 의문이 든다. ☐ ☐ ☐

그렇다의 총 합계

1–10 축하한다. 당신은 누가 봐도 나선형 행동을 따라 움직이는 사람이며, 매우 효율적인 사람이다. 하지만 당신이 3, 6, 15, 26번에 '그렇다' 라고 응답했다면, 이 책의 '멈추는 것을 미루는 것' 을 읽어보라. 당신은 휴식을 미루고 있을 수 있다.

11–20 당신은 효율적인 사람이지만, 나선형 행동의 어느 단계에서 스스로를 제한하는지를 이해한다면 당신이 진전시켜야 할 것이 무엇인지를 확인할 수 있을 것이다. 얼마나 많은 시간을 놓치고 있는지를 깨달을 수도 있을 것이다. 이 책에서 당신에게 도움이 될 만한 것을 찾고, 오늘 사소한 한 가지라도 변화를 시도하고, 당신의 자원을 계발해 나가라.

21–30 이 책을 당장 읽길 바란다 ! 당신은 시간을 즐길 권리가 있다. 그리고 그 과정에서 당신을 도와줄 조력자나 좋은 친구를 찾으라.

II

해야 할 것, 하지 말아야 할 것

어릴 적엔 일을 배우고

어른이 되어서는 꾸물대는 법을 배운다

한 게임만
더 하고.
함대가
왔습니다!

해야 할 것, 하지 말아야 할 것

아이들이 일을 배우는 방법

자, 나선형 행동을 살펴보자. 이제부터 우리가 초기 발달단계에서 어떻게 행동을 습득하는지 각각의 단계를 설명하려 한다. 또한 각 발달단계를 효과적으로 지나오고 더 생산적이고 창의적으로 발전하기 위해 우리가 어른들로부터 받아야 했던 허락의 종류에 대해서도 기술할 것이다. 그 후에는 당신 자신이나 혹은 그러한 문제를 가지고 있는 다른 누군가에게서 당신이 경험했을 미루기의 종류를 설명할 것이다.

긍정적인 생각

물론 미루기 역시 학습의 일부가 될 수 있다. 당신이 꾸물거릴 때마다 당신은 불가피하게 이것의 부정적인 영향의 경험들을 축적해갈 것이다. 그래서 심지어 당신이 할 일을 미룰 때, 그리고 당신이 가고자 했던 것과는 정반대의 방향으로 가고 있는 것처럼 보일 때, 혹은 스스로 같은 자리에서 계속 더 깊이 헛바퀴만 돌고 있는 것처럼 생각될 때, 당신은 상상했던 것 이상으로 큰 소용돌이의 고리(혹은 소용돌이 안의 소용돌이)를 맴도는 것일지도 모른다. 그리고 어떻게 하면 미루기에 더 효과적일 수 있는지 스스로 배우려고 애쓰는 것일지도 모른다. 그래서 3장 '앞으로 나아가는 법'에서는, 더 열심히, 더 강하게, 더 빨리, 더 자주 의도적으로 미루는 것이 어떤 사람들에게 효과를 보이는지를 서술할 것이다.

이상하지만, 그렇다. 자세한 이야기는 나중에 하겠다.

그러니 처음부터 다시 시작해보자…

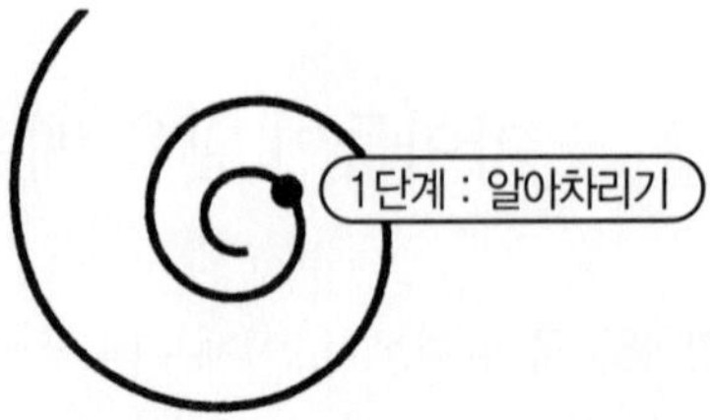

1단계
인식하기

갓난아기일 때부터 우리는 움직일 수 있게 되자마자 '여러 가지 일들을 하기' 시작한다. 어렴풋한 기억이든 아니든 어머니의 기억에 따르면, 심지어 엄마의 뱃속에서조차 어떤 태아들은 매우 바쁘고 활발하게 움직였다. 신생아가 출생 후 3개월까지 하는 주요한 일들은 다음과 같다.

- 예민한 입술 감각을 통해 엄마의 젖꼭지나 그와 유사한 물체가 입술에 꼭 맞는 것을 발견하는 것
- 이를 발견하자마자 잘 빨아들이고 꿀꺽꿀꺽 마시기 시작하는 것
- 사물을 보고, 소리를 감지하는 것
- 흥미를 끄는 대상을 향하고, 싫어하는 것은 피하는 것
- 불편할 때 항의하는 것
- 칭얼거림으로써 필요한 관심을 얻는 것
- 쳐다보는 사람의 표정을 따라하는 것
- 팔과 다리를 조금씩 흔드는 것

우리가 하는 다른 대부분의 일은 살아가면서 우연히 발생한다. 우리는 자고 깨는 것에, 사랑 받는 것에, 먹는 것에, 언제 어디서든 대소변을 보는

것에, 그리고 몸을 씻는 것에 익숙해진다. 우리는 마주치는 모든 풍경, 소리, 냄새, 맛, 그리고 촉감을 지각하고 받아들인다. 그래서 만약 엄지손가락 하나가 우리 입술에 닿으면, 우리는 바로 손가락을 입에 물고 빤다. '왜냐하면 손가락이 거기 있으니까.' 이것은 발가락이나 곰 인형의 귀라도 마찬가지겠지만, 괜찮다. 무엇이 입에 닿을지, 그것을 찾게 될지 우리는 예측하지 못했겠지만, 그것이 당신의 입 안에만 들어온다면 안 될 것이 무엇이 있겠는가? 즐겁고 쾌활하며 마치 불그레하게 취한 듯한 모습을 상상해보라. 여러 가지 사물들이 의식 속을 드나들고, 세상은 당신의 즐거움을 위해 존재한다고 느낀다. 여러 가지 대상과 사람들은 각종 다양한 기이한 방식과 색다른 각도로 중요하게 다가온다. 당신의 입은 살짝 벌어진다. 그 목표가 썩 훌륭하진 않지만 그것이 그렇게 큰 문제가 될 것 같지는 않다. 사실 (빨려는) 물건들이 조금씩 축축해지고 부드러워지면 좋을 것이다. 비록 아기들의 민감성, 조심성의 정도, 집중력 등이 훨씬 더 크다 해도, 작은 아기들에게는 그와 같을 것이다.

아기들이나 술에 취해 기분이 좋은 사람들은 시시각각 다른 흥밋거리에 반응한다. 그들이 지금 막 흥미 있어 했던 것을 정리하지도 않고 말이다. 거의 모든 아기에게는 아래의 항목들 사이에서 어떤 흐름이 존재한다.

- 무언가에 의해 사로잡혀 느끼게 되는 흥미
- 주의를 기울여 반응하는 것
- 또 다른 흥미를 갖게 되거나 처음의 흥미가 시들해질 때, 다른 대상으로 넘어가는 것

이것이 나선형 행동의 첫 번째 단계이다.

이 시기 내내 아기인 우리를 돌봐주는 사람들은 우리가 누구이고, 인생은 어떠한 것인지, 그들은 누구이고, 그들이 우리에 대해 어떻게 느끼는지, 그들이 우리에게 무엇을 해주어야 하는지 등의 메시지를 우리에게 보낸다. 이 메시지가 항상 언어로만 전달되는 것은 아니다. 스킨십, 돌봄을 받는 것, 우리를 바라봐주는 것, 업어주는 것 등의 방식으로 전달되기도 한다.

이상적인 메시지는 다음과 같을 것이다.

> *"우리는 네가 여기 있다는 것이, 네가 여기에 속해 있다는 것이 매우 기쁘고 너를 사랑한다. 우리는 네 존재 자체로 기쁘고, 네가 그냥 여기서 돌봄을 받기만 해도 좋아. 사랑받기 위해 뭔가를 할 필요가 없단다." (1)*

이것이 우리가 저장한 정보의 전부이다. 모든 순간에 우리는 배운다. 심지어 갓 태어난 초기에도 말이다. 우리는 함께 사는 사람들과 우리가 만든 분위기 속에서 잠을 자고, 누운 채로 깬다. 그곳에는 행복한 목소리나 웃음, 웃는 얼굴들이 가득했을 것이다. 또는 긴장이나 격앙된 목소리, 쾅 하고 닫히는 문소리, 한숨, 눈물, 그리고 두려움으로 가득 찰 수도 있다. 혹은 그 중간쯤일 수도 있다. 우리는 젖을 먹으면서 이 모든 것을 작은 몸으로 받아들인다.

다른 이와 접촉하려는 우리의 시도가 주목을 받고 환영받는다는 메시지를 받을 수도 있다. 그러면 우리는 자신감을 느끼고 또 다른 접촉을 시도할 것이다. 만약 무시당하거나 완전히 오해를 받는다면, 우리는 당황하거나 다소 낙심하게 되어 한동안 접촉을 시도하지 않을지도 모른다. 당신은 어머니가 당신에게 모유를 먹이지 못하더라도 괜찮다는 것을 알게 되었거나, 젖병을 물 때 어머니의 우울감이나 주저함을 막연하게 눈치챘을지도 모른다. 당신은 대소변을 보는 것이 인생의 한 부분이라는 것과, 당신이 지저분해질 때면 누군가가 당신을 침착하고 친절하게 다루어주는 것에 대해 이해하게 될지도 모른다. 혹은 세상에는 '좋지 않은 것'이 있다는 것, 솔직히 조금 역겨운 일이 생길 수도 있다는 것, 어느 정도는 당신이 그것과 관련되어 있다는 것 등의 메시지를 얻게 될 수도 있다.

우리가 아기일 때는 배고프거나, 몸이 젖었거나, 너무 지쳤거나, 더운 날 밤에 잘 자지 못할 때, 그 불편함을 우리가 할 수 있는 유일한 방법으로 드러낼 것이다. 바로 울음이다. 우리는 우리를 돌봐주는 사람들이 우리의 신호와 욕구에 대해 빨리 알아차리며, 그들이 행동하는 방식이나, 그들이 필요로 하는 일상생활양식, 그리고 그들이 움직이는 속도가 우리의 행동이나 생활양식, 속도와 꽤 잘 맞아떨어진다는 것을 발견할 수도 있다. 인생은 달콤한 것이다. 우리는 주목받고 이해받는다. 하지만 반대로, 우리를 돌봐주는 사람들이 자신들의 일정과 우리의 욕구에 대한 자신들의 생각을 따르기 때문에 우리를 오랫동안 불편하게 한다는 것을 우리는 알게 될지도 모른다. 이것은 혼자서 참기엔 정말 힘든 일이다. 대부분의 힘을 어른들이 가지고 있어 불가피한 부조화가 발생하고(그래도 우리는 저항할 수 있지만), 우리는 결국 기본적인 리듬과 욕구, 기질 등과는 동떨어진 불균형한 조정을 겪어야 한다.

아기들이 세상 속에서 '그저 가만히' 있으려면 그들을 지지해줄 수 있는 기본적인 세 가지를 필요로 한다.

1. 아기를 신체적, 정서적으로 많은 시간을 할애하여 돌봐줄 수 있는 사람들
2. 아기의 마음을 아주 잘 읽어서 진정시켜주고 오랫동안 마음이 상하지 않도록 도와줄 수 있는 사람
3. 아기를 돌봐주는 사람들에게 영향을 미치려는 시도에 잠시만이라도 성공하는 것

어떤 어른도 이것을 항상 제대로 할 수는 없다. 만일 아기가 적절한 방식과 적절한 속도(항상 정확해야 할 필요는 없다)의 응답을 받는다면, 아기는 자신의 욕구를 알아차리고 기꺼이 주의를 기울이는 것이 좋은 일이라는 것을 깨달을 것이다. 이것은 결정적인 정보이다. 이것은 후에 오래도록 유지될 본보기를 제시해준다. 우리는 삶과 사람들을 신뢰할 만하다는 것을 진정으로 깨닫게 되는데, 이는 영유아기와 어린 시절 내내 반복해서 들어야 하는 메시지이다. 이것을 깊이 깨닫는 것은 우리가 다른 사람의 욕구에도 적응할 수 있다는 것을 의미하며, 점차 스스로 우리 자신의 욕구를 발견하고 따르는 방법을 알게 된다는 것을 뜻한다. 그러므로 살아있을 수 있고, 편안함을 느끼고, 주위 환경을 인식하며 좋은 기분을 느낄 수 있다는 것은 생애 초기의 중요한 선물이다. 그 선물을 받았을 때 우리는 놀라운 세상을 지각하고, 우리의 모든 감각을 이용해 세상을 받아들이는 것을 즐길 수 있게 된다. 신체 경험에 기초한 욕구들이 있음을 우리는 알게 될 것이다.

편안하고 만족스럽게 쉬는 것, 그러고 나서 우리의 내부와 외부의 어떤 것을 인식하는 것, 또는 그것에 주의를 기울이는 것 등은 행동하는 과정의 첫 번째 단계이다.

하지만 어떤 사람들은 이런 기본적인 이완된 상태를 깨닫고 유지하는 것을 어려워한다. 당신은 스스로 신체적인 정보와 환경적인 정보를 알아차리거나, 자신의 욕구라든지 자신이 흥미를 가지고 있는 일에 관심을 기울이는 것을 힘들다고 여길 수 있다. 당신이 많은 일을 성취할 수도 있고, 실제로 다른 사람들이 보기에는 매우 생산적일 수 있지만, 왠지 다른 사람들이 즐기고 있는 인생의 풍요함과 묘미를 놓치고 있다는 느낌이 들 수도 있다. 또는 당신의 모든 성취가 한 분야에만 있고(예를 들어 직장에서만) 인생의 다른 영역들에서는(관계, 가정 등 1장에 나온 목록을 참조) 아직 출발선에 서 있는 것처럼 느껴진다. 당신은 감각, 혈액순환의 문제, 성적인 흥분 등에 곤란을 겪거나, 피부 발진, 비듬, 소화문제 등이 있을지도 모른다.

이런 문제들은 당신이 나선형 행동의 인식하기 단계에서 꾸물대고 있음을 의미하는 것일 수 있다.

2단계

탐색하고 실험하기

우리가 조금씩 자라고 힘이 세어질수록, 우리는 몸의 일부를 단단한 무언가에 대고 밀면 대단한 일이 일어난다는 것을 발견하게 된다-우리는 움직일 수 있다! 그리고 우리가 매일 아래쪽에서 보던 이 기이한 물체(언젠가 우리는 그것을 손이라 부를 것이다)가 우리와 연결되어 있고, 그것을 뻗으면 털이 달린 재미난 물건을 잡을 수 있고, 그것을 우리의 얼굴 쪽으로 당길 수도 있다는 것을 발견한다. 그렇다. 우리는 당길 수 있다! 그러므로 우리가 어떤 것의 모양이 마음에 들면 그 사물에 다가가기도 하고 스스로 그것을 가져오기 시작한다. 그리고 우리가 그것을 싫어하면 치우거나 내버려두기도 한다.

밀기, 당기기, 뻗기, 잡기, 그리고 놔두기는 무언가를 할 수 있게 하는 놀라운 일들이다(당신이 이 행동들을 할 수 없다고 상상해보라. 등이나 목, 팔, 손을 다쳤을 때 그와 같은 경험을 했을 수도 있다. 엄청난 제한을 겪게 된다). 우리는 우리가 세상에 영향을 끼칠 수 있고, 우리의 관심을 행동으로 표현할 수 있으며, 매일 변화하고 발달하는 다양한 능력을 지닌 신체를 가지고 있음을 발견하게 된다. 우리는 활발히 탐색할 수 있는 여러 가지 다양한 사물을 필요로 한다. 우리는 같이 놀고 모방할 수 있는 다른 어린이들과 어른들을 필요로 한다. 그때 우리는 우리가 가지고 있는 이 몸이라는 것이 무엇을 경험할 수 있는지, 그리고 세상에 있는 모든 흥미로운 사물을 가지고 무엇을 할 수 있는지를 발견하게 된다. 모두 대단한 발견이다. 이런 경험들은 나중에 겪게 될 경험들의 선례를 만든다.

자, 이제 방 안에 한 살 정도의 아기가 그를 돌봐주는 누군가와 함께 있다고 상상해보자. 방 안에는 만지고, 냄새 맡고, 맛보고, 당기고, 찌르고, 들어올리고, 안으로 들어가고, 다른 곳으로 내려가 보고, 어딘가에 매달리는 등 해볼 만한 흥미로운 것들이 많이 있다. 그 아이가 가장 먼저 해야 할 일은 무엇일까? 그것은 상황에 따라 다르다. 배가 고프고, 무섭고, 속상하고, 몸이 아프거나 지치면 그는 밥을 먹고 싶다거나 기저귀를 갈아야 한다거나 하는 것에 대해 신호를 보내고, 안기거나 자는 것 외에는 할 수 있는 일이 별로 없을 것이다.

그러므로 충분한 휴식, 좋은 건강, 안전 등은 이 크고 넓고 다채로운 세상에서 무엇을 할 수 있는지를 탐색하기 위한 중요한 전제조건이다. 어린아이들은 편안하고 안락하며 안전하다고 느낄 때 왕성한 호기심과 에너지를 표현한다. 기본적인 육체적, 정서적 욕구가 충족되면 아기들은 온종일 얌전하게 기다리지는 않을 것이다. 누가 그렇게 하겠는가? 그들은 자신들의 작은 온몸으로 살아있음을 모험하고, 탐험하고, 실험하고, 경험하기를 원한다. 에너지가 매우 활발할 때 빛이 나기까지 하는 아이들이 에너지 속에는 흐름과 초점이 있다. 인식 단계에서 아이들은 단순히 무언가를 알아차리고, 주의를 기울이고, 반응한다. 이제 이 어린아이는 입 속으로 뭔가를 넣고, 어떻게 생겼는지를 보기 위해 물건을 잡으려고 한다. 아이의 주의는 흥미로운 무언가를 향해 움직이고, 아이는 그 대상에 대한 열광, 호기심, 에너지의 물결에 고취된다. 동시에, 그와 함께 있는 어른들은 뭔가를 시작하고자 하는 아이의 소망에 응답하는 방식으로 각종 메시지를 아이에게 보낼 것이다.

모든 것에 손가락을 넣어보고, 사물이 어떻게 움직이는지, 그리고 무슨 냄새와 맛이 나고 촉감은 어떤지, 어떤 소리가 나는지 등을 알아보는 것이 모든 것에 다 익숙해져야 한다는 것을 뜻하지는 않는다. 우리는 다양한 경험을 통해 세상이 어떤 모습인지를 단지 발견해가는 것 뿐이다. 우리는 실험하고 탐색한다. 그런데 그렇게 하기 위해서는 보호자의 많은 허락과 관심을 필요로 한다. 우리의 힘과 한계를 발견하는 동안 말이다. 물론 이런 허락과 관심은 항상 변화하고 증가하며, 우리의 관심사도 발전한다. 그러므로 우리가 받는 보살핌은 세련되어야 한다. 때때로 그 보살핌은 다소 제한적일 것이고, 때로는 다소 느슨할 것이다. 그것은 불가피하다. 어떤 어른도 항상 제대로 할 수는 없다.

하지만 시간이 지나면서 우리는 온몸의 신체감각을 생생하고 활발하게 사용하여 호기심을 가지고, 실험하고, 탐색하는 것이 괜찮다는 것을 느끼고 깨닫도록 하는 충분한 허락을 필요로 한다. 이런 허락을 받고 안전하게 보호받는 아이들은 인생에서 멋진 출발을 한 것이다. 왜냐하면 평생 필요하게 될 신체적인 자신감과 내적인 안정감을 내재화했기 때문이다. 그들은 신체적인 활동을 하는 것에 대해 좋은 느낌을 갖는다. 그들은 머리뿐만 아니라 온몸으로 인생을 살아간다. 만약 그들이 어떤 것에 흥미와 호기심을 갖거나 흥분하게 되면, 그들은 몸 안에서부터 그것을 느끼고, 또한 그 느낌을 표현하고 자신의 흥미와 호기심을 따라가도 된다는 것을 안다.

우리 중 대부분은 갓난아기였을 때부터 시작하여 수 년간의 발달기간 내내 지속적으로 제한과 격려가 섞인 메시지를 받는다. 우리를 계속 안전하게 보호하면서 우리에게 주로 격려의 메시지를 보내주었던 어른들은 대단한 일을 한 것이다! 그들 스스로도 긍정적인 메시지를 얻었다. 즉, 자신의 불안감으로부터 자신을 보호한 것이다. 사물에 대한 우리의 관심을 표현할 수 있도록, 그리고 뭔가를 성취하거나 제대로 하지 않아도 탐색하고 실험할 수 있도록 허락하고 격려해주는 것은 또한 우리의 보호자들에게 엉망진창인 상태를 견디는 능력이 요구된다는 것을 의미한다. 일이 정확히 어떻게 되어야만 하고, 어떻게 드러나야 하는지에 대한 고정된 목표를 가지고 있는 것은 유아를 돌보는 사람이 매사에 애를 먹지 않을 수 없는 일이다.

크레용으로 무엇을 할 수 있는지를 안다는 것은 당신이 집을 그려야만 한다는 것을 뜻하지 않는다. 장난감 블록을 가지고 놀면 물건을 부수는 일이 쌓아올리는 일만큼이나 재미있다는 것을 발견하게 된다. 특히 다른 누군가가 당신에게 큰 탑을 조심스럽게 지어주었다고 하자. 당신이 나쁜 아이여서가 아니라, 장난감 벽돌이 날아가는 것을 보고 그때마다 형이 끙끙거리는 소리에 당신은 재미를 느낄 수도 있다. 당신이 누나처럼 스스로 음식을 먹는 것은 즐거운 일인데, 특히 맛있고 끈적끈적한 초콜렛 푸딩을 손을 사용해 입에 넣을 때는 더욱 그럴 것이다. 음식은 대부분 제대로 입으로 들어갈 것이고, 문제 될 것이 없다. 턱 주위에 조금 묻거나, 고양이에게 조금 묻힌다 해도 누군가에게 해를 끼치지는 않는다. 엄마가 와서 젖은 수건으로 입을 박박 닦아주기 전에 이런 모습은 웃음을 가져다 줄 것이다. 응가를 가지고 노는 것도 멋진 일이 될 수 있다. 그것은 따뜻하고 끈직끈적하고 냄새도 난다. 때문에 어른들이 긴장하며 다가와서 마치 당신이 사랑스럽지 않다는 듯이 들어올려 찌푸린 얼굴로 당신을 씻기는 것은 당황스럽고 속상한 일일 수 있다. 내가 무슨 짓을 한 것일까? 당신은 또 다른 갈색 덩어리를 보고는 웃네요! 당신은 나를 헷갈리게 하는군요!

항상 우리는 실험을 하고, 다양한 것을 배운다.

- 우리는 자신과 세상에 대해 배운다. 우리는 물리적인 정보를 감각을

통해 얻는다. 이것은 딱딱하고, 날카롭고, 뜨겁고, 달콤하고, 줄무늬가 있다.

- 우리는 사물에 대해 신체적인 반응을 한다. 그것은 우리를 편안하게 하기도 하고, 아프게 하거나, 다치게 하거나, 따뜻하게 하거나, 흥분시키기도 한다.
- 우리는 사물에 대해 정서적인 반응을 한다. 그것은 우리를 행복하게 하거나 슬프게 하고, 화가 나고 무섭게 하거나 놀라게 한다.
- 우리는 우리가 무엇을 할 수 있고, 다른 사람들은 무엇을 하는지, 우리가 하고 싶은 것은 무엇이며, 우리가 할 수 없는 것은 무엇인지를 알아차린다. 그리고 이 모든 것에 대해 우리가 어떻게 느끼는지를 깨닫는다.
- 우리는 다른 사람들과의 관계에 대해 배운다. 우리는 우리가 한 일에 대한 다른 사람의 정서적인 반응을 의식한다. 행복한지, 슬픈지, 화가 났는지, 무서워하는지, 역겨워하는지, 실망해 하는지, 우울해 하는지, 좌절하는지, 재미있어 하는지, 만족스러워하는지, 기진맥진하는지, 억울해 하는지, 부러워하는지, 매우 기뻐하는지, 흥분했는지 등.
- 우리는 평온히 누워 발가락을 가지고 한가하게 놀 때보다 다른 사람에게 더 큰 영향을 미칠 수 있다는 것을 알게 된다.
- 우리는 다른 사람의 감정에 정서적인 반응을 한다는 것을 알게 된다. 그들의 행복이 우리에게 영향을 미치며 그들의 슬픔, 화, 공포, 혐오 등도 마찬가지다.

어마어마하다 !

사람은 얼마나 놀라운 존재인가. 우리가 매순간 배우고 습득할 수 있는 양은 믿을 수 없을 정도다. 처음에 우리는 비언어적, 신체적, 감각적인 수준에서 배운다. 우리의 몸과 감정은 기억을 한다 ! 예를 들어, 9개월 된 아기가 애완동물과 함께 노는 것은 몸이나 감정과 연합되며, 나중에 우리가 고양이를 보거나 때리거나 피할 때마다 다양한 감각적, 정서적 정보들을 사용할 수 있다. 신체와 감정의 기억은 우리가 들은 것을 이해하기 훨씬 전부터, 혹은 우리가 다른 사람들에게 말을 하거나 자신의 생각을 스스로에게 말하기 위해 단어를 사용하기 전부터 작용하기 시작한다(아래를 참조). 아주 갓난아기라도 손짓을 배워 분명한 의사를 전달할 수 있다는 것을 주목하라. 탐색하고 실험하는 것에 대한 허용은 우리가 발달하는 것에 따라 계속되어야 한다. 이것은 우리가 어떤 단계를 떠나는 것이 아니라, 새로운 단계를 추가하는 것에 가깝다. 나무의 나이테처럼 말이다. 그러므로 어떤 단계에서든 강한 흥미를 불러일으키는 것이 있으면 우리는 호기심을 따라 갈 수 있고, 우리의 감각을 통해 신선하고 새로운 정보를 발견할 수 있다(또는 이것을 다시 배울 수도 있다. 우리가 날 때부터 가지고 있던, 흥분하거나 몰입할 수 있는 강력한 능력을 다시 깨우는 것은 언제라도 늦지 않다).

무언가에 가까이 다가가서 우리의 관심을 표현하는 것,
탐색하고 실험하려는 의도에 따라 신체적으로 움직이는 것, 그리고
그 경험에서 우리의 감각을 통해 피드백을 얻는 것은 행동을 하기 위한
다음 단계이다. (2)

우리 중 일부는 감각을 통해 선택한 것을 즐기는 것이 괜찮은 일이라고 느끼지 못할 수도 있고, 흥미와 호기심, 즐거운 느낌을 자극한다고 생각되는 것을 따르는 것이 정말로 괜찮은 일이라고 느끼는 데 어려움이 있을지도 모른다. 신체적으로 움직이는 것을 어려워할 수도 있고, 새로운 것을 시도하는 것을 어려워할 수도 있다. 요통이나 관절염(특히 손이나 관절-무릎 같은-, 허리 등 앞으로 나아가는 것을 어렵게 하거나 안전하게 호기심을 표현하는 행동을 제한할 수 있는 모든 부위) 같은 건강 문제를 가지고 있을 수도 있다. 근육통이나, 청력 이상, 시력이나 후각의 문제가 있을 수 있고, 성적으로 긴장감을 느낄 수도 있다. 균형감각이나 (신체 동작의) 조정력, 리듬의 문제가 있을 수도 있다. 당신이 어떻게 활동하는지를 잊을 수도 있다.

이러한 문제들은 당신이 나선형 행동의 탐색과 실험 단계에서 미루기를 하고 있다는 것을 의미할 수 있다.

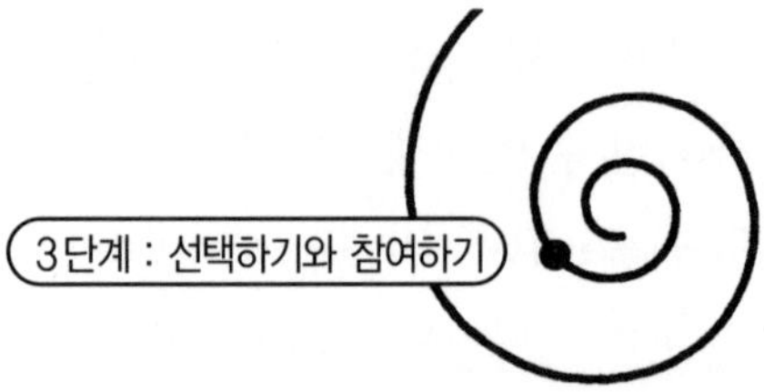

3단계

선택하고 몰입하기

나는 행동 발달의 다음 단계가 우리가 좀 더 딱딱한 음식을 먹게 되고 치아가 자라는 시기와 함께 일어난다는 것이 결코 우연이라고 생각하지 않는다. '이로 무언가를 꽉 물어라'(getting your teeth into something, 무언가를 시작하거나 몰두하라는 뜻의 관용적 표현 -역주)라는 말은 정말 몰입하고 싶은 것을 선택한다는 것을 의미한다. 무는 행위는 주도적인 활동이다. 이는 '난 이걸 가질 것이지만, 저건 아니야'를 의미한다. 이것은 분리하는 것이다. 우선순위를 정하고 어떤 것들은 제외시킨다. 그것은 최소한 잠시만이라도 우리가 집중해야 할 것의 경계를 정한다. 당신이 한 입 베어 물고 입을 다물면 그 주위로 경계가 형성되고 완성된다. 그리고 이제 씹기 시작하라.(일단 씹는 것을 배웠으면 말이다!) 그리고 오믈렛을 만들기 위해 달걀을 깨야 하듯, 건강한 몸으로 자라나는 과정에서 건설적으로 되려면 우선 파괴적인 행동을 해야만 한다. 음식을 물어뜯고 씹는 것 말이다.

바삭바삭하고 단단한 것을 베어 무는 것은 질척하고 흐물흐물한 것을 무는 것보다 더 재미있다. 이것은 내가 이전에 말했던 밀기의 연장선이다. 정말 맛있는 사과를 베어 무는 것은(지금 내가 하고 있는 것처럼) 죽이나 으깬 당근과 순무보다 더 상쾌하다. 당신이 몸을 뻗고, 물고, 아작아작 씹는 노력을 하는 동안 에너지가 근육을 통해 움직이고 방출된다. 당신은 사과와 힘을 겨뤄야 한다. 당신은 승리한다(거의 대부분!). 그리고 우적우적 씹을 만큼 만족스러운 신선하고, 과즙이 풍부한 사과를 한 입 가득 보상받는다. 음식이 일단 입 안에 있으면 당신은 그것으로 성과를 이루기 위해 계속 노력해야 한다. 한번 베어 무는 것으로는 충분하지 않다. 당신은 이제 아작아작 씹고 깨물어서 원하는 것을 얻기 위해 애써야 한다. 우리는 더 정교한 도전 의식을 갖기 시작했고, 우리가 원하는 일을 하는 과정의 초기, 중기, 후기의 만족감을 얻기 시작했다.

사물을 구별하고, 선택하고, 어떤 과정에 몰입하는 것은 나선형 행동의 다음 단계이다. '이걸 내 입 속으로 가져가면 어떤 일이 생길지 궁금해'라는 단순한 질문이 아니다. 우리는 어떤 대상을 연관지을 수 있고, 그와 관련된 절차를 밟게 되고, 심지어 대상을 변형시키기도 한다. 달리 말하자면, 우리는 여러 단계를 거친 후에야 다다를 수 있는 결과가 있다는 것을 발견하게 된 것이다. 새로운 어떤 곳에 도착한 느낌이 있으며, 여기에서 보는 것과는 관점이 다르다. 이제 내 주위에는 영향력이 있는 것, 나의 선택으로 인하여 세상과 더 깊은 관계를 맺게 된 것, 결과를 성취하는 것과 같은 훨씬 더 많은 것들이 있다.

갓난아기일 때는 모든 것이 흥미롭고 주의를 끈다. 하지만 일단 현실적인 피드백을 얻으면서 실험과 탐색을 시작하면, 자신에게 정말로 중요하고, 흥미롭고, 즐길 만한 것을 발견하게 된다. 다른 사람에게는 그것이 관심사가 아닐 수 있다. 사람들은 당신이 아버지나 할아버지, 혹은 집안의 가계도를 거슬러 올라가서 옛 어른 중 한 사람을 꼭 닮았다고 생각할지라도, 당신은 당신만의 독특한 요구와 흥미와 호불호를 표현하게 된다. 자연스럽게 우리는 시간과 에너지를 우리가 가장 좋아하는 것에 쓰길 원하고, 우리의 필요를 충족시키고, 우리에게 최상의 기분을 느끼게 하고, 우리를 고취시키고 흥분시키는 것을 따라가길 원한다. 그리고 우리가 싫어하는 것이나, 우리 스스로든 타인의 반응에 의해서든 불편함을 유발하는 것은 회피하고 제외시키길 원할 것이다. 우리는 감각과 정서를 통해 정보를 저장해왔고, 그 정보를 끌어낸다. 우리는 지식을 얻기 시작한다. 그리고 그 지식과 기억들은 우리의 의도에 영향을 미친다. 우리는 신체적, 정서적, 정신적으로 발달하는 우리의 기호를 따라간다.

그러므로 우리를 돌봐주는 어른들에게서 우리가 필요로 하는 것은 무엇인가? 그들은 우리가 열중하도록 내버려두어야만 한다. 그렇게 되기 위해 그들은 우리가 우리 자신의 욕구와 흥분과 에너지를 따를 수 있게 해주어야 하고, 우리가 무언가를 시작하려고 선택하고 더 깊은 몰입의 단계로 계속 나아가는 과정을 겪는 동안 우리를 안전하게 지켜주어야만 한다. 어른들이 생각하기에 더 적합하다고 생각하는 다른 것(어른들에게는 그렇지만 우리에게는 아닌 것)으로 계속해서 주의를 돌리는 것은 도움이 되지 않는다.

이것은 우리가 가지고 있는 매우 기본적인 필요이고, 집중하는 동안에 보호받아야 할 것이다. 이런 특징이 인간에게만 있는 것은 아니다. 새떼가 들판에서 먹이를 먹을 때, 항상 그들 중 일부는 포식자가 주변에 있는지를 주시한다. 이것은 다른 새들이 진지하게 땅 속의 벌레를 잡는 일에 열중할 기회를 갖는다는 뜻이다(짐작컨대 벌레들은 그런 좋은 시스템을 가지고 있지 않은 것 같다). 작년에 나는 가족과 함께 런던 남쪽의 부세이 공원Bushey Park으로 운전해 가던 중, 큰 수사슴 한 마리가 마치 교통정리 요원처럼 60여 마리의 암사슴과 새끼 사슴이 길을 건너도록 말 그대로 '인도'하고 있는 것을 보았다. 양 방향으로 길게 차들이 늘어섰고, 모든 운전자가 이 아름답고 경외심을 일으키는 생명체가 그 가족을 돌보는 장면을 바라보기 위해 시동을 껐다. 잊을 수 없는 순간이었다. 사슴들은 일렬로 늘어선 고목 아래로 고요하게 지나갔고, 늦가을의 황금빛 햇살이 나뭇잎에 어른거렸다. 사슴의 발굽이 땅에 부딪히는 소리와 부드러운 바람만 있을 뿐이었다. 사슴 떼는 길을 건너면서 풀을 뜯어 먹었고 서로 코를 비볐다. 두 마리 어린 수사슴들은 큰 수사슴이 부드럽지만 단호하게 그들을 말리기 전까지 싸움 놀이를 했다. 당신은 그 수사슴이 무엇이라고 말하는지 들을 수 있었을 것이다. '이런, 이 녀석들아 그만 노닥거리고 길을 건너거라!' 사슴 떼는 정말 차분했다. 사슴들은 여유가 있었고, 누구도 수사슴을 방해하지 않았다. 그의 힘과 조심성은 그들의 안전을 지켜주었다.

어른들에게는 아이들이 하려는 뭔가를 하는 동안 지켜볼 수 있는 수용력과 어른들 자신을 돌보는 능력이 필요하다. 우리가 그럴 필요가 없게 말이다! 우리는 어른들로부터 분리되어 우리만의 작은 세상에 초점을 맞출 필요가 있다. 우리는 또한 우리가 스스로 결정하기를 원하고 그럴 필요가 있다는 사실을 존중해줄 어른들을 필요로 한다. 우리가 원치 않는 것을 제외시키고 우리가 좋아하는 것을 추구할 때 어른의 지지가 있어야 한다. 또한 이것은 안전한 경계 안에서 이루어져야 하고, 더불어 사회성을 기르거나, 온순한 태도를 배우거나, 나누는 것을 배우는 것도 필요하다.

물론 아이들이 어느 정도로 자신의 감정과 흥미, 페이스를 따르도록 해야 하는지, 어느 정도의 간섭과 통제가 필요한지에 대해서는 지난 수십 년간 끊이지 않는 논쟁이 있어 왔다. 이는 힘과 의지, 문화 등에 대한 주요한 질문들이며, 이러한 욕구의 중요성은 널리 인정되고 있다. 대부분의 문제들은 아마도 양극단에서 발생할 것이다. 아이에게 통제력이 전혀 없거나, 또는 모든 것과 모든 사람에 대해 전적인 통제력을 가지고 있거나이다. 나는 둘 다 도움이 되지 않는다고 생각한다. 각 가정과 모든 어린아이의 균형점은 달라진다. 우리가 자람에 따라서 지속적으로 변화하는 것이다. 우리는 어른들에게 결정자로서 우리를 존중하는 데 최선을 다해줄 것을 요구하지만, 그들 자신과 우리 주변의 다른 아이들과 어른들을 위해 건강하고 자기존중적인 결정을 내리는 것을 방해할 수는 없다. 우리에게는 힘을 기르는 과정에서 이를 제한할 수 있도록 우리가 할 수 있는 것과 할 수 없는 것 사이의 경계 설정이 필요하다. 이를 통해 우리는 어디서 멈추고 시작해야 할지를 알게 된다. 하지만 우리는 또한 우리가 그것이 어느 지점에서 정해질지, 어떻게 변화할지에 대한 영향력을 가지고 있다는 것을 알 필요도 있다. 따라서 그것은

죄수복도 아니고(당신이 하려는 무엇이든지 '안 된다'고 하는 것),

비스킷 커터도 아니고(어른들이 당신을 위해 예정해둔 모양대로 자라나야만 하는 것),

당신이 씩씩대면 사라져버리는 엉성한 구름 조각도 아니다

(이 경우 당신보다 더 강한 사람은 아무도 없다).

도와줘!

엄마 뱃속에서는 자라는 만큼 같이 자라고, 우리가 팔다리를 뻗는 만큼 늘어나면서도(어느 정도까지는) 우리를 안전하게 보호해주는 완벽한 컨테이너를 가지고 있었다. 그리고 그것이 너무 작아졌을 때 어떻게 해서든 엄마 뱃속은 – 엄마의 한 부분으로서 – 우리와 협력하여 우리가 밖으로 나오도록 했다. 우리가 더 커지고, 힘이 세지고, 위험을 감수할 준비가 됨에 따라 우리는 어른들에게 비슷한 형태의 새로운 컨테이너를 만들어줄 것을 요구한다. 엄마 뱃속의 근육 벽은 사랑과 강한 팔, 명료한 생각, 존경, 일관성, 그리고 엄청난 유머 감각 등으로 대체될 수 있다.

따라서 우리가 선택하고 몰입하는 것에 대해 배우는 동안 우리는 이런 사람을 필요로 한다.

- 우리가 흥미로운 것을 추구하고 있는 동안 무시당하는 것을 기쁘게 여기는 사람(즉, 우리를 자신에게 전적으로 의지하게 만들 필요가 없는 사람)
- 자신의 흥미를 선택하고 따르는 것에 익숙하고 자신들의 공간을 지킬 줄 아는 사람(심지어는 우리로부터도)
- 우리가 결정하려는 것에 관심을 가지고 우리가 필요로 할 때는 도움을 주지만, 자신의 방식이나 선택을 강요하지 않거나 우리의 기분과 경험을 항상 '의식하는' 사람
- 우리의 선택이 그의 선택과 매우 다르다거나 우리가 이전에 그에게 허용되었던 것보다 더 많은 선택권을 갖는다 해도 위협을 느끼지 않는 사람
- 처음부터 일을 제대로 하지 못하는 것에도 느긋할 수 있는 사람
- 로마는 하루아침에 이루어지지 않았다는 것을 쉽게 깨우치도록 해주는 사람

- 자신의 일에 깊이 몰입하고 열중할 수 있는 사람. 그리고 그의 주의를 산만하게 하려는 우리의 행동에 굴하지 않는 사람(우리는 나중에 그를 따라 하고 싶을 것이다)
- 우리를 지지해줄 사람. 그리고 모든 것이 즉시 삼킬 수 있는 형태로 주어지는 것이 아니라, 진짜 만족감은 뭔가를 '잘게 씹어 삼킴으로써' 얻어질 수 있다는 것을 자신의 삶으로 보여줄 수 있는 사람. 그것을 통해 우리가 원하는 것을 얻기 전에 여러 일들을 아주 여러 번 할 필요가 있다는 것을 알려주고, 어떤 일은 단념할 필요가 있다는 것을 알려줄 수 있는 사람. 예상치 못한 장애물이나 뜻밖의 일, 심지어 불편함까지도 도전으로 바라보고, 이를 포기해야 할 이유로 생각하지 않으며, 앞이 보이지 않아 우리가 좌절이나 분노, 포기하고 싶은 마음이 들 때 이를 인내하도록 도와줄 수 있는 사람
- 타인의 시간이 소중하다는 것을 알도록 도와줄 수 있는 사람

이제 해변의 어린아이를 상상해보라. 그 아이는 활기차게 모험을 즐기는 것을 허락받았다. 파도 속으로 뛰어들었다 나오고, 모래도 깊이 파보고, 물을 튀기거나 맞기도 하고, 깔깔거리면서 흠뻑 젖고 모래투성이가 되고, 구르고 있다. 아마 그 여자아이는 이 여름에 더 강해지기 위해 몇 군데 멍이 들 수도 있고, 이상한 바닷물을 한 모금 마실 수도 있지만, 신체적인 활력과, 활기, 열정으로 가득한 상태다. 다음으로, 그녀가 조심스럽게 작은 조개껍데기를 자신이 만든 모래성의 가장자리에 늘어놓고 있는 것을 상상해보라. 숨을 할딱거리면서, 바닷물이 들고나며 수영복 아랫도리를 적시고 있는 것을 전혀 알지 못한 채 말이다. 완전이 몰입해있다.

그녀가 자신들의 놀이 역시 즐기면서, 그녀가 놀이를 하고 뭔가를 시작하는 모습을 바라보는 것을 소중하게 여기는 어른들과 함께 있다고 상

상해보라. 그들은 그녀가 기뻐하거나 놀라워하는 것, 그리고 그녀가 하는 모든 일에 전심으로 쾌활하게 몰입하는 능력을 한껏 즐기고 있다. 그들은 뭔가를 시작한다. 그것은 그들이 즐기고 그녀와 함께 하고 싶어 하는 일이다. 그리고 그들은 그녀를 안전하게 지켜주려고 한다. 이상적인 얘기겠지만, 우리 모두가 아마 어느 지점에서 이와 비슷한 경험을 했을 것이다. 그리고 정말로 몰입할 수 있는 여지가 여전히 남아 있다면 우리가 그보다 더 자랐다고 해서 이를 막을 이유는 없는 것이다.

하지만 이제 반대로, 예전에 내가 보았던 티 하나 없는 하얀 드레스를 입고 바닷가에 온 소녀를 상상해보라. 그녀의 손목은 강아지처럼 긴 줄로 엄마와 연결되어 있었다. 그녀는 움직일 때마다 줄에 당겨졌다. 그 아이의 엄마는 계속해서 장황하게 부정적인 말만 계속했다. "하지 마, 만지지 마, 거기 가지 마, 이리 와, 그거 멈춰, 위험해, 더러워." 그 불쌍한 아이는 사실상 움직일 수도 없었고 창백해보였으며 활기도 없어보였다. 그녀의 모든 행동은 극심한 감시 하에 있었고, 몇 분에 한 번씩 계속 중단되거나 간섭을 받았다. 자신의 흥미나 관심을 따라갈 능력과 스스로 결정을 내리고 자신의 욕구와 바람을 좇는 능력은 심각하게 제한되어 있었다. 바닷가에서 자신의 신체적 경험을 즐길 수 있는 능력은 급속도로 줄어들었다. 마침내 그녀는 힘없이 엄마 옆에 앉아서 바다를 쳐다보았다(그래서 그 엄마는 "뛰어 놀고 싶지 않니?"라고 물었다).

나는 그 어린 소녀가 무엇을 느꼈을지, 그녀의 에너지가 어디로 사라졌는지 다만 추측할 수 있을 뿐이다. 아마도 그녀의 머릿속이 아닐까? 격노와 증오를 꽉 붙드는 곳으로 향하지 않았을까?(내가 그랬을 수도 있다). 이런 식의 조치는 이 나이에선 시작될 수 없는 것이므로, 그녀가 어릴 때부터 우연히 일어난 일이었을 것이다. 그것은 탈출이나 반항, 복수로 기운 감정이나 생각을 낳을 수도 있고, 더 심각한 경우에는 수동적인 상태로의 철회나 순응, 또는 우울증을 불러올 수도 있다. 성인으로써 이는 인생에서 진정한 자기표현의 부재를 낳을 수도 있다. 다른 무엇이 발생하든지간에, 그 아이는 실제 세상에서 스스로 발견한 것에 대해서 어떤 피드백도 받지 못하게 된다.

적절한 지지를 충분히 받게 되면, 우리는 우리가 내린 결정에 몰입하는 것에서 흥미와 즐거움을 느낄 것이다. 분투하는 과정에서 느끼는 흥분과 도전과 씨름하는 것, 성취로부터 얻는 만족감 같은 것. 특히 까다로운 일일수록 말이다(사과를 씹어 먹는 것이 죽을 먹는 것보다 더 즐거웠던 것을 기억해보라). 물론 우리는 앞으로 더 많은 피드백과 더 많은 정보를 몸과 정서 기록 장치emotional archives에 저장하게 될 것이다. 우리는 계속해서 실생활의 실제 경험을 업데이트할 것이고, 새로운 일에 도전하는 것을 통해 성장할 것이다.

사물을 분리하고, 선택하고, 깊이 관여하고 어떤 과정 속에 몰입하는 것은 행동을 하기 위한 다음 단계이다.

하지만 우리 중 일부는 경계를 설정하는 것이나 이것 아니면 저것을 선택하는 것을 어려워한다. 혹은 우리가 우리 자신을 위해 결정을 내릴 권리를 가지고 있다는 사실과 우리 자신의 관심사에 초점을 맞출 권리 또한 있다는 것을 잘 믿으려 하지 않는다. 다른 영역에서는 결단력이 있었다 하더라도, 당신은 인생에서 한 가지 이상의 영역에서 결정을 내리기 어려웠던 적이 있었을 수 있다. 그렇지 않으면, 당신은 어떠한 결정도 내리기 어려워지고, 결정을 내릴 필요가 있을 때마다 불안하고 긴장하게 되는 지경에 이르렀을 수도 있다. 자기만의 프로젝트에 혼자 집중할 때 불안하고 확신이 없어질 수도 있다. 아마 당신은 몰입할 수 있는 확실한 시간과 장소를 자신에게 허용하는 것을 어색해할지도 모르겠다. 심지어 정말 당신이 원하는 것이라도 말이다. 그래서 주의를 산만하게 하는 요소들을 찾게 될지도 모른다. 깊이 몰두하기 보다는 살짝 스치거나 발만 살짝 담그면서 당신은 만족을 느끼기 어려울 수 있다. 치아와 잇몸 또는 심장, 장, 척추에 문제가 생길 수도 있다(특히 목이나 어깨, 등허리 부분에). 손톱이나 머리가 자라는 데 문제가 생길 수도 있고, 절정에 이르기 전에 성적 흥분이 시들해지는 문제가 생길 수도 있다.

이와 같은 문제들은 당신이 나선형 행동의 선택과 몰입 단계에서 미루기를 하고 있다는 것을 뜻한다.

4단계
완수하기

어떤 일을 끝내거나 그만두는 것은 일을 시작하는 것만큼이나 중요하다. 당신은 시작을 미루는 것만큼이나 쉽게 어떤 일을 마치는 것을 미룰 수 있다. 현재 다루고 있는 일을 끝마치는 것은 당신의 에너지를 다른 일에 쓸 수 있게 된다는 것을 뜻한다. 그럼 일이 끝나는 것이 언제인지, 언제 그만두어야 할지 어떻게 알 수 있을까?

- 식사를 마치는 때가 언제인가? 배가 부를 때인가, 맛있는 음식은 다 먹고 당신이 싫어하는 무화과만 남았을 때인가, 아니면 그 무화과를 꾸역꾸역 다 먹고 나서인가?
- 당신이 놀이터에서 놀다가 집에 돌아가는 때가 언제인가? 당신이 완전히 지쳤을 때인가, 그네를 14번 타고난 뒤인가, 어둑어둑해졌을 때인가, 아니면 언니가 집에 돌아가야 할 때라고 말할 때인가?
- 당신이 모래성 놀이를 마칠 때는 언제인가? 아이스크림을 사왔을 때인가, 쓸 만한 조개껍데기가 하나도 없어졌을 때인가, 모래를 덮었을 때인가, 당신에게 근사해 보일 때인가, 다른 사람들에게 근사하게 보일 때인가, 아니면 밀물이 몰려와서 바닷가를 떠나야 할 때인가?

어린아이일 때, 충분하다는 것의 의미는 당신의 몸이 욕구 충족이 되었을 때를 말한다(더 이상 엄마의 젖을 먹고 싶지 않아요. 고마워요 엄마). 우리의 배고픔을 감지하는 내부 모니터에서 나오는 즉각적인 피드백은 외부자원의 상태나 상황(또는 기분)과 관련이 없다. 그 불편한 감각이 사라지면, 대신에 편안하고 새로운 감각을 느낀다. 그러므로 주로 당신은 신체적으로 만족감을 느낄 때 끝마치게 된다.

당신이 건강하고, 잘 먹고, 잘 쉬기만 한다면, 당신의 신체 에너지는 자연스럽게 당신이 호기심이나 흥미에 따라 다른 행동을 할 수 있도록 움직이게 할 것이다. 당신의 에너지는 어떤 것으로 향하고 다른 것들은 차단시킨 채 그것에 깊이 빠져들게 된다. 이는 마치 파도가 해변에 부딪히는 것처럼 그 강도가 자연스럽게 정점에 도달했다가 줄어드는 모양새이다. 그러므로 그 다음에 당신은 더 이상 흥미가 사라졌기 때문에 몰두했던 그 대상을 떠나보내는 일을 하게 된다. 집중력이 약해지고, 보다 더 매력 있는 다른 대상을 향하게 된다. '내가 빨고 놀던 이것도 괜찮지만 저기 털이 달린 것은 움직이고 있구나. 당신이 계속 나에게 곰 인형을 보여주는 게 좋지만 당신의 귀걸이는 더 흥미로워보여.' 당신은 방금까지 빨고 있던 숟가락을 떨어뜨리고, 자기 발가락을 잡고 있다가 다른 사람의 머리카락을 잡아당기려고 할 수도 있고, 형이 자전거를 타고 오면 곰 인형을 유모차 밖으로 떨어뜨릴 수도 있다. 어떤 면에서는 참 냉정하다. 당신은 즉각적으로 행동하고 변덕스러우며, 계속해서 주의가 변한다.

일단 당신이 사물을 탐색하고 실험하기 시작하면, 여기에 몰입하여 처음과 중간과 마지막에 어떤 과정들이 있는지 알게 된다. 그리고 일을 마치는 것에 대한 일반적인 감각을 발달시키게 된다. 당신은 언제 무슨 일을 마쳤는지, 혹은 몰입했었는지를 안다. 왜냐하면 결과가 있었기 때문이다. 당신은 차이나 변화, 뭔가 새로운 것을 만들어 냈다. 당신에게 새로운 경험이었든 그 자체로 새로운 것이었든 말이다. 이는 때로 놀랍고, 목적을 가질 수 있고 그것을 충족시킬 방법을 찾을 수 있다는 것을 깨닫는 것과 같이 때로는 당신이 원했던 것이다. 당신이 생각했던 것이 아니어서 때로는 실망할 수도 있다. 먹을 수 있는 사과는 더 이상 없다. 모두 사라졌다. 꽃에 있던 모든 꽃잎이 떨어졌다. 이는 달리 보일 것이다. 당신은 공원의 모든 미끄럼틀을 수없이 많이 타봤고 그 모든 것을 정복했다는 것에 행복하고, 지쳤지만, 만족스럽다. 모래성을 둘러싼 조개껍데기는 빙 둘러서 맞은 편에 닿았다. 당신이 욕조 안의 모든 오리인형들을 물속에 담그면, 베이비시터는 그 오리들이 축축해져서 기분이 나쁘지 않을까라고 말한다. 동화책 이야기는 끝났고, 불도 꺼지고, 아빠가 '잘 시간이야'라고 말한다. 우리 내면의 피드백은 물론 외부에서 벌어지는 일들이 우리에게 마칠 때가 됐다는 느낌을 준다.

어떤 과정의 끝은 그 자체로 만족스럽고, 게다가 신체적으로도 성취감이 있다. 그리고 내면의 피드백과 외부의 상황이 당신이 만족을 얻는데 꼭 일치할 필요는 없다. 큰 판지 상자는 이제 작은 조각들이 되었다(훌륭하다. 난 여전히 힘이 남아있고 그 박스는 정말 단단했었다). 당신이 진열대에 있는 수프 통조림을 내려서 막 재배열하기 시작했는데, 당신의 부모가 당신을 빨리 차에 태워서 마트를 떠나야만 하는 게 속상할 수 있다(음, 당신을 마구 때리는 것이 소리치는 것보다 나아. 부모가 소리치는 동안 내가 통조림통 가지고 놀 시간은 더 생기겠지만). 당신은 계속 아빠의 머리카락을 잡아당기고 싶겠지만, 그는 당신이 그를 때리기를 선호하는 것 같다. 그리고 그가 당신이 엄청 잡아뜯을 거라고 믿도록 만드는 일이 너무 재밌다(봐요, 난 얌전히 있을 수 있어요. 하지만 지금은 당신 볼 좀 깨물어도 돼요?). 당신은 미적 감각도 발달시킨다. 예를 들어 모래성을 조개껍데기로 장식하거나, 당신에게 좋아 보이는 것에 대한 취향을 만들어가는 것이다(최소의 표현으로 최대의 효과를 만들어내는 최소표현주의). 당신은 괜찮아 보이는 게 있을 때 말만 하면 된다.

우리는 우리가 힘을 가지고 있다는 것을 안다. 우리는 신체적, 정서적으로 기분이 좋아지도록 힘을 사용할 수 있는 방법들을 찾길 원한다. 우리는 새로운 능력들을 발달시킨다. 심지어 말하고 생각하는 데 언어를 사용하기 시작한다. 우리는 타인과 사물에 미치는 우리의 행동과 활동들의 영향을 깨닫고 결과를 신경 쓰기 시작하면서 관계에 대해서 깨닫게 된다. 그리고 무엇이 아름다운지에 대한 우리 자신만의 기호인 미적 감각을 갖게 된다.

어떤 일을 마치는 것에 대한 타인의 태도는 매우 중요하다. 만일 당신이 항상 무언가를 마칠 때다, 멈춰야 할 때다, 라는 말을 듣는다면, 이는 당신의 시간 감각과 불일치할 수 있고, 당신의 내면으로부터 어떤 것이 당신에게 일을 끝내고 싶은 느낌을 주는지 발견하는 법을 배울 수 없다. 또한 당신은 언제 충분한 에너지와 시간이 있는지, 당신에게 더 이상 맞지 않는 것이 언제인지를 알 수 없다. 반면에, 사람들이 항상 당신을 기다려주거나, 혹은 당신을 지치게 하거나, 아니면 그들이나 그들이 아끼는 물건에 피해를 입혀도 내버려 두고, 계속해서 그들의 대화나 집중하는 것을 방해하도록 내버려 둔다면 당신의 시간과 에너지 소비 방식과 당신이 하는 일이 다른 사람들에게도 영향을 미친다는 것을 알기가 어렵다.

만일 당신의 어른들이 당신이 얼마나 오랫동안 무엇에 집중할 수 있는지를 전혀 모른다면, 다양한 행동이나 감정, 생각, 타인과의 관계에서 언제 그만두어야 할지를 배우기 어려울 수 있다.

> 아이였을 때 마리아는 거울을 쳐다보면서 시간을 보냈다. 그녀는 같이 놀 사람이 없었고, 가지고 있는 장난감도 거의 없었고, 책도 없었다. 어른들은 그녀가 조용했기 때문에 괜찮을 것이라고 했다. 하지

만 그렇지 않았다. 그녀가 방치된 그 진공 상태에서 거울 앞에 얼마 동안 서 있어야 하는지 배울 수 있었겠는가?

합리적인 시간 안에 뭔가를 마치는 법을 배우는 것은 재밌고 흥미로운 일이 많이 있으며, 관련된 사람들이 있다는 것과도 관련이 있다. 그 일을 마친다는 것은 아무것도 뒤따라오지 않는다는 뜻이 아니다. 어른들을 관찰하는 것도 우리에게 정보를 준다. 그들을 모방하는 것은 배움의 커다란 부분이다. 그들이 언제 일을 멈추는지, 그들이 자신의 시간과 에너지를 얼마나 소중하게 여기는지, 그들이 시작한 일들과 그들의 대인관계를 알면 완료하기가 다음과 같은 것이라는 것을 알게 된다….

- 만족스러운 것(혹은 그렇지 않은 것)
- 중요한 것
- 불안 때문에, 혹은 완벽을 기하려다 연기되거나 지연되는 것
- 나중에 할 일이 없을 것이 두려워서 저항하는 것
- 한 번도 제대로 완수해본 적이 없으며 반쯤 끝낸 일들이 쌓이게 만드는 것
- 동시에 생긴 여러 가지 일 속에서 사라지는 것
- 다른 새롭고 반짝거리는 일들에 달려드느라 간과되고 표시 나지 않는 것

혹은

- 일을 마쳤다는 것을 인식할 수 있는 느낌을 남기며, 편안하게 만끽하고 축하하는 것

때로 우리는 자신의 기준에 따라 일을 마치는 법을 배울 것이다. 때로는 다른 사람의 지속적인 격려가 결과의 차이, 대개는 우리가 상상했던(혹은 상상하지 못했던) 것보다 훨씬 더 나은 결과를 가져온다는 것을 배울 것이다. 그리고 때로는 우리가 원했던 것보다 더 일찍 멈추게 될 것이다.

무엇이든 괜찮다. 어떤 일을 계속할 수 있게 당신을 격려해주거나, 또 어떤 일은 멈추라고 말해주는 사람들에게 당신이 관심을 가지고 있다면 말이다. 그리고 그들의 뜻에 따를 때만 미소나 온기를 얻을 수 있다고 생각하지만 않는다면 말이다.

우리는 우리의 행동이나 우리가 만들어낸 것이 멋진 것이라고, 그리고 우리가 그 일을 하는 방식 역시 괜찮다고 우리에게 말해 줄 수 있는 사람이 필요하다. 우리가 한 일이 항상 훌륭하거나 감탄스럽거나, 해야 할 일을 했거나 일을 완벽하게 마무리했기 때문이 아니다. 그것은 우리가 순수한 의도로 귀엽게 뭔가를 하는 것이 사랑스럽기 때문이며, 타인에게 실례가 될 때는 우리가 그것을 깨닫도록 도움을 받을 수 있다. 우리가 할 수 있을 것 같았던 결과를 이루지 못했더라도, 우리나 다른 사람들이 원했던 결과인지와 상관없이 우리가 사랑받고 있으며 매력적이고, 멋지다는 것을 보여 줄 수 있는 사람이 필요하다. 우리의 기쁨과 성취를 축하하고 공유하며, 자신의 감정과는 별개로 우리가 실망감을 이겨낼 수 있도록 도와줄 사람이 필요하다.

신체적, 정서적, 정신적으로 충분히 경험하고 행동했는지를 아는 것, 하던 일에서 손을 뗄 수 있는 능력은 행동의 완수 단계를 지나가는 데 필요한 능력들이다.

하지만 어떤 사람들은 어떻게 완료해야 할지를 인식하는 데 어려움을 느낄 수 있다. 계속해서 일을 끝내는 것을 미루거나, 적절하게 마치는 것을 미루거나, 그만 두어야 할 때가 언제인지를 어떻게 알 수 있는지 정말 잘 모를 수도 있다. 이러한 문제는 알코올 문제, 일 중독, 기타 중독, 비만, 만성피로, 고혈압, 골반 울혈, 변비, 두통, 그리고 오르가슴의 문제처럼 전혀 강렬한 감정을 느낄 수 없는 건강문제를 유발한다.

이러한 문제들은 당신이 나선형 행동의 완수 단계를 미루고 있다는 뜻일 수 있다.

5단계

멈추고 되돌아보기

어린아이였을 때 당신은 젖을 먹고 나면 발그레해진 얼굴로 깜빡깜빡 졸곤 했다. 이는 자연스러운 현상이다. 신체의 다른 기능들은 음식을 소화하는 과정이 진행되는 동안 일시적으로 유람선 모드cruise mode가 된다. 우리 대부분은 식사 후에 짧은 휴식을 취하고 싶거나 필요로 한다. 이는 우리 몸에 휴식의 기회를 주기 위해서다. 그러나 우리는 종종 이를 거르곤 한다. 뭔가를 마친 후 즉시 다른 활동에 뛰어들지 않고 휴지기를 갖거나, 짧은 휴식을 취하는 것은 다음 일을 새로이 시작하기 전에 신체적, 정서적, 정신적인 수준의 모든 과정을 마무리할 기회를 준다. '새로이'라는 단어가 핵심이다. 만일 당신이 항상 휴식과 반성을 위해 쉼을 갖기를 미루는 바로 그 사람이라면(아직 멈출 수 없어, 난 ~을 해야 해…) 당신은 새로움 freshness이 무엇인지를 경험한지 매우 오래되었을 수 있다.

> 언젠가 1920년대 초에 아랍 지역을 탐험했던 젊은 영국인에 대한 이야기를 들은 적이 있다. 그는 여러 마리의 낙타와, 노새와 여러 명의 사람들을 데리고 사막을 건너고자 했다. 첫째 날 아침, 그는 아침 햇살과 먼 거리를 이동해야 하는 사람들과 동물들의 소리에 잠이 깼다. 밤이 오자, 긴 하루를 마친 매우 지친 몸으로 사람들은 텐트를 치고 불을 지폈다. 둘째 날 아침, 젊은이는 다시 아침 해와 요리하는 냄새에 잠을 깼고, 그들은 광활한 모래 위를 건너가기 위해 다시 출발했다. 그들은 저녁때까지 계속 이동하여 두 번째 캠프를 치고 육즙이 풍부한 양고기 구이로 저녁을 먹었다. 셋째 날 아침, 젊은이는 여느 때처럼 일어났지만, 곧 주변이 매우 조용하다는 것을 깨달았다. 그는 텐트 밖으로 나왔다. 낙타와 노새는 여전히 묶여 있었고, 조용히 되새김질을 하고 있었다. 아무도 일어나지 않았다. 그는 낙타를 모는 사람들의 우두머리를 찾아가, 텐트를 들추고 그를 불러냈다. "출발해야 할 것 같은데요." 그가 말했다. "다들 어디 있죠?" 낙타 운전수는 눈부신 햇빛에 졸린 눈을 깜빡이면서 그를 바라보았다. "그들은 오늘 움직이지 않을 겁니다." 아무것도 모르고 조급해하는 젊은이에게 그가 말했다. "자신들의 영혼이 그들을 따라잡기를 기다리고 있거든요."

이 이야기는 번역을 하고 내가 전달하는 과정에서 다소 변형되었을 수 있다. 그러나 요점은 그대로이다. 우리가 길을 떠날 때는, 휴식과 재충전, 반성해야 할 때가 언제인지를 알 수 있어야 한다는 것이다. 막무가내로 달려가는 것은 우리가 충분한 힘이나 민감성, 혹은 과거 경험에서 얻은 충분한 지식 없이 다음 일을 진행하고 있다는 것을 뜻한다. 이는 우리가 나선형 행동의 첫 번째 단계인 이완하고 '그저 가만히 있는 것'의 단계를 절대로 완전히 회복할 수 없다는 것을 의미한다. 나는 톰과 제리라는 만화영화에서 둘 중 한 명이(대부분 생쥐인 제리) 상대방을(고양이 톰) 놀리고는 벽에 난 쥐구멍 속으로 들어가는 장면을 좋아한다. 톰이 너무 빨리 달리고 있어서 톰의 잔상들이 뒤쪽에 따라오고 있는 것을 보게 된다. 그래서 톰이 벽에 부딪히면 그 잔상들이 전부 톰을 따라잡을 때까지 톰은 계속 벽에 붙어있다. 그리고 나서 톰이 완전히 잔상들과 하나가 될 때에야 바닥으로 털썩 떨어진 뒤 기적적으로 다시 회복된다(다음 장면까지). 사진을 보면 우리에게도 뒤따라 온 잔상들을 보게 된다. 그러므로 양자물리학적인 수준에서 톰은 이렇게 이해될 수 있다. '우리가 모두 그곳에 있기 전에는 우리가 다른 일로 넘어갈 수 없다.' 그렇지 않으면 우리는 자신의 일부를 뒤에 남겨두게 되며, 결코 따라잡을 수 없다. 빨리 다른 일을 하는 것은 앞으로 나아가는 것 같아 보이지만, 실제로는 마치지 못한 과거의 활동, 프로젝트, 역할, 꿈, 장소, 관계와 끈적끈적한 접촉점을 남겨두고 있는 것이다.

그러므로 이를 영혼을 기다린다고 표현하든, 잔상after-image 혹은 수고하여 일을 마친 후 긴장을 풀고 반성하는 시간 갖기라고 하든, 지난 일을 받아들이고 축하하는 것이라고 부르든, 이는 하던 일에서 손을 떼기 위해 필요한 나선형 행동의 포인트다. 어릴 때 행동하는 법을 배우면서, 우리는 아무것도 하지 않는 것, 즉 한가한 시간을 즐기는 법, 많은 활동을 하고 난 뒤 휴식하는 것 역시 배워야 한다. 우리는 어떻게 긴장을 풀 수 있는지 배워야 한다. 우리는 우리가 조용히 부유할 때도 활동적이고 매우 쾌활할 때만큼이나 사랑스럽다는 것을 알 수 있어야 한다. 그리고 우리가 쉴 때 늘어지고, 심지어는 다소 슬픈 기분을 느낀다 하더라도, 언제가 되든 힘과 열정을 다시 회복하리라는 것을 깨달아야 한다. 희망이 그런 것처럼 말이다. 휴식을 갖는 처음 며칠은 점점 더 피곤해지고, 밀어두었던 피로가 몰려오는 것 같다. 울적해지거나, 변덕스럽거나, 안절부절 못하고, 이런 이상하고 다소 불쾌하기도 한 일을 왜 하고 있는지 의문이 들 수 있다. 그러다 어느날 아침 일어나 보면 활력을 되찾고, 호기심과 흥분을 느끼며 휴일이 방금 막 시작된 것처럼 느껴질 수 있다.

활동에 따라 제각기 다른 휴지 기간pausing time이 요구되고, 일하는 과정에서 각기 다른 절차가 필요하다. 지금은 더 어렸을 때에 비해 시내에서 밤 새 놀고 난 뒤 휴식과 재충전에 더 많은 시간이 필요할 수도 있다 (또는 더 적은 시간이 들 수도 있다? 내가 지금 누구에게 얘기하고 있는 거지?). 어떤 활동에 들인 에너지인가와 당신에게 얼마나 가치 있는 일이었나도 휴지 기간에 영향을 미친다. 첫사랑과의 실연을 극복하는 일은 3주 만에 헤어졌을 경우 45일, 오랫동안 만났다 헤어진 경우에는 75일… 같은 식으로 비교할 수 있는 것이 아니다. 새 차에 익숙해지는 시간, 새 직장이나 집에 자리를 잡는 시간, 첫 판매 고객이 생기거나 아이를 가진 것을 축하하는 시간, 다른 사람이나 동물, 능력, 기회와 관련된 지난 일과 미처 못 다한 일을 애도하는 시간도 다양한 변인들에 의해 달라진다. 이해의 관점이나 새로운 깨달음을 통해서 어떤 경험에 대해 생각하는 것 역시 마찬가지일 것이다.

그러므로 우리는 신체적, 정서-대인관계적, 정신적, 그리고 영적인 감각을 통해 언제 우리가 충분한 휴지기를 가졌는지를 알게 된다. 왜냐하면 새로운 것들이 우리의 흥미를 끌고, 그 대상을 향해 다가갈 힘이 생기는 것을 깨닫기 시작하기 때문이다. 새로움freshness은 과거 경험으로부터 좋은 것들은 다 배우고, 나쁜 기억은 떠나보내는 '나이 들고 철들어 가는' 시기에도 느낄 수 있는 것이다. 우리는 이런 일을 결코 완벽하게 할 수 없다. 모든 일을 완전하게 처리하는 능력은 인간의 본성이 아니다. 우리가 원치 않거나 떠나보낼 수 없어 붙잡고 있는 것들은 우리의 일부분이 된다. 그리고 이는 자연스러운 일이다. 이것은 거침없이 앞으로 나아갈 수 있도록 우리가 얼마나 자유로워질 수 있는지, 또는 우리의 과거나 불완전하고 다듬어지지 않은 행동들이 우리 뒤를 잡아끄는 것을 얼마나 허용할지에 달렸다.

물론 우리는 죽기 전까지 모든 활동들을 완벽하게 중단할 수도 없다(몇몇 종교에서는 당신의 영혼이나 당신을 대신할 누군가가 완료해야 할 일이 있다거나, 과거 육신의 삶으로부터 영혼을 분리시키기 위한 과정을 거쳐야 한다고 가르친다. 이런 단계를 거치지 않으면 다음 생으로 갈 수 없으므로). 그러나 당신에게는 겨울잠을 잘 수 있게 해주는 주문이 있다. 그 기간이 매우 짧더라도 말이다. 만일 당신이 신체적으로나 감각적으로 애를 써야 하는 일이나 정신적인 집중이나 깊은 정서반응이 요구되는 일에 열중하고 있다면, 자연스럽게 '아!'라는 반응을 하게 된다. 그리고 그 뒤에는 최상의 오르가즘을 느꼈을 때처럼 깊은 잠에 빠지게 된다. 하지만 어떤 일을 마치는 것은 종종 더 복잡하며, '아!' 라는 반응을 유발하는 요인은 빗겨가거나 찾기 힘들다. 슬픔, 후회, 회한, 실망, 좌절, 불안이나 공포처럼 절정의 순간을 방해하는 감정들도 있다. 이런 감정을 느끼면 다음 일에 적극적으로 뛰어들고 싶은 마음을 갖기 어렵다. 그리고 당신이 실제로 자주 일을 끝마치지 않거나 반성이나 쇄신의 시간을 미룬다면, 앞으로 나아갈 수 있는 에너지가 고갈되는 것은 불가피한 일이다. 이는 당신이 다음 활동에 충분히 전념할 수 있는 가용한 에너지가 적다는 뜻이고, 이 경우 정말로 '새로운' 출발을 하기는 어려워진다. 또한 자연스럽게 다음 활동을 끝내는 시점에서 잘 마쳤다는 느낌을 갖기가 어려워지고, 권태감을 느끼거나 희망을 상실하게 된다. 1장에 나왔던 방해 요인들을 다시 한 번 보라.

나선형 행동의 마지막 단계를 배우는 어린아이일 때, 우리는 일의 마무리는 어떻게 하는 것인지를 보여 줄 좋은 롤 모델이 많이 필요하다. 어떤 일을 마친 다음 이를 축하하거나, 반성하거나, 검토해보거나, 자신이나 다른 사람을 보살피기를 잘 하는 사람, 그리고 자신에게 회복의 시간이 필요하다는 것을 존중해주는 사람 말이다. 우리는 엄청난 분투를 하고 난 다음에 잠시 털썩 주저앉고 싶은 자연스러운 욕구를 스스로 알아차릴 수 있는 경험을 해야 한다(바닷가에서 만난 첫 번째 소녀는 두 번째 소녀보다 이것을 자연스럽게 더 잘 알 수도 있을 것이다). 우리는 우리가 뭔가를 잃어버린 것을 슬퍼할 때 그 감정을 존중해 줄 사람이 필요하다(그것이 낡은 곰 인형일 뿐이며, 그런 장난감을 가지고 놀기엔 당신이 너무 컸다고만 생각할 것이 아니라). 우리가 완성한 그림을 시간을 가지고 감상해줄 사람이 필요하다. 어떤 것을 타산지석으로 삼을지, 다음에는 무엇을 달리 생각해볼 수 있을지, 그리고 어떤 부분이든 '그 모습 그대로' 우리와 함께 충분히 생각함으로써 경험으로부터 배운다는 것이 어떤 것인지를 가르쳐줄 수 있는 어른들 말이다. 그리고 우리가 무엇을 잘하는지, 강점은 무엇이고 어떤 능력을 가지고 있는지 우리가 발달하는 과정에 따라 알려줄 사람이 필요하다. 이러한 과정과 휴식의 시간을 갖기 위해서는 지지가 필요하다. 그럴 때 우리는 말 그대로 숨 쉴 틈 없이 계속해서 이 일 저 일을 하러 뛰어다니지 않게 될 수 있다. 빈둥거리는 시간이 우리에겐 필요하다. 이것은 어떤 공허함이나 무의미하게 고립되어 영혼을 파괴시키는 지루함과는 다르다. 이것은 응시할 수 있는 거울 같은 것이다. 이것은 겨울의 땅 속에 묻힌 씨앗과 같은 상태로, 생명이 그친 황량한 상태와는 다르다.

어떤 일을 마친 뒤에 휴식과 회고, 그리고 재충전을 위한 휴지기를 갖는 것이 행동의 마지막 단계다.

하지만 어떤 사람들은 이런 아무것도 아닌 일 같은 과정에 자신을 맡긴다는 것에 매우 힘들어한다는 사실을 발견한다. 당신은 계속 뭔가 하지 않으면 영원히 누워 있게 되고 정체될 것 같은 두려움을 느낄 수 있다. 혹은 멈추게 되면 무언가를 놓치거나 중요한 것이 당신을 지나쳐 갈지도 모른다는 생각이 들 수도 있다. 우울해지거나 무가치감을 느낄 수도 있다. 68개의 일을 동시에 진행하지 않거나, 하고 있는 일에 대해 생각하거나 느끼는 일을 멈추면 게으르다고 걱정할 수도 있다. 입 냄새나 식욕부진, 소화불량, 변비, 두통, 권태감, 불면증, 근경련이나 비염을 경험할 수도 있다. 당신은 계속 일하기 위해, 성적인 자극을 찾기 위해, 또는 무감각한 권태 상태가 아니라면 어떤 것이든 느껴보고자 약물이나 자양강장제를 복용하거나 담배를 태울 수도 있다. 더 이상 흥미롭고 재미있어 보이는 일이 없어 더 크고 강렬한 스릴을 찾아 헤맬 수도 있다. 새로운 일에 흥미를 느끼기만 하고, 이내 일을 진행할 수 없을 것 같다거나 일을 제대로 마치기 어려울 수도 있다. 이해할 수 없이 머리 꼭대기까지 치밀어 오르는 화를 폭발한다거나, 눈물을 왈칵 쏟는 자신을 발견할 수도 있다. 또는 15분 동안 책의 같은 페이지의 특정 부분에서 계속 맴돌고 있다는 것을 갑작스레 깨닫고, 그러면서 하나도 얻은 것이 없을 수도 있다. 혹은 신호가 빨간 불인데 차를 몰았다는 것을 알고 공포에 휩싸일 수도 있다. 당신은 총체적인 탈진을 깨닫는 것조차 어려울 정도로 심각한, 심지어는 치명적인 병에 걸릴 수도 있다.

미루기에는 건강에 해롭다는 경고문이 붙어야 한다. 미루기는 사람을 죽일 수도 있다.
이러한 문제들은 당신이 나선형 행동의 멈추고 되돌아보는 단계에서 꾸물대고 있다는 것을 의미한다.

나선형의 각 단계에서 어떻게 미루기가 발전하게 되는지를 살펴보기 전에, 우리의 사고에 대해서 잠시 생각해보는 것이 필요할 것 같다.

생각하는 것과 꾸물거리는 것

수프에 대한 짧은 이야기

말을 못하는 다섯 살짜리 소년이 있었다. 그는 또래 다른 아이들처럼 뛰고, 기어오르고, 들은 것을 이해하고도 못 들은 척 하고, 잠을 자라는 부모의 말을 무시하기도 하고, 무엇을 만들거나 자전거도 탈 줄 알고, 고양이를 쫓아다니기도 하는 등 모든 일을 할 수 있었다. 하지만 말은 한 마디도 한 적이 없었다. 어느 날 가족들이 식사를 하고 있는데, 놀랍게도 꼬마 고든Gordon이 갑자기 이렇게 말했다.

"이 수프는 식었어요."

가족들은 놀라서 숟가락을 떨어뜨렸다.

"네가 말을 하다니!" 그의 엄마는 눈물을 뚝뚝 흘리며 소리쳤다. *"이전엔 어떻게 한 마디도 하지 않은 거니?"* 그 집 개가 그의 얼굴을 핥고 있는 상태에서, 고든은 "글쎄요" 라고 대답했다.

"지금까진 모든 게 다 괜찮았거든요."

나는 우리가 어떤 조건에 항의하기 위한 목적으로 말하기를 배운다고 생각하지는 않는다. 물론 이런 식의 말하기는 우리의 보호자들이 계속해서 우리의 비언어적인 신호를 지나칠 때 효과가 있지만 말이다. 우리가 말을 하게 될 때부터 우리는 상징적 사고가 가능하다. 당신이 처음 이해하거나 말하게 되는 낱말들은 사람이나, 동물, 사물, 기본적인 행동 혹은 당신이 원하거나 좋아하는 어떤 것과 관련 있는 기능에 대한 것이다. '아니요no'라는 말 역시 아주 쓸모가 있다!(그리고 '예yes'라는 말도 그렇다). 당신이 실제로 여기저기 돌아다니는 데 그보다 더 많은 단어가 필요한 것도 아니다

(당신이 집에 가려고 '부탁해요', '고맙습니다', '역/공항/항구가 어디입니까'라는 말을 해야 하는 상황을 제외하고는).

그리고 당신이 언어를 이해하면서부터 당신은 언어로 사고하기 시작한다. 사고는 우리가 태어날 때부터 행동을 하기 위한 기술과 함께 발달하지만, 언어를 사용하게 됨에 따라 우리의 생각은 자신과 타인에게 어떤 대상을 의미하는 음성으로 요약이 가능하다. 언어는 우리가 타인과의 관계를 내면화할 수 있도록 도와준다. 우리의 행동이나 타인의 행동에 대해 자기 자신에게 이야기할 수 있게 되기 때문이다. 언어적 사고가 시작되는 것은 신나고, 다채로운 경험이 될 수도 있고, 따분하고 공포스러운 경험이 될 수도 있다.

우리가 자신의 논리를 따를 수 있도록 어른들의 허용을 받으며 자란다면(이전에 설명했던 것처럼 우리의 안전과 어른들에 대한 존경이 지켜지는 선에서 말이다), 우리의 생각을 거쳐 나오는 말들은 우리 자신과 세상에 대한 감각적, 정서적 경험에 기초한 것이 될 것이다. 우리의 언어 구사력은 우리의 필요나 감정, 흥미를 표현하려는 욕구나 타인으로부터 받는 피드백과 우리가 탐색하고 실험하는 환경의 피드백에서부터 발달하게 된다. 우리가 탐색을 위한 신체적인 조건과 허가를 갖추었다면, 우리의 감정 폭이 수용되고 타당화 된다면, 그리고 자신에 대해서 사고하는 능력의 중요성을 인정받고 이를 기를 수 있도록 도움을 받는다면, 우리의 에너지는 신체적, 정서적, 정신적으로 균형을 이룰 것이다. 왜냐하면 사고하는 것에도 에너지가 소비되기 때문이다. 각각의 생각에는 크고 작은 가치와 중요성이 부여된다. 그러므로 타인과의 관계에서 만들어지는 지지holding의 범위 내에서 우리의 생각은 감정에 근거를 두고 있고, 우리의 감정은 생각의 영향을 받고, 또한 우리의 생각과 감정이 신체적인 경험과 연결된다면, 우리의 의도와 행동, 피드백과 기분 사이에는 견고한 연결고리와 흐름이 형성될 것이다.

그러나 어떤 아동들은 신체적인 영역의 허용 수준은 매우 높지만, 스스로 생각하는 것에 대한 허용 수준은 매우 낮을 수 있다. 자신의 논리를 세우고, 분명하게 표현하려는 그들의 시도는 거의 반응을 얻지 못하거나 존중받지 못한다. 따라서 그들의 생각은 매우 단순한 수준에 그치고, 그들이 그 연령대에 겪을 수 있는 다양한 경험을 가졌다 하더라도 굉장히 느리게 발달할 수 있다(심리치료사인 내 친구 제인은 이를 간단명료하게 '나이를 먹었다는 것이 성장했다는 뜻은 아니다'라고 설명했다). 어른이 되어도, 이런 과거 속의 아이들ex-children은 수 년 전에 들었던 것을 '앵무새처럼' 흉내내고 어떤 의문도 갖지 않는다(혹은 질문하는 법을 모른다). 그들은 가능한 결과에 대해 사전에 충분한 심사숙고 없이 기분에 따라 충동적으로 행동할 수 있다. 표면적인 사실의 관점에서만 사고하고 상상력을 발휘하거나 비전을 갖기는 어려워한다. 사고가 탄탄하지 못하고 나쁜 땅에서 힘겹게 자라는 식물처럼 성숙해지는 데 방해를 받는다. 식물은 풍부한 영양분과 충분한 물과 온기가 없으면 제대로 자랄 수 없다. 이러한 성인들이 새로운 아이디어나 계획을 고안하고 반성하기를 미루는 것은 어찌 보면 당연하다. 이런 도전들은 미지의 것을 경험하는 불안을 유발하기 때문이다. 자신이 어떻게 생각해야 할지 모르거나, 논리적이고 단선적인linear 형태로 표현할 수 없는 것을 결정하도록 강요받는 상황에서 감정적으로 심하게 동요되고 혼란스러워 할 수 있다.

스펙트럼의 다른 극단에는, 아동이 신체적인 표현을 극히 제한 받는 경우가 있다. 이러면 아이들의 충동성이나 열정, 순수한 에너지가 사라지게 된다. 정신적인 영역에는 방향이 전환된 에너지가 몰리게 되고, 행동과 정서 표현의 대체물이 새로운 형태로 나타난다. 어떤 아이들은 신체적인 표현을 제한받고 지지나 격려를 거의 받지 못한 상태에서 탐색과 실험 단계를 빠르게 거쳐 간다. 이러한 아이들은 강박증에서 나타나는 의식ritual적 사고와 강박 사고와 같이 고도로 정교한 지적 활동 패턴을 보일 가능성도 있다(식물이 너무 많은 비료나 방사능에 노출되면 돌연변이 형태로 자라는 것처럼 말이다). 그러나 그들의 사고 구조는 신체적인 경험이나 실생활의 피드백에 충분히 기초하고 있지 않기 때문에, 어떤 대상에 대한 부정확한 판단이나 실제로 불가능하거나 이룰 수 없는 것에 근거한 생각을 하게 된다. 그들은 상상을 매우 많이 하고 마술적 사고intellectual wizardry를 할 수 있다. 이 경우에는 삶을 현실보다는 정신적인 차원에서만 검증하게 된다. 마음의 눈으로 보면 각종 비약적인 상상들이 다 가능할 것처럼 보인다. 그러나 확고한 근거에 기초하지 않을 경우 실제로 일어나는 일은 많지 않다. 이러한 아이들은 실제적인 삶의 요소를 미루는 법을 배우기 쉽고, 실생활에서 매우 불안해하고 준비가 부족할 수 있다.

세 번째 유형의 아이들은 어른들로부터 정서적인 스펙트럼을 제한당한 경우이다. 그들은 솔직한 감성을 표현할 기회를 거의 갖지 못한다. 이러한 아이들은 매우 논리적인 사고를 할 수도 있고, 어떤 측면에서는 신체적인 경험이나 표현도 잘 할 수 있다. 그러나 이 아이들의 논리에는 진솔하게 온몸으로 경험한 것에서 우러나는 감정의 온기가 결여되어 있다. 그들은 이분법적인 사고를 하거나 모순된 신념을 동시에 갖기도 한다. 성인이 되었을 때 결정에 영향을 미치는 진짜 감정을 배제한 채 행동하거나 결정을 내릴 가능성이 있다. 그들은 타인에게 공감하는 것을 어려워 할 수도 있다(혹은 자기 자신의 감정에도). 또는 자신들이 지지하거나 비난하는 대상이 매우 선택적이거나, 그 태도가 변덕스럽거나 일관적이지가 않고, 표현에 진심이 묻어나는 온기가 부족할 수도 있다. 도덕적인 입장을 취해야 한다거나, 감정에 따라 행동해야 할 때 공황상태를 경험하거나 행동을 유보할 수 있다. 그들은 건전한 수준에서 감정의 영향을 받는 사고를 통해 삶을 살아가는 법을 실제로 모를 수 있다.

생각, 감정, 신체라는 세 가지 영역에서 우리 대부분은 혼재된 허용과 금지의 메시지를 받는다. 균형 잡힌 허용을 받는다면 신체적인 경험에 뿌리를 둔 건강한 사고, 타당화된 감정, 따뜻하고 접촉이 많은 대인관계 등을 발달시킬 수 있을 것이다. 그렇지 않을 경우에는 '실제적 사고'라고 하기 어려운 형태의 정신적 활동들이 나타나게 될 것이다.

여기에는

> *걱정, 강박사고, 이지화, 극적인 사고, 과도한 비판*(자신 혹은 타인에 대한), *반추regurgitating, 공상, 엉뚱하고 지나치게 객관적으로 적용한 논리, 그리고* (당연하지만) *미루기*

가 포함된다.

미루기는 신체적, 정서적, 사회적인 영향을 미치지만, 일차적으로 정신적인 활동이다. 나는 미루기가 몸과 마음, 머리의 불균형과 장애, 분리를 다루기 위해 생겨난 창의적인 방식이라고 생각한다. 이는 꼭 필요한 허용이 결여된 아동기의 현실에 적응하기 위한 시도였던 것이다. 우리는 의식적으로 미루기를 시작하기로 결정하지 않는다 – 누가 그렇게 하겠는가? – 그러나 어릴 때, 주변 상황에 맞닥뜨리면서 우리는 가능한 최선의 선택들을 한다. 모든 선택에는 결과가 따른다. 우리는 처음에 우리를 안전하게 느끼게 해주었던 바로 그 습관에 의해 발목을 잡히게 된다.

미루기는 시간을 훔치는 도둑이다. 습관이 되면 살인자가 될 수도 있다. 이 버릇은 혹독한 악평을 듣고, 그럴 만한 이유도 있다. 그러나 이는 우리가 참을 수 없는 긴장감을 다룰 수 있는 유일한 방법이었을 수 있다. 우리 중 미루기를 한 번이라도 한 적이 있는 사람이라면 누구에게나 말이다. 나선형 행동의 어떤 단계든지 통과하는 법을 배우는 것은 실제로 힘든 싸움이었을 것이다. 그리고 우리가 배운 방식이 그 당시에는 최선의 것이었을 것이다. 다음 2부에서는 차단blocking과 고립being stuck (일이 막히고 아무것도 할 수 없는 상황)이 어떻게 발생하는지 자세히 살펴보고자 한다.

나선형에서 나타나는 각각의 장애물들을 극복하려면 다양한 자원들과 전략들이 필요하다. 이러한 자원과 전략은 새로운 습관을 계발하는 데 도움이 되고, 자기 자신의 생각과 신체적인 감각, 자신과 타인의 감정을 더 풍부하고 만족스럽게 따르는 법을 발달시킬 수 있다.

그렇게 된다면 당신은 미루는 습관의 원래 그 목적에
그동안 충실했듯이 (이번에는) 우아하게 거절할 수 있을 것이다.
그렇게 함으로써 당신은 살아남을 수 있다.

그렇다면 꾸물거리는 것은 어떻게 발달하는가?

사람들이 꾸물대는 이유는 매우 다양하다. 왜 그러는지 매우 분명하게 알 수 있는 경우도 있고, 우리가 생각할 수 없는 이유일 때도 있다. 어떤 이유들은 심지어 매우 무의식적이다. 그리고 각기 다른 일들을 미루는 것에는 아마도 각기 다른 이유들이 있을 것이며, 이는 시간에 따라 변화하기도 한다. 그러나 전혀 희망이 없는 것은 아니다. 과거 당신의 패턴을 되짚어 본다면, 그 이유에 대한 실마리를 얻을 수 있을 것이고 새로운 변화를 시도하는 것이 한결 수월해질 것이다.

나는 우리가 일을 미루는 이유를 나선형 행동의 5단계로 나누어 설명했다. 3부 '앞으로 나아가는 방법들'에서는 일을 미루는 것을 멈출 수 있는 다양한 전략들을 소개할 것이다(당신이 원하는 일을 할 수 있는 방법도). 여기서도 2부와 유사한 방식으로 설명을 할 것이다. 그러므로 순간순간 나타나는 문제들을 다루는 데 도움이 되는 방법들을 확인할 수 있을 것이다.

당신은 한 가지 이상의 단계에서 문제점들을 발견했을 수도 있다. 어쩌면 모든 단계에서 그럴지도 모르겠다. 하지만 걱정할 필요 없다! 당신에게 너무 포괄적으로 생각하는 경향이 있을 수도 있다. 그렇다면 이는 당신이 다뤄야 할 첫 번째 과제는 '선택하기(마찬가지로 제외하기도)와 몰입하기 단계'이며 참여하기involvement 과제를 연습할 필요가 있음을 시사하는 것일 수 있다(특히 신체적인 영역에서).

1단계

인식하기를 미루는 것

이러한 유형의 미루기는 당신이 주목하고 주의를 기울일 필요가 있는 중요한 일들이 사라지는 것처럼 보이거나, 결국 당신의 책상 위 또는 당신의 삶 속에 잔뜩 쌓아놓은 일 밑에 깔리게 된다는 것을 뜻할지도 모른다. 혹은 해결하지 않고 책상 위에 쌓아놓은 물건들 바닥이나, 인생에서 해야 할 리스트 맨 밑바닥에서 끝장 난다는 것을 의미할 수도 있다. 당신은 이 일들의 부재를 한참 뒤, 심지어는 수년 뒤에 깨닫게 될 수도 있다. 이 유형의 미루기를 한 사람은 '내가 그 일에 신경을 써야 했는데'라고 말할 수 있다. 그러나 그 순간 그 말이 진심이었다고 해도 거의 즉시 그 일은 당신의 마음속에서 사라지고, 당신은 그 일을 하지 않는다. 어떤 이들은 집안일들이 그렇고, 어떤 이는 인생 계획이 그 대상이다. 또 어떤 사람들은 건강이나 대인관계 문제를 그렇게 대한다. 우리는 그 일들을 잊어버리고, 안 보이게 지워버린다. 다른 문제에 대해서는 매우 주의를 기울이면서도 말이다. 우리의 생각이 얼마나 쉽게 현실을 외면할 수 있는지 아주 놀랍다! 생각이 아닌 다른 민감한 신체영역도 마찬가지이다.

만일 당신이 이 단계에서 문제를 가지고 있다면

… 당신은 인지적으로는 흡연과 비만이 몸에 나쁘다는 것을 이해하고 있으며, 배우자가 당신을 걱정하고 있기 때문에 이 습관을 바꿔야겠다는 어렴풋한 생각을 했을지도 모르겠다. 그러나 계단을 조금만 올라도 숨이 가빠온다는 사실(혹은 배우자가 이를 걱정하고 있다는 것)은 모르고 있다.

… 직장 동료가 당신에게 회사 건물 배수관이 막혔다는 사실을 알려

주었다. 당신은 막연하게 언제부턴가 냄새가 났다는 사실을 기억하고 뭔가 조치를 취해야겠다고 생각했지만, 이내 그 일은 머릿속에서 사라지고 부서 내 다른 사람들이 모두 불평하고 있는 그 일을 확인하지 않거나 거의 신경 쓰지 못했다.

… 당신은 차고에서 자동차 엔진이 손 쓸 수 없이 망가졌다는 것을 알게 되었다. 당신은 깜짝 놀랐지만, 아들이 와서는 자기가 오래 전부터 차에서 이상한 소리가 난다고 얘기했었다는 말을 한다.

… 당신은 배우자가 당신에게 한 번도 충분한 관심과 사랑을 받지 못한 것 같아서 헤어지기를 원한다는 말을 듣고 경악했다. 그가 이 말을 오래 전부터 해왔음에도 불구하고, 왜인지 당신은 그와 보내는 시간을 미루어왔다. 항상 일과 아이들, 직장동료, 당신의 부모님을 챙겨야 했었다. 또 그가 행복하지 않다고 말하긴 했지만 괜찮아 보였기 때문에 그 말이 정말 행복하지 않다는 뜻은 아니라고 생각했는데, 그 말이 사실이었나… ?

… 당신은 시간은 흐르고 있고, 이제는 아이를 갖거나, 나이 든 부모와 함께 시간을 보내거나, 독립을 하거나, 건강의 소중함을 깨닫기에는 시간이 너무 늦었다는 것을 알지 못했을지 모른다.

~

이 단계에서 꾸물대는 것은 주로 '감각적, 정서적 인식'의 어려움과 관련이 있다. 이것은 내가 2부에서 설명했던 이완된 상태를 뜻하는 것이 아니다. 어떤 사람들은 시종일관 긴장 상태에 있으며, 때문에 어떤 일에는 과민한 반응을 보이지만 수많은 다른 자극에는 무감각해질 수 있다. 때로 사람들은 몽롱한 최면 비슷한 상태로 움직인다. 일어나서 기능하고 functioning, 일하고, 가족을 부양하고, 회사를 운영하기도 한다. 그러나 실제로 인생의 어떤 영역에서도 전력을 다하지 않는다. 인생에 대한 그들의 의식의 일부가 차단된 것처럼 말이다. 인식하는 데 어려움이 있다는 것은 당신의 몸이 어떤 대상에 대한 신체적 반응 또는 정서적인 반응을 경험하고 있다는 느낌에 주목하지 못한다는 것을 뜻한다. 당신은 아마도 혼자 있는 것에 매우 익숙하고, 어떤 면에서 외곬수인 경향이 있거나, 어쩌면 충직한 파트너일지도 모른다. 다른 사람들이 당신에게 '자기만의 세계에 빠져 사는 것 같다, 특히 공상에 빠져있다'라고 하거나, 다른 사람들과 동떨어지고 잘 잊어버리거나 부주의하다고 여겨지는 인식의 문제를 지닌 사람들은 뷔페가 제공되는 파티에 참석해서 한 가지 이상의 음식이 있다는 것을 생각하지 못하는 사람들과 같다. 더 심각한 경우에는, 아예 뷔페가 차려진 것조차 알지 못한다.

우리는 인식 단계에서 문제를 어떻게 발달시키는가

인식의 문제를 가지고 있는 사람들은 그들이 일을 미루고 있다는 말을 들으면 어리둥절할지도 모른다. 왜냐하면 눈에 보이지 않으면(혹은 들리거나 냄새가 나거나 등등) 잊혀지기 때문이다. 이는 다소 비극적인 속담이지만, 이 습관이 애초에 어디서부터 시작되었는지 실마리를 제공해준다. 쳐다봐줄 사람이 없다면 과연 숲속에 나무들이 존재할 것인가에 대한 옛 철학자의 질문을 알고 있는가? 인식의 문제를 지닌 사람들은 자신들이 어떤 느낌이나 경험을 하지 않는다고 생각하거나, 의식적으로나 무의식적으로 자신의 몸으로 직접 경험하는 감각들이 하찮은 것이라거나 수용할 수 없는 것이라고 생각한다.

신체적인 감각들은 우리의 욕구나 바람, 느낌, 흥미를 알려주는 신호들이다. 그러므로 당신이 자기 몸과 그 욕구와 느낌을 깨달을 기회가 별로 없었거나 깨달은 것에 대해 반응하는 것에 제한을 많이 받았다면, 아마 이러한 자극에 주의를 기울이지 않거나 차단시켜버리는 대처방식을 발달시켰을 것이다. 혹은 타인이나 자기 자신에게 처음부터 그런 경험이 없었던 것처럼 여길 수 있다.

저항의 국면에서 당신이 필요한 것을 얻기 위해 밀어붙이는 것은 힘과 용기를 필요로 한다. 욕구를 마취시키고 살아가는 편이 훨씬 더 간편할 수 있다. 우리가 그렇게 할 수 없는 것도 있지만 말이다. 무감각해진다는 것은 우리가 정확하게 통제할 수 있는 과정이 아니라 저절로 확산되는 경향이 있다. '사용해라. 그렇지 않으면 잃어버릴 것이다'라는 말처럼 말이다. 의지적인 (감각적) 차단으로 시작된 것이 점차 위축증이 된다(그러므로 이를 되돌리는 일은 고통스럽고, 보상도 훨씬 적다). 특히 아주 어릴 때부터 인식하는 것을 차단한 경우 더욱 고통스럽다. 무감각해진 이유가 심각한 외상적 사건에 기인한 경우에도 마찬가지이다. 자신의 인식을 차단하는 사람들은 세상에 많은 것을 요구하지 않는다. 왜냐하면 그들의 삶의 특정한 측면에서 신체적, 정서적 필요를 크게 느끼지 않으며, 또한 그것을 필요로 하거나 원하는 것 역시 괜찮지 않기 때문이다. 그들은 이에 대해 매우 분개할 수 있지만, 그 분노 역시 수용되기 어려울 가능성이 높아 종종 무시된다.

그러므로 당신이 자신의 감각과 충동, 흥미로부터 자신을 방치하고 무감각하게 한다면, 아마도 다른 사람들의 욕구 역시 알아차리지 못할 가능성이 매우 높다. 자신의 욕구와 접촉이 잘 되지 않는다면, 타인의 몸이나 신체적-정서적 욕구와 감정을 알아채고, 존중해주는 것도 어려울 것이다. 아마 타인이 피곤하다거나, 아프거나, 춥고, 배고프고, 고통스럽고, 낙담하거나 스트레스를 받았다고 말해도 그리 심각하게 여기지 않을 수 있다. 그리고 당신에게 책임이 있거나 당신이 보호자라 할지라도, 타인의 말에 대한 조치를 취하는 것을 미룰지도 모른다.

일상적인 수준에서는, 당신은 언제 샤워했는지 잘 모를 수 있다. 당신의 친구가 폐소공포증claustrophobia이 있다고 말했는데도 해저 터널로 차를 몰거나, 친구가 배 멀미가 있다는 것을 알면서도 페리를 탈 수도 있다. 마찬가지로 타인의 감정을 잘 모를 수도 있다. 생일이나 기념일을 잊어버린다. 당신이 섹스를 다소 위험하거나 위협적인 것으로 여기고 성적 욕구를 억제해왔다면, 왜 당신의 배우자가 당신이 계속 잠자리를 피할 때 낙담하는지 이해할 수 없을 것이다. 당신은 일을 더 우선시하면서 반복해서 사회적인 참여를 미룰 수 있으며, 이때 사람들이 언짢아하고 당신을 초대하는 일이 점점 뜸해지는 이유를 이해하지 못할 수 있다. 유언장 쓰는 일을 미루고, 배우자가 당신이 깔끔하게 신경 쓰지 못한 일에 대해 소리칠 때 어리둥절해할 수 있다. 이것은 당신이 고의적으로 불친절했다는 뜻이 아니다. 이는 알아차려야 할 만큼 중요한 정보가 당신에겐 전달이 잘 되지 않는 문제이다. 그러므로 당신은 등한한 사람이 될 수 있다.

당신은 이를 당황스러워하면서 이렇게 생각할 수도 있다.

'만일 내가 이 사람에게 (내가 하는 일에) 관심을 가지고 있다면, 어째서 그/그녀를 우선순위에 두는 것을 계속해서 미루고 있는 것일까?'

하지만 당신은 그럴 의도는 없지만 계속해서 그렇게 하고 있다. 자신의 신체적, 정서적 감각에 무감각해지는 것의 여파는 자기 자신을 넘어 확산된다. 그렇다면 왜 어떤 이들은 자기 몸의 메시지를 중요하지 않다고 여기거나 받아들이지 못하게 되는 것일까?

아무도 주의를 기울여주지 않음

앞의 1부에서 나는 영아들이 자기 몸에 대한 견고한 안녕감solid sense of well-being을 형성하기 위해 보호자로부터 필요로 하는 세 가지 요소에 대해 기술했다. 만일 영아기에 어른들이 당신의 무력감을 이해하고 공감해주며 당신의 욕구와 감정, 충동의 범위와 강도, 시기를 존중해주고 당신에게 맞추어주지 않는다면, 당신이 스스로를 적응시키고 외부환경에 순응하는 수밖에 없다. 그들은 전적인 선의로 그렇게 행동했을 수도 있고 아닐 수도 있다. 그들은 정서적인 사람이었지만 신체적으로 무심하거나 제한이 있었을 수도 있고, 혹은 신체적인 문제는 없었으나 정서적으로 억압된 사람들이었을 수 있다. 그들은 자신들의 신체 메시지를 무시당하거나 그들의 보호자로부터 이해받지 못한 배경을 지니고 있을 수 있으며, 따라서 당신의 메시지를 이해하는 데 도움이 될 경험이 전혀 없었을 수 있다. 당신이 갓난아기일 때 그들 자신이 인생과 환경 속에서 분투할 것이 너무 많아서 그들의 바람과는 달리 당신에게 쏟을 시공간적 여유가 없었을 수도 있다.

어떤 상황에서든 심한 부조화가 있었다면 당신은 보호자들에게 충분히 영향을 미칠 만한 경험이 거의 없었을 것이다. 사람들이 당신의 욕구를 알아차리게 하려는 시도는 효과가 거의 없었을 것이다. 타인에게 진지한 대우를 받은 경험이 거의 없어서, 자신의 흥미나 고통의 단서들이 중요하지 않다고 믿게 되었는지도 모른다. 그 단서들을 계속 진지하게 받아들이는 것은 당신이 받는 양육과 심한 충돌을 일으키기 때문이다. 따라서 자신의 신체 메시지에 대한 인식을 억압하거나 대수롭지 않게 여기는 것이 생존을 위한 하나의 방어기제가 된 것이다.

이런 일은 생각보다 더 빈번히 발생한다. 항상 자기 차만 타던 사람이 온종일 지하철을 타고 이동해야 한다고 해보자. 더 편해질 수 있는 선택의 여지가 없을 때 당신이 불편이라는 신체적 증상들로부터 얼마나 빨리 벗어나려고 하는지 알 수 있을 것이다.

인정받지 못하는 느낌

원치 않게 태어난 영아들은 생애 초기 1년간 거절을 경험하게 된다. 이 아기들의 부모는 아이를 기대하기보다 아이를 받아들이기 어렵거나 불가능한 상황일 수 있다. 예를 들어, 간절히 아들을 원했는데 딸을 낳았을 수도 있다. 대처하기 어려운 장애를 가진 아이를 낳게 되어 기르기가 어렵거나, 활발하고 사교적인 아이가 아니라 독립적이고 얌전한 아이를 낳았을 수도 있다. 혹은 아이가 잘못된 상황 속에서 출생하기도 한다. 나쁜 아버지나, 잘못된 시기 같은 것 말이다. 이런 영아들은 부모의 실망이나 다른 곤란한 정서들을 내면화할 수 있다. 아기는 자라면서 신체적으로 거절이나 실망감을 경험하곤 한다. 시간이 지나면서 이 아이의 몸안에 살아있는 신체적 기억들은 거절이나 실망감과 관련을 갖게 된다. 해결책은 무엇일까? 당신의 신체와의 연결을 줄이고, 불편감의 수준을 낮추는 한 가지 방법은 생각 속에서 살거나 좌절감과 고통감을 어렵고 산만한 행동으로 행동화하는 것이다. 자기 자신을 사적이고 아무도 들어올 수 없는 세상에 고립시킬 수도 있다. 연결고리를 재활성화시키는 위협적인 요소들을 미루는 것이다.

원치 않는 아이였거나 자신들이 낳은 아이에게 실망감을 느낀 부모를 가진 사람들이 모두 이런 선택을 의식적, 무의식적으로 한다는 말은 아니다. 그 중 일부가 그렇다.

만일 당신이 과거에 남자아이처럼 여겨졌다면, 성인 여성이 된 당신은 당신이 여성이었다는 것을 상기시키는 자극에 주의를 기울이려 하지 않을 것이다. 만일 당신이 실제로 신체나 신체기능에 결함이 있는 부모

밑에서 자랐다면, 당신은 소변에서 자주 피가 발견되어도 의사를 찾아가는 일을 미룰 수 있다(아마 별 거 아닐 거야. 굳이 소란피우고 싶지 않아). 만일 당신의 부모가 당신의 짜증이나 화를 다루는 것을 어려워했다면, 당신은 이런 감정을 더 이상 의식하지 않을 것이다. 주변 모든 사람이 당신을 대신해서 매우 격분하고, 이런 불공정한 상황에도 당신이 별 반응이 없다는 데 몹시 짜증을 내는데도 말이다. 그들은 한 발자국 앞에서 당신에게 화를 내게 된다.

당연히 이런 과정은 우리가 자라며 다양한 새로운 감정과 감각을 경험하는 중에도 지속된다. 사회적으로 소외된 모든 유형의 사람들은 매우 구체적인 경험을 통해 자신의 욕구가 사회적으로 타당하게 여겨지거나 수용받지 못한다는 것을 깨닫게 될 것이다. 당신의 존재 자체가 문제가 되는 상황에서는, 관심으로부터 자신을 지워버리려 하거나 또는 그저 평지풍파를 일으키지 않거나 위험을 자초하지 않으려는 생각에 자신을 우선순위에 놓는 일을 미루면서 조용히 있으려는 욕구는 당연한 것이다. 만일 당신이 휠체어를 타고 다닌다면, 당신은 자신이 요구가 많은 사람처럼 보일까 봐 지역 도서관에 경사로를 설치하는 문제로 지방의회에 민원 신청하는 것을 미룰지도 모른다. 어떤 노인은 배달 음식의 고기를 씹을 수 없다는 것을 발견할 수도 있다. 딸들은 항의하라고 계속 말하지만 웬일인지 항상 잊어버리고 고양이한테 남은 고기를 주게 된다. 정신건강 상의 문제가 있는 어떤 사람은 처음으로 독립된 공간에서 살게 되었지만, 집주인이 자신에 대한 불평을 할까 봐 온수가 안 나온다고 말하는 것을 계속 미룬다. 어떤 레즈비언은 자신의 파트너가 스킨십을 중요하게 생각한다고 분명히 말했음에도, 그녀의 손을 잡거나 안아주는 것을 자꾸 잊어버린다. 당신은 지나가는 사람들에게서 받았던 부정적인 반응과 폭력적인 반응 때문에 자신의 자연스러운 충동을 사람들 앞에 드러내는 것을 억제하는 데 너무도 익숙해진 것이다.

당신의 신체적, 정서적 자극을 계속해서 인식하고, 그것이 중요하다는 것을 굳게 붙들며, 우선순위를 부여하고 동등한 대우와 존중을 받을 권리를 분명하게 주장하는 것을 미루지 않기 위해서는 용기와 힘, 자기존중감이 필요하다.

연결고리를 단절시키는 정신적 외상

당신의 부모들이 당신의 영유아기 때 많은 관심을 가지고 있었다 하더라도, 인식단계를 유지할 수 없게 하는 사건이 발생했을 수도 있다. 정신적 외상이 계속되는 동안에는, 망연자실하여 죽어버린 감정의 거죽들이 상처들 위로 너무나 고통스럽게 겹겹이 쌓여 치유되기 굉장히 어렵다. 상처에 주의를 기울이는 것을 미루는 일은 습관적으로 일어난다.

> 내 대학친구인 사라는 남아프리카 공화국의 흑인 거주지역에서 성장하고 거기서 일을 했다. 그녀의 가족과 친구들은 모두 90년대 초반 첫 민주화 선거를 이끌어냈던 수십 년 간의 폭력과 테러를 경험했다. 그녀는 교전에서 사망한 친구의 장례식에 갔던 것을 설명하는데, 장례 행렬 중에 세 명 이상의 친구들과 친척들이 죽거나 심각한 부상을 입게 만든 공격을 받았던 경험만을 묘사한다. 비통함은 분노가 되었고, 이는 다시 비탄이 되었다. 하지만 이것을 극복할 시간도 없이 그녀의 사촌 집에 방화 공격이 있었고, 심야에는 그녀의 절친한 친구의 아들이 불가사의하게 행방불명이 되었다. 당신은 이에 대해서 어떤 감정을 느끼는 일을 불특정한 미래로 미루는 것에 대해 이해할 수 있을 것이다.

1999년 늦은 봄 우리의 텔레비전 화면과 신문에서 연일 보도된 적이 있는 알바니아계 소수민족 사람들이 '인종 청소'를 피해 달아나는 중에 진흙탕에 뒤범벅이 된 사진은 영혼을 마비시킬 수 있는 고통과 비통이 뒤섞인 비슷한 이야기를 전달했다. 자녀와 배우자, 부모, 친구, 가정, 사지와 눈을 잃어버린 사람들. 언어와 생계의 수단, 존엄과 순수함, 휴머니티에 대한 믿음과 희망을 잃어버린 사람들. 어떻게 이 속에서 사람들이 생존할 수 있었는지 믿겨지지 않을 정도다. 이 난민들은 그들의 신체적 욕구, 심지어는 그들의 존재 자체가 자신들의 가정을 파괴하는 사람들에게는 전혀 중요하지 않다는 메시지를 수없이 받은 것이다. 이런 환경에서는 어른들도, 영아가 너무 오랫동안 혼자 방치되었을 때 원초적이고 충족되지 않은 욕구가 적나라하게 드러나는 경험을 견디기 위해 노력하는 그런 상황에 계속 처하게 된다. 생존을 위하여 이 보호자들은 그들의 아이들과 마찬가지로 욕구와 감정에 대한 민감성을 억압하는 것이 필요할 것이다. 이런 신호에 주의를 기울이는 것은 몸서리쳐지는 굶주림과 감당하기에 너무 고통스러운 외상에 대한 기억을 떠올리게 하기 때문이다. 전쟁이나 중대 사건, 자연재해, 혹은 개인에게 일어난 특정한 사건 등으로 인한 외상 후 스트레스 장애의 실제적 효과들이 최근 들어 인정되고 있다. 신체적, 정서적 감각의 둔감화는 이 장애의 산물 중 하나이다.

위의 내용으로부터 사람들, 특히 어린아이들이 어떻게 신체적, 성적, 정서적 학대의 이차적인 영향을 받을 것인지 생각해볼 수 있다. 외상을 겪은 성인들은 자기 자신을 정서적으로 무감각하게 만들었기 때문에, 자신들이 괴롭히고 있는 아이들이나 타인에게 공감을 하지 못한다. 학대를 목격하는 것 역시 그 경험에 따라 둔감화를 유발할 수 있으며, 학대에 대한 조치를 취하는 일을 지연시킬 수 있다. 자신의 아이에게 누군가가 학대를 가하고 있는 것 같은 의심이 들 때 이에 주의를 쏟지 못하는 부모나,

증거가 있을 때 책임자에게 이를 알리는 일을 미루는 부모가 이 같은 예이다.

물론 심각한 학대를 경험한 사람들 중에는 정반대의 모습을 보이는 사람들도 많이 있다. 예를 들어 타인을 매우 민감하게 지각하고, 깊은 공감 능력이 발달한 사람들 말이다. 하지만 일반적으로 폭력을 경험했었다면, 당신이 이에 대해 불평할 때 더한 보복을 당할 것이 두려워 이런 폭력이 얼마나 상처가 되는지 인식하는 것을 어려워할 수 있다. 배우자로부터 가정폭력을 경험한 사람들은 자신들의 감정에 대한 지각이 너무나 무뎌져서 '그(그녀)를 좀 내버려두면 안 되나요?'와 같은 포기의 말을 함으로써 친구들을 화나게 만들고, 심지어는 전문가들조차 짜증을 내며 거의 말의 요점을 잃게 만든다. 자기 자신에 대한 인식이 거의 소실되어, 문을 향해 다리를 움직일 수 있도록 스스로에게 지시를 내리는 것은 물론이고, 시간감각이 남아있다는 게 기적 같을 정도다. 그와는 다른 상황에서 행복하게 살 권리를 가지고 있다는 믿음 역시 사라졌을 수 있다.

극단적인 신체적 폭력이나 학대만 신체에 대한 민감성을 둔감화시킬 수 있는 것은 아니다. 몇몇 성인들은 섹스와 무관하게 살아간다. 당신이 성적으로 억압된 환경 속에서 자랐다고 생각해보라. 성적이거나 에로틱한 생각들은 죄인 것처럼 여겨졌다. 성인이 된 당신은 성적 매력이나 흥분을 느낄 때면 매우 불안해할 것이다. 어떤 생각이든 재빨리 억압하는데 매우 익숙해지고, 이런 과정은 자동적으로 일어나게 될 것이다. 이것이 너무 지나쳐서 당신은 처음 그런 생각이 들게끔 했던 감정이나 감각을 거의 눈치도 채지 못 할 수 있다. 혹은 당신이 관심 가지고 있었던 사람들과의 회의를 연기하거나 이목을 끌어야 할 때 자신을 호의적으로 보이게 하는 것을 미룰 수도 있다. 그러다가 당신은 결국 '그 모든 것'에 자신이 그다지 관심이 없는 것처럼 여기게 된다. 아마도 이는 사실일 것이다. 잘 훈련된 자기-검열 기술의 결과로 말이다.

필요와 욕구에 대한 문화적 사고방식의 잔재

1942년 이후 영국에 태어난 남자들은 참전의 의무가 없었던 첫 번째 세대일 것이다. 그 전까지는 남자들은 정기적으로 육지나 바다로 파병되었고 여자들은 전통적으로 19세기 후반까지 집에 남아 있었다(군부대를 따라다니는 종군 민간인들을 제외하고는).

이 같은 배경 속에서 수백 년 동안 묵묵한 기다림 혹은 일을 미루는 암묵적인 문화가 존재했다. 남편이 집에 돌아오기를 기다리는 것. 집으로 돌아가 그녀와 함께하는 일상적인 삶을 회복할 수 있을 때까지 전쟁이 끝나길 기다리는 것. 나라가 다시 독립할 때를 기다리는 것. '기다리는 자에게 복이 온다'는 말이 있다. 'Jam tomorrow, never jam today' 라는 말도 있다(*절대 실현되지 않을 미래의 행복을 나타냄-이상한 나라의 앨리스에 나오는 말장난임 -역주). 기다림이 여러 세대에 걸쳐 마음속에 심겨졌고 당신의 정신세계에서 중요한 일부분이 되었다면, 미루기는 그저 더 좋은 때가 오기까지 당신의 꿈을 연기하는 가족이나 민족의 전통을 계승하는 방식일 것이다. 의식적인 사고가 아니라 집단적 무의식이 완급조절 기능을 할 수 있다. 당신은 업데이트된 행동 방식을 따르거나, 당신만의 시간표와 다양한 행동 가능성을 새로이 만들어내는 일이 허용된다는 것을 배우지 못했을 수 있다.

모든 문화에서 똑같은 경험을 하는 것은 아니다. 미국은 행동해서 얻는 결과를 그리 좋아하지 않는 사람들까지도 '목표를 향해 달려가고Go for it', '그대로 밀어 붙이는Just Do it' 사회인 것처럼 보인다. 반면에 1990년대 중반 새롭게 변화된 영국Cool Britannia 시기를 제외하고 영국 문화는 언제나 침착하고 진중해 보인다(이것이 현명한가?). 여전히 성공의 문을 두드리며 기업가 정신을 갖는 경향이 강하게 있다. 놀랍게도, 중절모를 쓴 신사, 장미를 손질하는 시골 숙녀, 그리고 스모그와 셜록 홈즈가 전 세계인의 인상에 남아있는 영국에 대한 전형적인 핵심 이미지이다. 영국 질병이라고 할 수 있는 사람들의 무관심, 확신이 들기 전까지는 덤벼들지 않고 그저 일을 미루어두는 태도 역시 민족성의 일부이다.

종교 또한 당신이 우선순위를 두어야 할 것과 안 될 것이 무엇인지 또는 주의를 기울여야 할 것과 아닌 것이 무엇인지 정해주기 위하여 규칙과 지침을 통해 당신의 신체 메시지를 인식하도록 했을지 모른다. 내세에 대한 약속은 당신이 얼마나 이 규칙들을 지켰는지에 기초할 것이다. 그리고 비록 당신 자신은 어떤 종교를 가지고 있지 않다 쳐도, 당신은 현재적인 인식이 아니라 40년 전에 당신 아버지의 목사나 랍비나 이슬람의 지도자mulla가 당신의 아버지에게 생각해선 안 된다고 말했던 것들에 계속 집착해 있는지도 모른다. 계급, 수입, 주거 공간, 나라 혹은 도시의 지역 문화, 가풍, 출생 순서, 건강 관리 혹은 건강 관리의 부족 등등. 우리의 신체 메시지에 주목하는 능력capacity에 영향을 미치는 변인들은 매우 방대하고 종종 유전된다.

행동으로 옮기도록 하는 허용의 부재

사실상 앞에서 설명한 내용들은 그저 가만히 있는 것에 대한 허용의 부족에 관한 것이었다. 그러나 가만히 있는 것에 대해 너무 많은 허용을 받아서 무엇이든 스스로 해볼 필요가 없거나 어쩌면 스스로 무엇이든지 해보도록 허용 받지 않았기 때문에 인식 단계에서 꾸물거리는 또 다른 사람들이 있다. 일종의 무력감, 수동성이 나타난다. 이런 경험을 한 사람들은 친구나 배우자, 그리고 세상이 계속 자신들을 그들의 부모가 대했던 것처럼 대해주기를 기대할 것이다.

이런 사람들은 어른처럼 보일지는 모르지만(종종 미성숙하고 어린아이 같은 외모를 가지고 있기도 하지만), 실제로는 정서적으로나 사회적으로 유아기에 머물러 있다. 그리고 지나친 관용으로 인해 그들은 유약하고 반항적이게 되었다. 우리가 어떤 욕구가 있다는 것을 깨닫기도 전에 모든 욕구가 완벽하게 충족된다면, 우리가 팔다리를 뻗을 이유가 어디 있겠는가? 이런 사람들은 늘상 요구가 많지만 숨겨진 수치심도 많다. 우리 모두는 언젠가 둥지 밖으로 나와야 한다는 것을 알고 있다. 어떤 수준에서 스스로 뭔가를 할 수 있다는 인식을 계속 상실한 사람들은 자신이 아기처럼 행동하고 있다는 것을 안다. 그들은 어른이 되기 위해 그리고 자신이 노력한 바 어른이 되기 위해 자신이 극복해야 하는 격차gap가 어느 날 더 벌어졌을 때 공황상태에 빠질 수 있다.

꾸물대는 것은 행동하는 것을 인식하는 단계에서 시작된다. 당신은 자신이 그렇게 행동하고 있다는 것을 전혀 모를 수도 있다. 핵심 요소는, 어떤 일을 시작하려면 우리가 외부 세상이나 우리 내부로부터 지각된 감각을 통해 수집한 정보를 알아차리고 인식할 수 있어야 한다는 것이다. 그 뒤에는 스스로에게 이러한 감각에 적절한 주의를 기울여 반응할 수 있도록 허용할 수 있어야 한다. 우리가 우리의 충동을 중요하지 않은 것이나 수용할 수 없는 것으로 여긴다면, 우리는 그렇게 행동할 수 있는 순간을 거의 포착하지 못할 것이다. 우리가 느끼고, 바라고, 필요한 일들은 의식 밖으로 미끄러져 나가고, 다음 단계로 움직이기가 어려워질 것이다. 탐색하고 실험하는 것을 통해 행동을 위한 준비를 시작해야 한다.

2단계

탐색하고 실험하는 것을 미루기

이 단계에서 꾸물대는 것은 다음 중 하나와 관련이 있다.

탐색하고 실험하는 것에 대한 불안

또는

너무 많은 실험으로 교착 상태에 빠진 것

(앞으로 할 일에 대한 생각을 포함해서)

만일 당신이 이 단계에서 문제를 가지고 있다면

... 당신은 당신이 무엇을 원하는지 종종 알지 못할 것이다. 당신은 결과를 파악하는 것을 미루고, 다음과 같은 말을 즐겨 사용할 것이다－난 상관 없어.

... 당신은 어떤 일을 할 필요가 있다는 것은 알지만, 그 일과 관련된 일을 하는 것을 계속해서 미룰 것이다. 여기에는 어떤 일을 하기 위한 첫 단계인 생각하기 등이 포함된다.

... 당신은 가족들과 친구들에게 당신에게 필요한 것이나 원하는 것이 있다고 얘기했지만, 그와 관련된 뭔가를 하는 게 주저될 것이다. 당신 마음 한 구석에는 당신이 아닌 다른 누군가가 그 일을 해야만 한다는 마음이 도사리고 있다.

... 당신은 앞으로 마쳐야 될 과정이나, 집필해야 할 책이나, 새로 시

작하려는 인터넷 회사, 어떻게 금연을 할 것인지, 배우자에게 어떻게 잘 대해줄 것인지, 당신의 삶에서 다른 이들이 얼마나 필요한지에 대해서 이야기할 것이다. 당신은 이를 위한 가능한 방법들을 무수히 생각하고 말하겠지만 결코 행동에 옮기지는 않는다.

… 당신은 여러 결혼 정보회사의 안내책자를 가져오지만 어느 한 곳에도 전화해서 약속을 잡지 않는다. 당신은 논문을 잔뜩 읽지만 자신의 에세이는 시작할 수 없을 것처럼 보인다. 당신의 책꽂이에는 자기계발서와 자조기술 책이 산더미처럼 쌓여있을 수 있다. 당신은 새로운 캠페인에 대한 획기적인 아이디어들을 생각해 내지만, 어떤 아이디어를 추진하고 싶은지 아는 감각은 잃어버렸다. 엄청나게 많은 집이나 부엌, 다이어트 책, 옷감 또는 투자기회들을 살펴보지만 선택 과정을 어떻게 시작해야 할지에 대해서는 전혀 생각하지 못한다. 여러 가지 팸플릿을 챙기긴 하지만 항상 공연 예약이나, 휴일의 펜션 예약, 또는 당신이 선택한 자선단체에 송금하는 것을 미룬다.

~

이 단계에서 당신은 자신이 미루는 사람이라는 사실을 알아차릴 수도 있다. 이는 다소 수치스럽게 당신이 지켜오던 비밀일 수도 있고, 혹은 다른 사람들이 이미 다 아는 사실일 수도 있다. 만일 인생 초기에 당신이 탐색할 기회를 차단당한다면, 당신은 갈 수 있는 장소나 만날 수 있는 사람, 읽어야 할 책, 사고하는 방식 등 다양한 영역에서 익숙한 것만 유달리 고집하는 사람이 될 수 있다. 당신은 학교를 졸업하고 첫 번째 직장이 있는 곳이나 어머니가 있는 곳에 정착할 수 있다. 혹은 당신은 최초의 여자 친구나 남자친구와 결혼하게 될 수도 있다. 당신은 아마 여러 해 동안 어떤 새로운 음식이나 성행위를 시도해본 적이 없을지도 모른다. 아마 변화나 이동, 그리고 뭔가 종결되는 것을 싫어할지도 모른다. 아니면 다른 사람들은 극도로 화를 내거나 참을 수 없어하는 일을 당신은 매우 잘 참고 견딜 수도 있다. 하지만 변화해야만 할 상황에 처하게 되고 자신의 불안을 극복하고 나면 상쾌함을 느끼며 왜 지난 몇 년 동안 항상 똑같이 지내왔는지 의아해한다. 당신이 계속해서 일을 미루고 있을 때(당신이 원하는 것 혹은 좋아하는 것을 확정하는 일까지 포함하여) 다른 사람이 차지한다. 그리고 그들이 그렇게 할 때 당신은 안도감과 동시에 수치심을 느낀다.

반면, 당신은 자신이 무엇을 필요로 하고 어떤 일을 하기 원하는지 정확하게 알 수도 있다. 하지만 가능한 모든 실행 방안을 생각하고, 일어날 수 있는 만일의 사태와 그러한 경우 발생할 모든 결과들을 생각하는 데 자신을 옭아매고 있을 수도 있다. 당신은 엄청난 상상력을 가지고 있을 수도 있다. 하지만 그 상상들은 대부분 미래에 대한 부정적인 평가이다(만일 ~하면 어떡하지?). 이는 아주 긍정적인 사건의 결말에도 동일하게 적용되는데, 예를 들어 '복권 1등에 당첨되면 부담스러워서 어떻게 하지?'와 같이 생각하는 것이다. 당신은 세부 사항을 매의 눈으로 발견할 수는 있겠지만 체스 게임을 즐기지는 못할 것이다.

당신은 아마도 훌륭한 좌담가이거나 어쩌면 매우 저명한 연설자일 수도 있다. 당신은 친구나 동료를 격려하고 열광시키는 훌륭한 아이디어(다른 사람들이 실천할 수 있는)를 생각해내는 것으로 유명하고 새로운 일로 흥분할 수도 있다. 하지만 결코 어떤 일에 맹렬히 뛰어들지는 않으며, 당신의 혁신적인 계획을 따르는 것 같지도 않다. 다른 사람이 어떻게 똑같은 일을 해서 부자가 되었는지를 들으면 매우 화를 낼 수도 있다. 당신은 하겠다고 말했던 그 일을 미룰 수밖에 없었던 설득력 있는 이유를 잔뜩 생각해낼 수도 있다.

만일 당신이 탐색 단계에는 전혀 문제가 없는데도 어떤 행동에 전념할 수 있는 기회를 차단당했다면, 그때는 과도한 실험을 하거나 여기저기 가볍게 돌아다니거나 많은 것을 보지도 못하면서 매우 다양한 대상에 굉장히 열광적으로 반응하는 모양이 될 것이다. 당신은 아마도 오랫동안 자신의 말발을 신뢰해왔을 것이다. 비록 어디선가 그 모든 게 변명일 뿐이라는 성가신 의심을 받아왔겠지만 말이다. 그 많은 잠재력을 낭비하고 있는 것에 대해 좌절하고 분노하고 슬퍼하는 이는 바로 당신 주위의 사람들이다.

탐색과 실험 단계에서 다음 단계로 움직이는 것을 미루는 사람들에게는 '열매 없는 피상적인 회의를 하는 자들은 바지도 입지 말라All mouth and no trousers'라는 별칭이 적격이다. 이 문구는 제3세계의 부채를 종결시키기 위한 결단력을 홍보하는 기독교 원조 캠페인 포스터에 사용되어 큰 영향을 미쳤다. 그 문구 위로는 바지를 입지 않은 G7 재무부 장관들이 각각 자기 나라 국기로 만든 속옷을 입고 일렬로 서 있다.

우리는 탐색과 실험 단계에서 문제를 어떻게 빌달시키는가

내적인 허용의 부족 또는 상실

만일 당신이 당신에게 필요한 것, 흥미로운 것, 그리고 중요한 것을 발견하고 주의를 기울이는 데 동의한다면, 당신은 그것들에 깊이 연관될 수 있는 방법을 찾아내기 시작할 것이다. 어린아이일 때는 생각하거나 계산을 하지 않고 신체적으로 탐색하고 실험한다. 자라면서, 당신은 마음속에 떠오른 내적인 단계에 따라 다양한 가능성들을 시연해볼 수 있는 새로운 능력을 갖게 된다. 이는 세상에 대한 경험이나 혹은 상상이나 추측에 근거할 수 있다. 이런 실험의 일부분으로 당신이 어떤 일을 생각하고 있는지 이야기하는 방법이 있다. 스스로 그 생각을 묘사하는 것을 통해 생각을 분명히 하거나 타인의 피드백을 받기도 한다. 당신이 원하는 일을 실현시키기 위한 최선의 방법을 사용하여 힘을 모아서 적절한 행동을 선택하기 위한 준비를 할 수도 있다.

그러나 당신은 아동기에 부모나 양육자로부터 관심거리를 무시당하거나 도외시되었을 수 있다. 심한 경우 비난을 받았을 수도 있다. 협상의 여지가 거의 없거나 전무했을 수도 있다. 당신이 관심을 가졌던 것은 우발적인 것이었고, 당신의 실험은 조기에 중단되었다. 이것은 당신의 부모님이 어렸을 때 경험했던 것의 반복일 수도 있고(들은 바는 없지만 보이는 것에 의하면), 가족 배경의 특성상 생존에 절박한 관심을 갖다보니 그들이 해야만 했던 일일 수도 있다. 이제 성인이 된 당신은 당신이 관심 있거나 필요로 하는 대상을 좇는 일을 미루게 된다. 왜냐하면 당신이 그 일들에 우선순위를 부여하게 되면, 불편함을 느끼거나 불안해지고, 좀 더 중요한 일이 있지는 않았는지, 다른 사람들이 무시하지는 않을지 걱정하고 실제로 무시당하는 기분을 느끼기도 하기 때문이다.

반면에 부모의 허용 수준이 매우 높았지만 나중에 발생한 어떤 일이 그 자신감을 손상시켰을 수도 있다.

> 필은 불행한 사고를 겪었다. 그는 운전에 대한 자신감을 상실하고 매우 두려워하게 되었고, 다시 교통사고를 당할지 모른다는 공포심에 계속 복직을 미루고 있다.

> 매기는 알 수 없는 사람에게서 외설적인 전화를 받았고, 이후 어떤 데이트에서는 폭력적인 경험을 했다. 그녀는 낯선 사람을 만나는 일에 매우 불안해하며, 가까운 친구나 가족들 곁에 있는 것을 선호하

게 되었다. 그리고 세상 속에 위험을 무릅쓰고 뛰어드는 일을 자꾸 미루고 있다.

각종 다양한 실험에는 사회적, 문화적 제약들이 있을 수 있다. 여자들은 대출을 받을 수 없고, 개인 은행 계좌를 개설하거나, 결혼하지 않은 경우 피임을 할 수도 없었던 시절이 실제로 그리 오래 전이 아니다. 그 세대에는 독립적으로 탐색하는 것이 (혹은 그 어머니들의 행동방식을 변화시키는 것이) 얼마나 어려웠겠는가? 여자들은 대인관계나 친밀감의 영역에서 탐색과 실험하는 것을 허용받았다. 그러나 2002년도에도 여전히 여성이 큰 조직을 이끌거나 재정을 적극적으로 관리할 수 있다는 것에 대해서는 의심하는 사람들이 많다. 여성들은 시장성이 뛰어난 기술을 폭넓게 갖추고 있지만 수줍음을 느끼고 불안해하거나 심지어 자신들을 더 발전시키거나 해낼 수 있는 일을 하는 것에 대해 막연한 억울함을 느끼기도 한다. 반대로 많은 남성은 현관 밖의 세상을 더 넓고 큰 무대에서 탐색하도록 하는 허용을 내면화했다. 그러나 지금까지도 친밀감이나 애정을 표현, 혹은 그 자체로 즐기는 것에 관한 탐색에 대해서는 그것을 숙달하거나 최고가 되기 위해가 아니라면 허용이 비교적 제한적이다. 남자아이가 곤란한 감정을 표현하려고 하면, 그들은 종종 자신감이 없다거나 겁쟁이라는 말을 듣는다. 무심한 척하는 것만이 멋있는 것이다.

손을 더럽혀서는 안 된다는 믿음

창조적이고 생산적으로 행동하기 위해 필요한 건강한 밑거름은 당신이 원하거나 필요로 하는 일을 상상하고 꿈꾸는 것이다. 우리의 상상력과 표현력의 힘은 어떤 것이든 가능하게 하는 놀이터를 만들어 낸다. 우리는 사색하고, 추측하고, 정신적으로 시연을 해보고, 평가하고, 우리의 계획에서 드러나는 명백한 위험을 확인해야만 한다. 그러면 이를 통해 다양한 경험을 하고 배움을 얻어 발전할 수 있다. 그러고 나서 우리는 행동 단계로 들어가야 한다. 하지만 불행히도 당신은 정체할 수도 있다. 신체적인 참여가 저평가 되거나 제한된다면 '일을 미루며 공상하기'는 실생활의 행동을 대신하게 된다. 당신의 원가족은 토론하고 아이디어를 내는 것에는 매우 허용적이었고 보상도 주었지만, 행동하여 실제 성취를 내는 일은 많지 않았거나 실제로 전무했을 수 있다.

만일 우리가 어릴 때 신체적으로 탐색하고 실험할 수 있는 기회와 격려를 많이 얻지 못하면, 우리는 지적 활동으로 인한 내적인 단계를 지나치게 오랜 시간 즐기기 시작할 수 있다. 나는 이것이 진짜 '생각'이라고는 보지 않는다('아이들은 어떻게 행동하기를 배우는가'를 보라). 그 공상이 타당한 감각적, 신체적 경험에 기초하고 있지 않다는 것이 분명한 증거이다. 그러나 공상은 그 자신만의 이상하고도 빈약한 논리를 갖추고 있어서 때때로 생각과 유사해 보인다.

그러므로 정신적인 활동이 매우 활발한 사람들 중 일부의 경우는, 신체적으로 몰입한다거나 신체의 영역으로 내려오는 것에 대한 불편감을 회피하기 위한 방법으로 미루기를 발달시키기도 한다. 왜 신체적인 활동이 불편한 것일까? 뭐 냄새도 나고, 어설프고, 느리고, 지저분하고, 땀도 나고, 시끄럽고, 여러 가지 감정도 들고, 특히 '제약'이 많기 때문일 것이다. 상상 속에서는 빛과 같은 속도로 가장 빠르게, 가장 섹시하게, 가장 유창하게 성취를 얻을 수 있다. 즉, 완벽한 상태다. 현실 속에서는 발이 걸려 넘어지기도 하고, 곤란에 처하기도 하고(흠집이 나기도 하고), 얼굴이 빨개지기도 하고 실수도 저지른다. 그러므로 우리는 부끄러워지는 것을 피하기 위해(손을 더럽히는 것을 피하고자) 행동하는 것에 대해서 문자적, 은유적으로 생각하고 이에 대한 얘기를 한다. 이는 손을 더럽히는 일이 곤란한 감정이나 거절과 관련이 있을 때 그러하다.

우리의 원가족은 감각적으로 탐색을 할 때 지저분해지거나 더러워지는 것을 허용하지 않았을 수도 있다. 활기차고, 질문이 많고, 실험적인 특성은 그리 환영받지 못했을 수도 있다. 우리는 어떤 활동을 하거나 즐거운 시간을 가지면서 놀이나 호기심을 갖는 것, 실수하는 것을 통해 배우는 것을 격려받기보다는 너무 이른 시기부터 능숙하게 행동할 것을 요구받았을 수도 있다. 어떤 아이들은 처음부터 모든 일을 잘 해야만 한다는 요구를 받기도 한다. 어떤 일을 시작하기 전에 앞서 여러 가지 방법들을 미리 탐색하면서 호기심과 흥분의 도가니를 경험할 기회가 없었던 것이다. 당신은 그 일을 성사시키고 잘 해내야 했으며, 그렇지 않으면 시간이나 돈을 낭비한 것으로 여겨졌다. 또는 다른 사람들이 당신에게 보여주는 제한된 관심을 소모하는 것이었다. 혹시라도 당신이 실제로 위기를 견뎌내고 심지어 실험의 기복을 즐긴다는 것을 알아내게 된다면, 만일 ~했다면 어땠을까?'하며 최악의 경우를 예측하도록 부추기는 온갖 우울한 공상(하지만 사실은 흥분과 호기심을 깔아 뭉개는)을 지금처럼 받아들이지는 않을 텐데 말이다(가정법으로 반대상황 : 실제로 위기를 견디지도 실험을 즐겨보지도 못했기 때문에 우울한 공상이나 하고 있는 것이 안타까워 하는 말 – 역주)

그러므로 이제 당신은 뭔가 새로운 일을 발견하거나 시작하는 것을 미룬다. 왜냐하면 당신은 곧장 목표달성을 해야 하고, 즉시 능숙해져야 하며, 절대적으로 안전하고 완벽하게 자신감 있는 성공을 거두어야 한다고 생각하기 때문이다. 그러므로 성인이 된 당신은 일을 미루어둔 채 상상 속에서 산들바람을 맞으며 유유자적하게 거니는 것이나, 공상 속에서 용감한 비행을 하는 편을 선호하고, 빠져들어 즐길 수도 있다. 미루기는 우리가 원가족에게서 배운 '안돼!!!!'(호기심을 가지고, 냄새를 맡고, 집적거리고, 실수하고, 지저분해지거나, 손을 대거나, 시끄럽게 굴거나, 질문을 하거나 등등에 대해서)라는 메시지에 맞서야 하는 불편감을 피할 수 있도록 해준다.

실제로 기원후 초창기에 서양에서는 우리들 자신을 그 어떤 것보다, 즉 우리의 육체나 자연보다 더 우월하게 보는 것이 권장되었다. 사회계급적 관점에서 고상한 상류층 계급the cool upwardly-mobile은 생계를 위해가 아니라 필요할 때만 땀을 흘렸다(황홀한 섹스를 했을 때나 스포츠 경기에서 이길 때와 같은). 음성 인식이 가능한 컴퓨터를 사용하면 당신은 키보드를 누를 필요도 없다. 이메일을 통해서 계산할 수 있는데 왜 굳이 은행 직원과 얼굴을 맞대거나, 결점 많은 사람과 오프라인 관계를 맺을 필요가 있겠는가? 실외에서 뜨거운 햇볕을 쬐거나 비를 맞아가면서 손에 흙을 묻히고, 벌레를 잡거나 가시에 찔리고, 시행착오를 통해 재배할 수 있는 것과 없는 것을 알아내기도 하고, 고단한 하루 일과를 마치며 뿌듯한 기분으로 시원한 맥주를 한 잔 하며 흥청거리기보다는 당신의 정원을 몇 시간의 짧은 공사로 깔끔하게 포장된 근사한 옥외 거실로 바꾼다.

그저 시간과 장소를 노닥거리며 이것도 좀 시도해보고 저것도 탐험해보라. 날것 그대로의 세상과 부딪히고 만나면 평범한 상태는 점점 더 가치가 적어지게 된다(번지 점프는 예로 들기엔 좀 과하다? 내가 말하고자 하는 것은 일상적으로 접촉할 수 있는 생동감이지, 목숨을 건 스릴을 추구하는 것을 말하는 것이 아니다).

또한 여러 보고들에 따르면 점점 더 많은 사람이 20대나 30대 중반에 이루어야 할 과업에 대해 불균형한 기대를 가지고 있다. 그들은 이상적인 배우자, 높은 연봉, 우아한 라이프스타일, 멋진 가정, 완벽한 자녀 등을 가져야 한다고 생각하며 동시에 실패에 대한 불안감을 항상 느낀다. 여기에는 완벽함에 대한 과도한 부담감이 존재하며, 스트레스와 우울증의 유병률이 급격하게 증가하고 있다는 세계보건기구WHO의 보고는 이를 반영하는 결과로 보인다. 거의 대부분의 사람들이 거의 항상 기대와는 다른 현실과 충돌하고 있다. 미루기는 이런 고통스러운 환멸의 순간을 회피할 수 있는 수단이 된다.

어떤 일, 특히 그것이 위대한 일일 경우 그 일에 관하여 말하는 것이 실제 행동을 취하는 것과 동일하게 대체될 수 있다. 특히 호응이 좋은 청중이 있다면 더욱 그렇다. 즉각적인 청중의 피드백을 들으면 매우 흡족해진다. 당신은 이전에 그런 얘기를 들은 적이 없는 여러 명의 사람들을 찾을 수도 있다(상담자들은 이를 주의해야 한다!). 당신의 가족이나 친구들이 더 이상 보여주려 하지 않는 찬사를 보여주는 사람들 말이다. 그런 반응으로 인해 기분이 너무 좋아진 나머지 이루지 못한 공상들, 꿈이나 계획 등을 전하고 있다는 심리적인 불편감조차 가치있게 여겨긴다. 말하기는 에너지를 방출시킨다. 그래서 당신이 진전시키고자 했던 어떤 일을 의식함으로써 긴장감의 일부가 해소되기도 한다. 작가들은 종종 자신이 쓰고 있는 작품에 대한 말을 너무 많이 하지 말라는 충고를 받는다. 이는 구두로 생각을 표현하는 것이 지면에 쏟을 에너지를 소진시키지 않기 위해다. 물론 당신은 어떤 일을 점점 더 미룰수록, 당신이 말했던 그 일을 하지 않았다는 사실에 대한 내면의 압박감을 안정시키기 위해 더 많은 말을 해야만 할 것이다.

꿈에 대해 이야기하는 것은 마치 우리가 그 일을 준비하고 있는 것처럼 보이게끔 한다. 이는 우리가 필요한 것을 요구할 수 없는 상황에서 실제 행동을 취하기 위한 직접적인 도움을 받을 수 있게끔 시선을 끌 수 있는 방법이 되기도 한다. 우리가 좀 더 단도직입적이 되기 위한 기술을 습득하지 못한다면, 이 방법은 마치 우리가 그렇게 행동할 힘을 구축할 때마다 우리에게 먹이를 주는 것처럼 보일 것이다. 그러므로 우리의 말은 아기 놀이용 울타리play-pens를 치는 것과 같아서 우리를 작고 제한된 존재로 붙잡아둔다. 이러한 종류의 생각과 말하기는 실제 행동의 창백한 대체품이 된다.

논리적으로 따지면, 연극을 공연하지 않고 리허설을 하는 것만으로는 보상이 적은 것이 불가피한 결과이다. …하지만 우리는 여전히 그렇게 한다. 우리는 행동을 계속 미루고, 앞으로 할 일에 대해 생각하고 이야기하며, 환상을 유지해간다.

공상을 믿는 것이 현실보다 낫다

꿈과 공상은 굉장히 즐거운 일이다. 풍부한 공상의 세계는 꿈을 실현시키려는 노력보다 더 신나는 일이 될 수도 있다. 미루기는 이 꿈을 계속 보존하는 방법이며, 달콤한 동력을 계속 제공한다. 당신의 정서적, 정신적, 신체적 근육들은 수고로이 애쓰느라 고통받지 않아도 되고, 당신은 자신이 생각했던 것만큼 좋은 사람이 아니라는 것을 의식하지 않아도 되며, 당신이 바라왔던 그 일들이 마술처럼 당신을 영원히 행복하게 만들어주는 일이 일어나지 않을 것이란 것을 깨달을 필요가 없다. 어떤 이들은 이런 평화로운 백일몽과 공상 속에 빠져 현실이란 바닷물에 발을 담그는 것을 주저한다. 발을 담그면 추울 테니까. 그런데 실상은 그들이 실제로 그 추위를 느낀다! 얼어버릴 만큼 추울지도 모르겠다. 그러나 그들은 그 다음에 어떤 일이 일어나는지는 전혀 모른다….

만일 당신이 어떤 일을 하는 것이 매우 어려워서 기술/힘/자신감/지식/좋은 타이밍을 얻을 때까지 일을 미루기로 했다고 하자. 그러면 당신은 결코 당신의 그 가설을 시험해볼 기회를 갖지 못할 것이다. 만일 당신이 실제로 그 일을 실행한다면, 아마 생각보다 어렵지 않다는 것을 알게 될 것이다. 그러면 당신은 다음과 같은 새로운 가능성에 직면할 것이다.

- 다른 일에 대한 당신의 그 가설이 틀릴지도 모른다.
- 예전에 당신에게 어떤 일을 하는 것은 어려운 것이라고 가르쳤던 사람들의 말이 틀렸을지도 모른다(그리고 아마 다른 일에 대한 그들의 말도 틀렸을지 모른다).
- 그 일을 하는 것이 당신의 생각보다 훨씬 더 수월했다면, 오래 전에도 아마 그 일이나 다른 일들을 할 수 있었을 것이다.

시간은 계속 낭비되고 있었을지 모른다. 기회를 놓쳤을지도 모르겠다. 이러한 깨달음은 직면하기 어려운 것이다. 매우 혼란스럽거나 아주 슬픈 내용일 수도 있다(비통함에 대해서는 3부 '앞으로 나아가는 방법들' 참고)

꿈을 꾸는 것은 현실을 보다 견딜 만한 것으로 만드는 방법이다…

꿈은 한 밤중에 당신의 체온을 유지시켜 주고, 고통스러운 시간 속에서 희망을 갖게 하며, 삶이 기대를 저버릴 때 계속 전진할 수 있는 힘이 되어준다. 우리는 다른 사람들의 꿈이 그들에게 얼마나 소중한 것인지 알기 어려울 수도 있다. 우리는 그 꿈을 떠나보내는 것이(심지어 그것이 그들을 현실적으로 생각하게 하거나, 진실을 직면하는 노력의 일환이라 하더라도) 그들의 현재를 매우 고통스럽게 할 수 있다는 것을 잘 모른다. 우리는 각자의 때를 맞춰 꿈을 놓아주어야 하며, 각자의 페이스는 존중될 필요가 있다.

…그리고 진실을 발견하는 것보다 안전하다.

우리는 공포감을 느낄 때 일을 미룬다. 만일 당신이 이상한 혹을 발견하거나 피를 많이 흘려서 걱정될 정도라면, 죽지 않을까 생각할 수도 있다. 당신은 혹시 모를 부정적인 검사 결과를 맞닥뜨리는 것을 미룬다. 그 일을 미룸으로써 당신은 자신이 아무 문제 없으며 걱정할 건 아무것도 없다는 상상을 계속 유지할 수 있다. 저녁마다 바빠질 만한 이유를 생각해내는 것은 딸이 마약에 손을 대고 있다는 의심이 들 때 딸과 마주치는 것을 피하기 위해일 수도 있다. 가족을 부양해야 하는 책임만 없었다면 꿈에 그리던 해외의 직장에 취직할 기회가 당신에게 굴러들어왔을 것이라고 상상하는 것은, 그런 조건들을 고려하면서 우량 기업에 지원하고 서류에서 떨어지는 과정을 거치는 것보다 더 안전하게 느껴지기 때문이다.

그리고 아이러니하게도 공상은 행복을 얻기 위한 역경에서 당신을 지켜준다. 만일 당신이 어떤 동료를 지극히 연모한다고 생각해보라. 당신이 데이트를 신청한다면 그 또는 그녀가 이를 승낙할지도 모른다. 그는 당신과 함께 살기를 원할 수도 있고, 영원히 당신을 사랑하면서 그의 아이를 낳아달라고 할 수도 있다. 또는 그녀가 당신을 진심으로 매력적이라고 생각할 수도 있다. 그렇다면 당신은 아마 자신이 정말 사랑스럽고 인생은 아름다우며 환상적이라고까지 생각할 수도 있다. 좋은 얘기 아닌가? 하지만 어떤 이에겐 그렇지 않다. 엄청난 불안과 후회를 불러일으키기도 한다.

"내가 뭔가 좋은 걸 발견하기만 하면 그건 반드시 빼앗겼었지."

"나는 이런 행복을 누릴 자격이 없어. 내 실체가 밝혀지기 전에 빠져나갈 길을 찾는 게 낫겠어."

"내가 줄 수 있는 것보다 더 많은 걸 기대할지도 몰라."

어떤 사람들에게는 엄격하고 제한된 시각과 인생이 더 나아질 것이라는 환상을 가지고 살아가는 것이, 현실 속에서 영광스러운 열매를 맺을 수 있다고 믿는 것보다 더 안전할 수 있다. 제한적이고 슬플 수는 있지만(단어의 실제적인 의미 상), 훨씬 덜 위협적이다.

누군가 당신을 구해줄 것이라는 믿음

당신이 일을 미루면 일이 지연된다. 당신은 흑기사나 브래드 피트, 배트맨, 엄마나 아빠 혹은 전능자가 이 시점에 나타나 이 일을 맡아서 해결해주는 (무의식적인) 환상을 가지고 있을지도 모른다. 혹은 당신이 그런 여정을 거치지 않고 어떻게든 원하는 지점에 마법처럼 다다를 것이라는 환상이 있을 수도 있다. 이는 어렸을 적에 당신이 경험한 것이었을 수도 있다. 당신은 어른들의 눈에는 그리 빠르지도 않고 훌륭하지도 않은 속도로 어떤 일을 하고 있었을지도 모른다. 그러면 그들이 몸을 기울여 당신에게 그 일을 완성해주었는지도 모른다. 어쩌면 과잉보호를 받아 항상 욕구가 충족되고 아기 취급을 받아서, 스스로 어떤 일을 깨닫는 법을 습득하지 못했을 수도 있다. 이는 나중에 실험의 위험을 무릅쓰는 것을 더욱 어렵게 만든다. 왜냐하면 어떤 일을 하는 데는 시간이 들게 마련이고, 당신은 실수를 할 수도 있고, 기다려야 할 때도 있기 때문이다. 우리가 해야 할 일들은 부모님들이 당신에게 제공해주었던 것처럼 세련된 형태로 주어지지 않는다. 당신은 자신의 해결 방식이 쓸만하다는 것을 배운 적이 없기 때문에 일을 미룰 수도 있다. 그리고 자기만의 방식을 찾을 때까지 씨름하고 긁혀서 상처나고 부딪히고 멍들면서 일을 해내는 것을 배우지 못했거나 허용 받지 못했을 수도 있다.

어릴 때는 보호자로부터 우리의 관심을 끄는 대상을 탐색할 수 있도록 허락을 받아야 한다. 그러면 우리는 실험하고 놀이하는 우리의 능력을 존중하고 신뢰하는 법을 배울 수 있다. 그러나 당신은 이 과정 자체가 매우 신나고 보상이 따르는 활동이라는 것을 배우지 못했기 때문에, 성인이 된 지금 자신의 능력을 과소평가하면서 주변 사람들이 주도권을 대신 갖도록 허용한다. 무력한 모습을 보이는 것은 실제로 보상을 얻을 수도 있다. 특히 어리고, 자그마하고, 금발에 아름다운 속눈썹을 가지고 있으면서, 늘씬한 다리를 가진 사람이 아랫입술을 떨 경우엔 더 그렇다. 그렇더라도 필요한 경우에는 자신감 있는 모드로 전환할 수 있다면야 별 문제는 아니다. 그러나 심리적 강화를 바라면서도 미루기를 습관적으로 하게 될 수도 있고, 결코 스스로 문제를 해결하는 법을 배우지 못하게 될 수도 있다. 상황이 좋지 않을 때 그 어려움은 당신이 깨어나기 전까지 계속해서 그렇게 굴러갈지도 모른다.

우리 삶에 개입하는 것은 타인만은 아니다. 운명적인 사건 역시 작용을 한다….

- 복권에 당첨되거나 TV 쇼에서 우승을 차지한다.
  따라서 월급 인상에 대한 요구를 미루는 것이 별 문제가 되지 않는다.
- 통증, 고통, 혹이 신기하게도 사라졌다.
  당신은 병원 진료 예약을 할 필요가 없다고 생각하게 되었다.
- 아이들이 스스로 담배를 끊기로 결심했다.
  그래서 당신은 아이들과의 갈등을 무릅쓰고 그들을 훈계할 필요가 없어졌다.
- 누가 차를 훔쳐가버려서 타이어를 확인하지 않아도 괜찮게 되었다.
  결과적으로 그 도둑이 타고 가다가 펑크가 나게 될지도 모를 일이다! 차라리 잘 됐다!
- 애인이 나를 떠났다.
  이제 당신은 피해자가 되었으므로 누군가에게 상처 주는 것으로 인한 죄책감을 느끼지 않아도 된다.

- 죄수가 석방되었다.
  이제 당신은 그에게 격려의 편지를 쓰지 않아도 된다.
- 당신의 상사가 떠났다.
  당신은 그의 모욕적인 언사에 대해서 항의하는 위험을 무릅쓰지 않아도 된다.
- 다른 사람이 초조해져서 당신에게 어떤 일을 하라고 재촉하거나 그 일을 그들이 도맡아 한다.

(이런 방법은 십대들에게는 효과적일 수 있지만, 사춘기가 지체된 사람들에게는 덜 효과적이다)

일을 계속 지연시키는 바람에 다른 사람이나 무언가가 당신 일을 대신 떠맡을 만큼 꾸물거리는 것은 당신 스스로 일을 처리하는 만족감을 많이 경험하지 못했거나, 비록 힘든 일이긴 하지만 진실을 말하거나 그것을 인식하는 안도감을 많이 경험하지 못했음을 나타낸다.

그렇지 않으면 당신이 그런 만족감이 너무 많아서 완전히 지쳐있는 것일 수도 있다. 이런 경우, 꾸물대는 것은 다른 사람에게 직접적으로 도움을 요청하는 것을 대체하게 된다.

다른 사람들이 우리 마음을 읽을 수 있고, 그리고 그래야만 한다고 공상하며, 그들이 우리가 필요로 하는 바를 알아차리는 것을 (그리고 그 다음 그것을 위한 행동을 취하고) 상상하는 것은 우리에게 정확하게 그렇게 해주었던 부모의 도움이 필요했던 영아기의 유물이다. 우리는 정말 지치고 피곤할 때 이렇게 퇴행하는 모습을 보일 수 있다. 성인으로서 그것은 효과적인 전략이 아니며, 그것은 다른 사람들이 당신의 직접적인 요구에 부정적으로 반응할 것이라고 가정하는 것이다.

인생은 짧고
누구도 영원한 젊음을 누릴 순 없다
우리 모두는 죽음을 맞이한다

이 진리를 머릿속 이론이 아니라 온전히 깨닫는 것은 어려울 수 있다. 당신은 보호자 중 한 사람을 너무 일찍 잃게 되어 매우 어린 나이에 이 진리를 깨닫게 되었을 수도 있다. 그러나 이를 깨닫는 것은 한편으로 우리에게 열정과 동기를 북돋우기도 한다. 이를 통해 어떤 일을 시작하고, 꿈을 실현하려는 시도를 하고, 괴로운 진실을 직면할 수도 있다. 죽음과 맞닥뜨리는 것은 삶을 끌어안는 일이다. 어떤 이들은 죽을 때까지 인생이 짧다는 것을 알지 못하고, 막심한 후회를 할 수도 있다.

우리가 꾸물댈 때는 이런 사실들을 잊은 것처럼 행동하는 것이다. 또는 우리의 의식을 분리하여 이 사실을 한 쪽으로 치워두는 것이다. 대상의 중요성을 다른 방식으로 평가하고 가치를 매기는 것이 더 우선시될 수 있다. 우리는 우리가 원하는 일을 하고 우리가 해야 할 말들을 할 수 있는 시간이 무한정 있다는 환상을 사들인다. 기회는 항상 그 자리에 있을 것이고, 어쩌면 더 좋은 기회가 있을지도 모른다고 말이다. 우리의 이런 행동은 자신의 인생에 온전히 참여할 기회를 스스로 부정하는 것이고, 시간이 흐르고 있다는 것을 부정하는 일이다.

어느 수준에서는 꾸물대는 것이 이런 힘든 사실을 깨닫는 것을 회피하려는 노력일 수 있다. 꿈의 세계에 머무르게 하고, 자라지 않게 하고 인생에 대한 성인으로서의 책임감을 직면하지 않는 시도일 수 있다. 계속해서 일을 미루어도 아무 문제없이 살고 있는 것처럼 보이려는 것 같다. 마치 우리는 예외인 것처럼, 불멸의 존재로 영원한 젊음을 누릴 것처럼 말이다. 다락방에서 위대한 그림을 그렸던 화가들도 그런 삶을 살지 못했다.

궁극적으로, 꾸물대는 것은 죽음에 대한 부정과 공포를 내포한다. 꾸물대는 것은 무의미하게 아무것도 하지 않는 것으로 시간을 훔치는 도둑이다. 행동을 미루지 않는 사람들 중 많은 이가 인생이 짧다는 것을 분명하게 알고 있다는 것은 흥미로운 사실이다. 행동을 계속 미루는 것은 죽음을 두고 흥정하는 것일 수 있다. '나중에 하겠어'라는 말은 우리가 내일도 똑같이 일어날 것이고, 어제와 같은 힘과 능력을 가지고 있을 것이며, 우리의 소중한 사람들도 여전히 여기에 함께 있을 것을 믿고 있다는 뜻이다. 그러나 이 믿음은 항상 진리가 아니다. 인생은 계속 변한다. 꾸물대는 것은 얼음 조각으로 불을 끄려고 하는 것과 비슷하다. 이 방법은 소용이 없다. 그러나 순간적으로 그게 가능할 거라고 생각한다면, 우리는 우리가 절대적인 통제권을 쥐고 있다는 착각으로 우리 마음을 속일 수 있다.

만일 누군가가 인생은 짧고 지나간 시간은 다시는 돌아오지 않는다는 사실을 정말로, 깊이, 진실하게 이해한다면 그들은 놀랍도록 생산적이고, 정력적이고, 효율적인 사람으로 변화할 것이다. 하룻밤 사이에도 이런 변화는 가능하다. 다만 이것은 당신이 머리로만 알 수 있는 것이 아니다.

당신은 누구를 사랑하고 있는지 아는 것과 같은 방식으로 이를 알게 된다.

3단계

선택하고 몰입하는 것을 미루는 것(p. 90-)

이 단계에서의 꾸물대는 것은

선택에서 제외시키는 것에 대한 불안이나

전념하고 몰입하는 것에 대한 불안과 관련이 있다.

만일 당신이 이 단계에서 어려움을 겪고 있다면…

… 당신은 종종 주말을 무미건조하게 보내거나 휴일을 따분하게 혹은 과도한 지출을 하며 보낼 수 있다. 왜냐하면 당신은 더 나은 주말을 보내기 위한 계획을 짜거나 확실한 준비를 하는 일을 미루기 때문이다.

… 당신은 오래 가지 못할 관계가 많고, 관심 있어 사들인 물건이 집에 가득하고, 수입을 얻을 수 있는 실제적 또는 잠재적인 계획을 시작은 했지만 전념해본 적은 없고, 각종 운동 기구는 많지만 근육 하나 없는 '평생 학생'일 수 있다. 당신은 다른 사람들이 '너무 빠지지 마'라고 말하면 쉽게 포기한다.

… 당신은 어딘가에서 최고의 파티/경력/관계/ '진짜' 행동이 진행되고 있다는 막연한 의심을 할지도 모른다. 당신은 바람을 피우고 있을지도 모른다.

… 당신은 회의나 저녁 식사 때 핸드폰을 가지고 가며 회의나 대화 중간에 전화를 받기도 한다.

… 당신은 화장실에서 책을 읽는다(그리고 가끔 변비로 고생한다)

… 당신은 여러 일을 전전하다가 그다지 원치 않았고, 실제 당신의 능력에 비해 수준이 낮은 일을 하게 되었다. 당신은 건성으로 공부해왔고,

경력을 쌓을 만큼 충분한 기술을 계발한 적이 없다.

... 당신은 결정을 내리고, 다음 단계가 무엇인지 명확하고 논리적으로 잘 알고 있다. 그런데 당신은 결정을 내린 후 격한 감정에 휩싸여 즉시 마음을 바꾸거나, 또는 행동이 필요한 때나 임박한 순간 바로 직전에 순간적으로 마음을 바꾼다. 당신은 그 과정에서 매우 스트레스를 받으며, 아마도 몸이 매우 불편하게 느껴지거나 혹은 심장이 심하게 두근거리는 현상을 느낄 수도 있다. 이런 증상은 그 순간을 미룬 뒤에야 진정된다('나중에 하는 게 좋겠어 - 내일은/다음 주에는/그가 돌아오면은… 반드시 할 거야). 긴장이 일시적으로 완화되지만, 이런 불완전한 과정이 반복될 때마다 당신의 불안과 스트레스, 부담감은 증가한다. 당신은 실패할 것 같다는 생각을 하고, 자신에게 실망하고 혐오감을 느낀다.

... 당신은 중요한 인생의 결정을 내리려는 순간에 특히 아무것도 못하게 된다. 올바른 선택을 내리는 것에 인생 전체와 행복이 달려있는 것 같고, 서로 정반대의 선택의 여지가 있는 것 같다. 당신은 매우 불안해지고, 공황발작을 경험할 수도 있으며, 거의 모든 일에 대한 자신의 판단을 의심하기 시작한다.

... 당신은 자신에게 필요한 일을 해보려고 안간힘을 썼다. 하지만 일을 시작했음에도 누군가 당신을 필요로 하면 그 일을 포기한다.

... 어딘가에 헌신하게 되면 숨이 막히거나 방치된 느낌이 든다.

... 치아에 문제가 있거나 치아를 잃는 꿈을 꾼다. 당신은 섭식 문제를 가지고 있다(너무 많이 먹거나 너무 적게 먹는 것)

~

만일 당신이 충분히 탐색하고 실험을 했고, 당신이 원하고 필요한 것에 대해 충분히 생각하고 이야기했다면, 당신은 많은 에너지를 얻었을 것이다. 당신의 배터리는 100% 충전되었고, 가방도 준비되었고, 연료도 가득하다. 이 시점에서 선택한 것을 되물리고 행동을 취하지 않는다는 것은 모든 에너지가 당신의 시스템 안에 머물러있다는 것을 뜻한다. 아드레날린은 다 소진되고, 사용되지 않는 일부는 목적없이 당신의 몸 안에서 돌고 있다(그들은 몸 안에서 혼란만 만들어낼 뿐이다). 뛰어난 육상선수가 출발선에서 경주가 시작하기를 기다리고 있다가, 출발 신호가 울리기 바로 직전에 갑자기 일어나 걸어나가 버린다면 어떨지 상상해보라. 관중들의 마음은 많이 상할 것이다. 대부분의 사람들은 그 순간 초 치는 경험을 하게 될 것이다. 불안이든 흥분이든 당신이 느낀 축적된 에너지는 쉽게 흩어지지 않는다. 당신은 조마조마하거나, 가슴이 꽉 막히고 무거운 느낌이 들고, 짜증나고, 중압감을 느낄 것이다. 당신은 다음 일에서 성공을 할 수도 있지만, 한동안 불쾌한 기분이 가시지 않을 것이다.

어떤 일을 하려는 시점에 그 일을 중단하는 것도 이와 마찬가지다. 실제로 '아무것도 선택하지 않기로 선택하는 것'은 당신이 직면하는 장벽이나 장애물을 통과하는 것보다 훨씬 불편한 일이며, 선택을 했다는 느낌도 전혀 들지 않는다. 당신은 스스로 하고자 준비했지만 마치지 못한 일의 무게로 짓눌리는 느낌이 든다. 주로 우울하고, 강박적인 생각을 하게 되거나 순환적인 논리를 갖게 된다. 이는 사용하지 않은 에너지의 영향일 것이다. 해야 될 일에 대해 이야기하는 것만으로는 충분하지 않고, 그 일을 잊어버릴 수도 없다는 것을 깨닫고 나면 그 일을 해결할 유일한 방법은 실제로 그 일을 하는 것임을 깨닫게 된다. 선택한다. 그리고 하나하나 행동한다. 그렇지 않은 경우 당신은 또 다른 세상을 경험하게 된다. 불면과 악몽과 공포스러운 상상과 구취, 부패하고 있는 느낌, 그리고 최악인 것은 인생이 완전히 빛을 잃어버린 것 같다. 그러므로 이 단계에서 꾸물거리는 사람들은 일반적으로 자신이 그렇게 하고 있다는 것을 대단히 잘 알고 있다.

하지만 이상하게도 당신의 친구들은 그렇지 않을지도 모른다. 어떤 것에 있어서 선택하고 몰입하는 것에 꾸물대는 사람들도 인생의 다른 영역에서는 매우 생산적일 수 있다. 사람의 공적인 모습persona은 사적인 모습과 상당히 다를 수 있다. 그러므로 당신은 직업적인 영역에서 매우 결단력 있고, 능률 있는 사람으로 평가받을 수 있으나 선택하고 행동하는 문제가 대인관계에서 나타날 수도 있다. 혹은 그 반대가 될 수도 있다는 말이다. 결정하고 열중하는 것에 대한 허용은 우리가 가족이나 사회로부터 내면화한 메시지에 따라, 그리고 시간에 따라 우리가 그 메시지에 어떻게 반응했는지에 따라 달라진다.

불편감은 우리가 중요한 결정을 내리기 위해 스스로를 압박하고 헌신적인 행동을 하기 위해 자신의 논리를 따를 때 경험하는 실질적인 정서적, 성신석, 신체적 고통에 대한 가벼운 표현이다. '네 번의 결혼식과 한 번의 장례식'이란 영화에서 휴 그랜트는 이러한 상태를 매우 잘 묘사한다. 그는 교회 한 쪽에서 이제 곧 결혼식(카메라 앞에서 즐거운 표정을 지어야 할)을 앞두고 이 결혼을 해야 할지 말아야 할지를 두고 갈팡질팡하느라 몹시 고통스러워한다. 그는 얼굴을 손으로 움켜쥐고, 가쁘게 호흡하고, 머리를 쥐어뜯고, 배를 쥐어짜면서 마치 온몸으로 결정을 쥐어짜내려는 듯 고민한다.

만일 당신이 오랫동안 중요한 결정을 내리는 것이나 중요한 프로젝트를 진행하는 것을 미루어왔다면 그 일에 압도당하는 느낌을 받을 것이며, 공포스러울 정도로 비합리적이고 강박적인 생각, 심지어는 망상까지 경험하게 될 수도 있다. 당신은 자신의 세계가 극도로 축소되는 것처럼 느낄 수도 있다. 사소한 결정을 내리는 것조차도 불가능하게 느껴진다.

당신은 일을 제대로 해낼 수 있는 자신의 능력을 비롯하여 당신이 과연 사랑하고 사랑받는 존재인지까지 거의 모든 일에 의심이 들 수도 있다. 당신은 용서받기 어려운 죄책감을 느낄 수도 있고, 자기를 증오하는 수준의 깊은 자기 비난과 고립감을 느끼거나 두려움으로 가득 차거나 자살 충동을 느낄 수도 있다. 당신은 마치 온몸의 시스템이 차단되는 것처럼 명백한 이유 없이도 자주 감기에 걸린다(이것은 당신이 필요로 하는 것을 나타내는 증거일 수도 있다. 자세한 것은 3부 '앞으로 나아가는 법' 참고). 만일 당신이 이런 상태를 한 번도 경험한 적이 없다면, 당신은 꾸물대는 것이 당신의 일에 접근하는 방식의 큰 부분을 차지함에도 불구하고 이 습관을 변형시키는 데 필요한 많은 기술을 습득한 것이다. 만일 당신이 과거의 경험을 통해서나 현재 겪고 있는 일을 통해, 또는 이런 경험을 하는 사람을 통해 이에 대해 아는 바가 있다면, 힘을 내라.

지나갈 방법은 분명히 있고,
이 터널의 반대편에 빛이 있을 뿐만 아니라
희망과 웃음, 살아있다는 느낌도 새로이 느낄 수 있다.

우리는 선택 단계에서 문제를 어떻게 발달시키는가

선택하기는 다른 것과 마찬가지로 일종의 기술이다. 사람들은 이 기술을 배우는 것을 회피하기 위해 꾸물거린다. 이상적으로 말하자면, 우리에게는 어릴 때 선택하기를 연습할 수 있는 무궁무진한 기회들이 주어진다. 음식에 대한 기호나 선호, 가치를 탐색하는 것뿐만 아니라 우리의 선택에 따른 결과를 책임지는 법도 배우게 된다. 이가 나면서부터 당신은 여러 가지 도전과 딜레마를 겪으며 물고 씹게 된다. 당신은 어떤 것이 당신에게 좋은 것인지를 배우게 되며, 당신이 원하지 않는 것은 물었다 뱉는 법도 배운다. 당신은 파괴시키는 것, 제외시키는 것, 그리고 거절하는 것이 창조 과정의 일부라는 것을 배우게 된다. 당신이 뭔가를 배제시키고 거절한다고 해도 사랑받을 수 있다는 것도 배운다. 그렇게 되면 당신은 자신과 다른 사람을 안전하게 지키면서 존중받을 수 있고 지지받는 결정을 내릴 수 있게 된다.

선택하기를 연습하지 못했거나 익숙하지 않음

하지만 어떤 아이들은 자신을 위한 모든 결정들이 내려져 있는 상태로 양육되기도 한다. 이전 장에서 나온 바닷가의 두 번째 소녀 같이 말이다. 이것은 이 아이에게 치아가 생겼음에도 여전히 부드러운 음식을 먹이며 아기와 같은 상태에 머무르게 하고 있다는 것을 아무도 깨닫지 못하는 것과 같다. 성인기에 선택을 미루는 것은 당신이 어떻게 좋은 결정을 내릴 수 있는지를 경험해본 적이 없거나 이에 대한 지식이 없는 까닭일 수 있다. 당신은 다른 사람들이 '심사숙고'할 때 아무것도 생각하지 못한다.

> 나는 개인의 성상과 인생의 길을 발견하는 것에 대해 강연을 하는 매우 저명한 연사의 강연을 듣고 있었다. 한 청년이 새롭게 깨달은 자신의 능력과 결정권에 대한 방향 설정을 어떻게 해야 하는지 질문했다. 연사는 그에게 그가 무엇을 원하는지 생각해 보고 그 일에 우선순위를 두고 시작하라고 조언했다. 그 청년은 다소 모호하게 같은 질문을 다시 했고, 또 한 번 그의 결정에 대해 생각하고 행동할 것을 격려받았다. 나는 그 연사가 요점을 놓쳤다고 생각한다. 질문한 사람은 스스로 선택하는 것에 대해 어떻게 생각해야 하는지, 어떻게 결과를 얻을 수 있는지를 모르고 있었다. 그가 배운 적이 없기 때문

이다. 많은 사람이 이를 배우지 못했다. 우리는 어른인 것처럼 보인다. 그러나 이는 겉으로 보이는 백조의 모습과 달리, 새끼 백조가 물밑 발길질은 열심히 하지만 제자리에서 맴도는 것과 흡사하다.

당신은 자기 자신과 자신의 선택에 만족하고 비교하지 않으며 자신의 일에 계속 헌신하는 롤 모델이 없었을 수도 있다. 우리 대다수는 이전 세대보다 더 많은 선택권을 가지고 있다. 많은 사람은 '선택을 내리는 근육'을 믿기 힘들 정도로 빠르게 발달시켜야 했고 그들의 부모들은 이를 준비해 줄 수도 없었다. 하지만 자신을 신뢰할 수 있도록 허용을 받으면 좋은 선택을 했던 과거의 경험을 통해 새로운 상황에서 정보를 얻을 수 있다.

아이들이 실제적인 선택을 하는 것이 허용되지 않으면, 그들은 성인으로서의 삶이 요구하는 것에 어떻게 반응해야 할지에 대한 실마리 하나 없이, 그리고 인생이 돌아가는 방식에 대해 낯설게 생각하면서 처음으로 집에서 멀리 떨어진 빛 속으로 눈을 깜빡이며 나오게 된다. 그들은 음지에서 자란 식물처럼 창백하고, 민감하고, 머리가 처져 있다head-heavy. 그들은 실생활의 경험을 통해 얻은 회복력과 힘이 없다. 선택을 내리는 유일한 연습은 내면의 공상 세계에서 했던 것이었다. 이러한 경험부족은 혼란과 수치심, 미성숙함을 감추려는 다소 필사적이고 유치한(겉치레식의) 시도를 하게 한다. 혹은 비슷한 또래의 다른 사람들도 이상하고 잘못되었다고 여길 만큼 무모하고 근거 없고 위험해보이기까지 한 결정을 내리도록 만든다. 선택하는 것에 성숙할 수 있도록 허용하는 것은 인생의 특정 영역에서 제한된 방식으로 주어졌을 수도 있다. 예를 들어 공부나 커리어 계발이나 가정을 이루는 것에서는 허용되었지만 대인관계나 경제적인 영역, 일과 놀이에서 균형 잡는 것 등에서는 전혀 선택을 해본 적이 없어서 나중에 이런 영역에서 특히 어려움을 겪는다.

나는 당신이 치아를 사용하지 않으면 떨어져나갈 것이라고 생각한다. 혹은 당신이 성인이 되어서야 처음으로 어떤 것을 깨물어보려고 애를 쓴다면 입술이 많이 다칠 것이다. 만일 초기에 당신이 예상치 못한, 해로운 결과를 가져오는 선택을 해본 적이 있다면, 당신은 안전을 위한 전략으로 미루기를 하게 될 것이다. 결정을 내리는 것이 매우 어려울 때는 더더욱 말이다. 당신의 결정이 예전에 받았던 스스로 선택을 할 수 없다는 '메시지'(어린아이처럼 행동해라, 안전하게 있으라, 집에 머물러라)와 반대될 경우에는 특히 그렇다. 자신의 무능함에 대한 느낌은 강화를 받는다. 당신은 자신이 무의미하고 유치한 선택을 할 것이라는 믿음을 갖게 되며, 일을 망칠지도 모른다는 막연한 불안감을 느끼게 된다(당신의 어머니/아버지/전능자만이 올바른 결정을 내릴 능력이 있기 때문에). 당신은 선택하는 것을 미루고, 따라서 어떤 것에도 깊이 몰입하지 못한다. 당신의 선택하기 근육은 위축되고 흔적만 남는다.

세상과의 접촉 없이는 어떠한 새로운 깨달음도 있을 수 없고, 시행착오 없이 앞으로 나아갈 수 없다는 것은 어찌보면 그다지 논리적이지 않다. 하지만 실제적인 선택 경험의 부족은 당신이 신체적, 정신적, 정서적으로 적절하게 생각하는 법을 배우는 데 도움이 되지 않을 것이다. 이는 악순환이다. 분명한 감정과 실제적인 사고를 대신해서 의심이 자라나는데, 이는 서서히 부식시키는 힘을 가지고 있다(이러한 의심에 대해서는 이 장의 끝 부분 참고). 이런 상황에서 자신에 대한 신뢰를 회피하기 위해 당신은 선택하고 책임지는 것을 미루고 더 강력해보이는 힘을 가진 대상 뒤로 피신한다.

어떤 사람들은 한 번의 용감한 선택을 하고 깜짝 놀란 다음 실질적으로 인생에서 은퇴하기도 한다. 아니타 브루크너Anita Brookner의 소설은 이런 사람에 대해 묘사하고 있고, 실제로도 그런 사람들이 존재한다. 이런 삶은 지난 수 년 간을 열정적으로 살지 못했다는 것을 깨닫거나 어떤 일을 다른 식으로 처리하는 데 있어서 무기력을 느낄 때 절망감을 가져올 수 있다. 하지만 선택을 미루는 것은 또한 당신이 자신만의 선택을 하지 못하도록 양육한 사람들의 방식이 옳았다는 것을 입증해보이려는 일종의 충성심일 수도 있다. 당신이 어떠한 대가를 치르든지 말이다. 이러한 방식에 도전하는 것은 매우 어려울 것이다. 아이들은 외부의 관점에서 볼 때는 좀 더 비판적인 태도를 취할 필요가 있다는 근거가 있는 경우에도 부모에게 맹렬한 충성심을 보인다.

선택에 대한 허용이 조건적인 경우

두 번째 유형의 아이들은 선택에 대해 편향적인 메시지를 받는다. 말하자면 –

> *"너는 선택을 내릴 수 있지만, 우리의 사랑과 애정은 네가 우리가 인정할 수 있을 만한 선택을 했는지에 달려있다."*

만일 당신이 의미 있거나 당신의 기대와는 다른 결정을 내렸을 때만 지지를 받았다면, 당신은 결단력 있고 예리하고 독립적인 개인으로 자라지 말고 순응적인 태도의 작고 귀여운 아이로 머무르라는 메시지를 받은 것이다. 단 것이나 씹고 삼켰던 것들이 남아있지 않도록 계속 닦아주지 않으면 치아는 썩게 된다. 성인으로서 결정을 내리는 시도는 거절에 대한 오래된 공포심을 불러일으킨다. 이것은 대리인에 의한 삶이다. 어린아이는 냉랭한 분위기와 못마땅한 표정을 받아들이고, 성인이 되면 '금지된' 선택들이 가능해질 때마다 이를 재경험한다. 선택하기를 미루는 것은 현재 다시 발생할 것이라 예상되는 경험을 되풀이하는 것을 피하기 위한 시도이다. 상황이 달라지고 원래의 그 어른들은 곁에 없지만 '내면의 부모'가 괴로운 시간을 보내게 한다. 감당하기 어려운 죄책감을 느낄 수도 있다. 허용 가능하고 인정받을 만한 선택을 내릴 때 당연히 그 사람은 매우 결단력이 있어 보일 것이다. 하지만 그 또는 그녀는 계속해서 보이지 않는 손이 어떤 길을 선택해야 하고 어떤 길은 금지되어 있는지를 통제하고 있다고 느낀다.

어떤 아이들은 표면적으로는 순종하지만 은밀히 반항하기도 한다. 미루기는 이러한 저항의 성인기적 형태가 될 수 있다. 누군가가 당신이 어떤 일을 하기 원한다거나 당신에게 X를 반드시 해야 한다고 말하는 것은 당신이 시키는 대로 했을 때 받았던 관심의 기억을 상기시킬 수 있다. 선택하고 몰입하는 것을 미루는 것은 미묘한 반항의 한 형태다. 그 행동의 대상은 현재 당신이 의식적으로는 해를 입힐 의도가 전혀 없는 사람이 되기도 한다. 때때로 사람들은 자신들의 선택권을 이런 식으로 의무인 것처럼 여겨, 화를 내면서 선택을 주저하거나 참여하기를 피한다. 마치 여전히 인색한 부모와 연관되어 있는 것처럼 말이다.

책임을 회피하도록 허용받은 경우

세 번째 유형의 아이들은 선택을 내리도록 허용은 받았지만 반복적으로 구조를 받아 그 선택의 결과에서 배울 기회를 얻지 못한 아이들이다. 때문에 이들의 선택은 실제적인 영향력을 갖지 못하고, 자신의 경험에서 깨달음을 얻지 못한다. 사실상 그들의 선택권은 그리 중시되지 않았고, 때문에 이 아이들은 미리 생각하고 자신이 선택한 행동을 평가하는 법을 배우지 못한다. 성인이 되어 당신은 무의식적으로 일을 미루어도 별 상관이 없을 것이라는 생각 때문에 선택을 미룰 수 있다. 지저분한 일은 누군가가 와서 처리할 테니까. 어떤 면에서 보면 당신은 자신의 개입이 큰 가치가 없다고 말하고 있는 것이다. 외적인 무관심은 당신이 정말 신경 쓰고 있지 않다는 내적 불안을 반영한다. 선택하고 몰입하는 것을 미루는 것은 다른 사람들이 당신에게 좌절하는 정도만큼 당신의 개입이 중요하다는 것을 증명하는 방편이 될 수 있다. 대단히 복잡하지만 어느 정도 타당성이 있다.

연극을 사용하여 굴절시키는 것

자신을 몰아 붙였다가 꾸물대는 것을 반복하는 것은 연극성 중독에서 기인할 수도 있다. 꾸물대는 것은 연극적인 요소인데, 왜냐하면 연극은 당신과 다른 사람들(화가 나거나 좌절한)의 아드레날린이 오르락내리락하는 것을 좋아하기 때문이다.

> 맨디는 에세이를 쓰기 위해 자신이 어떤 준비를 했는지를 설명했다. 그녀는 제출 기한을 확인하고, 많은 책을 빌려 읽고 메모했으며, 에세이 쓰기를 시작하는 것을 미뤘다. 그리고 또 읽고 메모를 좀 더 하고, 몹시 곤란해하면서 글을 쓰려고 했고, 또 다시 책을 읽고 생각하고 글을 쓰는 것이 너무 어려워 이 씨름을 미루어두고 좌절하기도 했다. 확실한 답을 얻을 수 있는 책을 좀 더 찾아보고, 문장을 써보려고 노력했으며, 제출 기한에 압박감을 느끼고 공황상태를 경험하며 밤을 꼬박 새워서 다음 날 완전히 지친 상태로 작품을 제출했다. 그리고 더 잘할 수 있었을 것이라고 생각했다. 그녀의 남편은 그녀의 눈물과 절망의 울부짖음, 자기 비난의 말과 깊은 한숨을 옆에서 견디는 것을 힘들어한다.

삼천 개의 단어를 쓰기 위해 얼마나 많은 낮과 밤을 망쳐버렸는지! 맨디는 똑똑하고 자신의 생각을 잘 표현하며 자신이 좋아하는 주제를 토론하는 것을 즐기는 사람이다. 그러나 말을 글로 써야 하는 일에 관해서라면? 완전히 전념해야 하는 – 당신은 그녀가 총살형 집행대 앞에 선 것처럼 생각할 것이다 – 그녀는 고통스러워 어마어마하게 몸부림쳤다. 마치 잠자리에 들기를 싫어하는 어린아이나 감사편지를 쓰기 싫어하는 어린아이처럼 말이다. 때때로 사람들은 자신이 굉장히 단도직입적으로 행동한다는 것을 깨닫지 못한다. 그들은 자신이 축적한 에너지를 어딘가에 쏟는 법을 배우지 못했으며 자신의 몸 안에서 웅웅거리는 방대한 양의 초점 잃은 아드레날린으로 인해 생각이 혼란스러워진다. 실제로는 아닌데 뭔가 중요한 일이 벌어진 것 같이 느껴진다.

연극은 여러 가지 이유에서 탄생한다. 연극은 당신의 가족들이 행동하는 방식이었을 수도 있고, 혹은 중요한 사람이 그 안에 있었을지도 모른다. 계속 정신없이 움직이고 즐거워하면서 행동하고 소리 내는 것은 용납되었시반 조용히 집중하거나 깊이 몰두하는 것은 가치가 없었을지도 모른다. 강렬하고 감정적으로 가득 찬 분위기와 의사소통은 진심어린 친밀감이나 유대관계가 부족한 것을 감출 수 있다. 고조된 감정이 더 우세하고 명쾌한 사고는 사라진다. 아마 당신은 허구가 아닌 진짜의 삶에서 짜릿함을 느끼는 좀 더 생산적인 다른 방식들을 배우지 못했거나, 접근이 차단되었을 수 있다. 성인이 되어 당신은 정말 당신을 자극하는 일을 하는 것에 대한 내면의 허락을 얻지 못할 수도 있고, 그래서 대체품을 만들어낼 수도 있다. 당신은 풍요로움을 놓친다. 당신은 매우 섹시한 매력을 가지고 있고, 춤을 추면서는 굉장히 요염하고 끝내주는 사람일 수 있지만 섹스를 하면서는 무엇을 하고 있는지 잘 모를 수도 있다. 이는 대상의 심장과 근육에 닿기보다 피부와 사물의 표면에만 머무르는 것과 같다.

선택이 사느냐 죽느냐의 문제로 느껴지는 것

인생을 충만하게 살 수 있는 선택을 하기 위해는 당신이 삶에서 이룰 수 있는 것은 물론 이룰 수 없는 것에 대해서도 깨달아야만 한다. 달리 말하면, 가능성은 제한되어 있고 항상 하나의 문을 열면 다른 문들은 닫힐 수밖에 없다. 꾸물대는 것으로 만들어지는 연극은 당신이 이런 보편적 진리에서 면제될 수 없다는 사실에 대한 저항일 수도 있다. 선택하기를 미루고 연극이라는 가면을 쓰는 것은 어린 시절 잠자리에 들도록 하는 것에 저항하던 것과 다소 유사하다. 만일 당신이 계속해서 시끄럽게 군다면 이 작전이 성공할 수도 있다. 어떤 사람들에게는 일종의 마술적 사고가 때론 효과가 있기도 하다.

중요한 선택을 하고 행동해야만 하는 다른 사람들에게는 정말 이것이 삶과 죽음 사이에서 선택해야 하는 일처럼 느껴질 수도 있다(다음 장 주제인 '완수하기를 미루는 것'에서 베키Becky의 사례 참고). 우리는 모두 뒤죽박죽된 메시지들과 허락들을 안고 있으며, 사람들을 고통스럽게 하는 선택의 문제들은 겉보기에 허락과 금지가 양립할 수 없어 보이는 문제를 근본적으로 구분시켜 주기도 한다. 예를 들어 능동적인 것과 수동적인 것, 섹스와 사랑, 정신과 육체, 의무와 쾌락, 가족과 친구, 국내와 해외, 원칙과 현실주의 같은 것이 있다. 당신은 이런 삶의 서로 다른 중요한 측면을 결합하고 통합할 수 있는 방법을 찾는 내적 감각을 가지고 있지 않거나, 어떤 관점을 가지고 살아가는 법을 모르거나 소중한 사람이나 장소, 역할들을 떠나보내는 법을 모를 수도 있다. 그렇다면 당신은 선택하는 일이 당신의 일부를 포기하는 것과 관련이 있다고 느낄 것이다.

만일 두 부모가 이런 영역에서 힘을 가지고 있는 부분이 서로 다르다면, 부모 중 한 사람의 기대를 저버리는 것처럼 느껴지거나 그 부모와는 잘 지낼 수 없는 것처럼 느껴질 수도 있다. 이는 어린 시절 직-간접적으로 부모 중 한 사람의 편을 들도록 요구를 받았거나, 두 사람이 이혼한 게 마치 당신의 잘못인 것처럼 두려워했을 경우에는 특히 어려운 일이다. 배신과 버림받음에 대한 오래된 두려움은 마치 현재 겪는 딜레마의 일부분인 것처럼 되살아나 재경험될 수 있다. 당신의 나이나 성숙도와 상관없이 말이다. 이렇게 당신이 선택을 미룬다 해도 별로 놀랄 일이 아니며 당신이 불안감을 느끼는 것도 어쩌면 당연하다. 누군가가 비참하게 당신을 거부하거나 상처 주거나 또는 버릴 것이라는 가능성을 배제하기란 어려울 테니까. 그리고 상처를 주거나 상처받는 것에 대한 당신의 두려움은 당신이 해야 할 선택을 미룰수록 더 커질 것이다.

우리는 몰입 단계에서 문제를 어떻게 발달시키는가

안전에 대한 불확신

무슨 일을 해야 할지 정확하게 알 때가 있다. 우리는 그 일에 대해 심사숙고하고, 가능한 대안들을 가늠해보며, 어떤 조건은 배제시키고 어떤 조건은 포함시키며, 전략을 짜고, 계획을 짠다. 이제 '그저' 숨을 크게 들이마시고, 믿음직스러운 우리의 판단력과 직관을 따라가기만 하면 된다.

하지만 왜인지 흔한 변명들이 튀어나오기 시작한다. 우리는 계획을 거의 시작하기도 전에 힘과 열정이 수그러들고 계획을 보류한다. 앞으로는 더 거리를 두게 될 것이며 그땐 또다시 처음으로 되돌아와야 할 것이다. 이는 확실하게 뛰어드는 것을 계속 미루고 있는 것과 같다. 우리는 멈춰있기 위해 일을 미룬다. 심지어 당신이 미리 그 일에 대한 가능성들을 따져보았을 때도, 당신은 그 일에 전념하기 위한 진짜 발걸음을 떼지 않는다. 이는 익숙했던 것에 머물러 있는 것을 포기해야 하고, 다시 돌아올 수 없는 한 걸음을 떼야 하기 때문이다.

손에 쥔 것을 놓기 위해는 상당한 안전감을 느껴야 한다. 어떤 아이들은 놀이에 열중할 수 있도록 부모로부터 놓여나는 충분한 경험을 해본 적이 거의 없다. 아이들의 부모는 아이들에게 안전하고, 지원해주며, 강요가 없는 공간을 만들어 아이들이 자신의 호기심에 이끌리는 대로 집중할 수 있도록 해야 한다. 어쩌면 그 부모들이 아이들의 공간과 시간, 흥미를 충분히 보호할 수 없었거나, 혹은 그러지 않았을 수도 있다. 그 아이는 스스로를 보호하는 법을 배우게 될 것이다. 이러한 분리는 에너지와 집중을 분산시킬 것이다. 만일 당신의 일부분이 공격이나 방해받을 가능성에 대해 항상 경계하고 있다면, 당신이 하고 있는 일에 완전히 뛰어들고 집중하기란 여간 어려운 일이 아니다. 이것은 지난 장에 나왔던 들판 위의 새와 다소 비슷하다. 당신은 계속 포식자들을 경계하느라 많은 벌레를 잡지 못할 것이다. 그러므로 성인이 되어 어떤 일에 깊이 몰입하고 당신의 에너지를 한 방향에 집중시키고자 할 때 과거에 느꼈던 불안전감과 연계되어 있는 다양한 불편감과 불안감이 유발될 수 있다. 다음 회의 때 핸드폰을 두고 들어가면 무슨 뜻인지 알 수 있을 것이다.

당신이 하고 있는 일에 집중하기 위해는, 또는 어떤 것에 대해 타당하고 중요하게 이야기를 하려면 당신은 혼자되는 준비를 해야만 한다. 만일 당신이 사랑하는 보호자가 만들어준 안전한 공간에서 좋은 경험을 충분히 했다면, 분리나 고립 역시 경험할 수 있고 심지어 즐기기도 한다. 이는 부모의 보살핌의 질적인 면quality이 내면화되어 혼자 있을 때도 이 특질을 가지고 있기 때문이다. 이러한 '신뢰의 고리ring of confidence' 없이 분리되는 경험은 고통스럽고 차가운 경험이 될 수 있고, 많은 이가 이런 경험을 미루고 싶어한다. 어떤 사람들은 이런 고리를 원가족으로부터 발달시키기도 하지만, 이후에 발생한 사건이 그 안의 신뢰를 손상시키기도 한다. 아마 당신은 신뢰감에 대한 배신을 경험했을 것이다. 어쩌면 당신이 '무엇인가를 계속 해나가는 것'은 괜찮은 것이라고 생각하는 동안 누군가가 당신의 신체적, 정서적, 정신적 안전을 침해했을 수 있다. 당신은 행동에 전념하는 것이 안 좋은 결과를 가지고 올 수도 있다는 막연한 예감을 갖게 된다. 그래서 당신은 이를 미룬다. 만일 당신이 경계를 침범당했을 때의 절망감을 알고 있다면, 방해 없이 완전히 혼자되는 것이 어려울 수도 있다. 즉, 당신이 하길 원하거나 성취하고자 하는 것이 무엇이든지 간에 그것에 완전히 참여하기 위한 깊은 몰입에 들어갈 수 있도록 자신을 자유롭게 놓아둘 수 없게 된다. 당신은 다음과 같은 결정을 할 수도 있다.

- 몰입할 수 있는 기회를 미룬다.
- 경계 태세를 갖춘다.
- 비장의 무기를 가지고 있다.
- 예외 규정을 만든다.
- 결코 완전히 몰입하는 법이 없다.

…그리고 무엇보다도, 항상 통제하려고 한다./통제 가능한 상태를 유지하려고 한다.

사람들의 행복을 지키기 위하여 꾸물대는 것

아이들의 부모나 보호자가 아이들 안전에는 많은 신경을 쓰지만, 아이들이 하고자 하는 일에 대한 흥미와 열정, 에너지에는 신경을 쓰지 못할 수도 있다. 이럴 경우 부모 자신이 한 편으로 밀려나는 것을 견디지 못하여 자신이 관심을 원하고 필요로 한다는 것을 명시적, 암묵적으로 알리게 된다. 그러면 자녀는 자신이 원하는 것과 부모를 행복하게 할 수 있는 것으로 주의를 분산시키게 된다. 성인이 되어 자신이 원하거나 필요한 일을 미루는 것은 어린 시절 부모의 인정을 유지하기 위한 무의식적 방편이 될 수도 있다. 그들이 오래 전에 세상을 떠났더라도 말이다. 이런 사람들은 성장해서 자기 자신에게 초점을 맞추는 일을 매우 힘들어한다. 당신은 '자기중심적인' 상태일 때 경험하는 불편감이나 죄책감을 판단하게 될 수도 있다(여전히 많은 여성에게 이것은 사실이다). 그래서 당신은 한편으로 다른 사람들이 당신이 하고자 하는 일에 어떻게 영향을 받는지 계속적으로 살핀다. 당신의 집중력은 산만해지고 에너지는 소진된다. 당신은 자신만의 관심사들을 제껴둔다. 이는 다른 사람들이 우선 행복해야 한다는 오래된 죄책감과 싸우는 일보다는 훨씬 간편한 방법이다.

많은 소수 문화 구성원도 분란과 부정적인 반응을 일으키지 않기 위해 이와 유사하게 동화되는 방식으로 행동한다. 내가 말하는 소수자는 꼭 수적으로 소수인 것이 아니라, 표준적인 정의상 사회적 소수자로 인식되는 집단이다. 이들은 자신들의 신분을 결정하는 주요한 특징 때문에 불이익을 받는 사람들이다. 인종차별, 동성애에 대한 혐오, 노인차별 발언, 그리고 노숙자라는 오명 혹은 장애를 안고 매일의 현실을 살아가는 사람들은 매우 분명한 불안감으로 인해 몰입하는 일을 미루기 쉽다. 만일 당신이 진짜 위협이나 공격에 직면한 공포를 습득했다면, 튀는 행동으로 눈에 띄는 것이나 독립적으로 행동하는 것은 정말 어려울 것이다. 오히려 자기 자신의 관심사들에 대해서 얼마나 인식하고 있든지 간에, 그것을 무시하고 미룸으로써 다른 이들을 행복하게 해주는 것이 훨씬 더 쉬울 것이다.

붕괴에 대한 공포

당신은 새로운 일을 함으로써 변화하게 된다. 똑같은 상태로 머무르는 것은 불가능하다. 하지만 당신은 어떤 변화들이 있을 것인지, 앞으로의 삶이 어떻게 될 것인지를 정확하게 예측할 수 없다. 당신은 이런 불확실성에 대한 두려움이나 익숙한 상태를 놓치는 것에 대한 두려움 때문에 변화를 미루고 싶을 수도 있다. 당신이 그 변화로 인한 긍정적인 결과를 원하거나, 현재 상태를 좋아하지 않는다 하더라도 말이다. 좁은 우물을 벗어나 큰 물가로 가는 것을 미루는 것은 당신이 필요 이상으로 제한된 상태에 있다는 것을 의미한다. 이렇게 하여 우리는 소위 정원사들이 말하는 '식물의 뿌리가 화분에 꽉 차게 자란 상태pot-bound'가 될 수 있다. 식물은 너무 작은 화분에 심겨 있다. 화분이 뿌리의 성장을 제한하여 전체 식물의 성장이 저해된 것이다. 당신이 사업을 한다고 생각해보자. 사업은 잘 진행되고 있지만, 만일 외부 투자를 통해 사업을 확장하거나 신입사원에게 당신이 하고 있는 일을 좀 맡긴다면 더 번창할 수도 있을 것이다. 만일 당신이 통제권을 가지고 모든 일을 다 알아야 할 필요에 대해 전전긍긍하는 사람이거나, 당신만이 모든 일을 제대로 할 수 있는 사람이라고 생각하고 있는 경우에도 사업 확장을 주저하고 미룰 수 있다. 그리고 당신은 황금 같은 기회들을 놓칠 수도 있다.

또는 당신은 오랫동안 너무 많이 해봐서 이제는 한밤중에 딸기 젤리로 가득 찬 욕조에서 물구나무를 선 채로도 할 수 있는 식은 죽 먹기인 일을 직업으로 삼고 있을지도 모른다(could do something standing on your head, 굉장히 오랫동안 너무 여러 번 많이 해봐서 이제 너무 쉽게 할 수 있다는 관용적 표현 –역주). 당신은 그 일을 그만두고 컨설턴트가 되는 것에 대해 얘기한다. 당신은 사업 계획과 재정이 있으며 잘될 가능성도 있지만 현재 하고 있는 일이 안전하고 익숙하며, 저 넓고 무서운 세상은 차갑고 당신을 비교하며 기죽게 하기 때문에 항상 '커다란 도약'을 미룬다. 당신은 갇혀 있는 듯한 공포나 갑갑함을 느끼기도 하고 대부분의 시간을 진부해하며, 다른 사람들이 새로운 일을 시작한다거나 위험을 무릅쓰고 무언가를 한다는 소식을 들으면 마음이 불편하고 질투가 날지도 모른다. 하지만 최소한 당신은 따뜻하고 포근한 곳에 있고 소속감도 있다. 당신은 새로운 아이디어, 새로운 환경의 새로운 사람들, 시간에 대한 새로운 요구와 새로운 기분 등에 대한 걱정을 할 필요가 없다.

그러므로 우리는 아무것도 모르는 상태, 통제권이 없는 상태가 되어도 괜찮다는 것을 배운 적이 없다면 행동을 미루게 된다. 우리는 확고한 기반을 못 찾을지도 모르는 새로운 경험을 해야 할 때 공포감을 느낄 것이다. 우리는 바다를 건널 때마다 풍랑을 만나게 되고, 우리가 시작한 모든 변화에는 새로운 것을 시작하기 위해 옛 방식을 버리는 것이 필요하고, 이 과정은 신선하고 즐거울 수 있다는 사실을 결코 배우지 못할 수도 있다.

갇히는 것에 대한 두려움 – 혹은 결코 빠져나오지 못할 것에 대한 두려움

당신이 자신 밖의 다른 대상에 깊이 몰입하고 있을 때는 마치 터널 안으로 깊숙이 들어가는 것과 같다. 당신은 무언가에 완전에 몰두하는 것에 대해 꾸물거릴지도 모른다. 왜냐하면 과거의 어느 지점에서 당신은 옴짝달싹 못하고, 완전히 에워쌈을 당하고, 당혹스럽고, 그리고 그런 상태에서 탈출하는 데 어려움을 경험했기 때문이다. 나선형 행동의 몰입 단계가 밀실에 갇힌 것처럼 갑갑하게 느껴지거나 너무 제한적이어서 고통스럽다고 느낄 수도 있다. 어떤 일의 불가피한 요구가 점점 더 커지면, 어린 시절 중요한 타인과의 관계에 영향을 미칠 수 있는 허용을 거의 받지 못한 성인은 참을 수 없는 상황 속에서 보호받지 못한다고 느끼거나 무력감을 느끼게 되고, 이는 자율성의 상실로 이어질 수 있다. 성인이 되어 대인관계나 아이들의 학교생활, 지역사회 활동, 또는 노숙자들을 후원하는 일 등에 몰입하는 것이 어려운 이유는 모두 '일단 몰입하면 무슨 일이 일어날지 당신도 모른다'는 걱정 때문일 수 있다. 당신은 어디서 일을 중단하고 시작할지를 정확히 모른다는 것에 압도당할 수도 있다. 또는 당신이 통제할 수 없는 대상이나 환경이 찾아올 것에 대한 공포를 느낄 수도 있다. 당신은 과거에 누군가에게 이용당했거나, 뭔가를 빼앗겼거나, 속았거나, 웃음거리가 되었거나, 감당할 수 없는 요구를 받았거나, 혹은 공격당하기까지 했을 수도 있다. 만일 우리가 다음과 같은 능력에 대한 확신을 가지고 있지 않다면 우리는 몰입에 저항하게 될 것이다.

- 우리 자신의 욕구를 보살피는 것(그리고 타인의 욕구를 존중할 줄 아는 것)
- 우리의 안녕과 자율성을 조절하고 우선순위를 정하는 것
- 언제 어떻게 일을 그만두고, 시작해야 할지를 아는 것

이런 능력들은 온전함integrity의 핵심 요소이다. 그러나 이런 요소들을 확립할 수 있도록 지지받지 못하거나, 자신의 권리에 대한 통제감을 상실한다면 헌신하고 몰입하고 이에 대한 책임을 감당하는 것이 어려운 일이 될 수도 있다. 그리고 이런 불안은 관여하는 행위를 의심스러운 행동으로 보는 문화가 생겨나면서 더 강화되었다. 선생님들이 부적절한 행동으로 고발당할 것이 두려워 아이들을 토닥이며 위로하지 못하거나, 사고가 났을 때 응급처치를 하려다 실수해서 고소를 당할까 두려워 그 사건을 방관하게 되는 것처럼 말이다.

물론 이 모든 것의 이면에는 어떤 일에든 전심으로 뛰어들지 않고 미루는 태도가 있을 수 있다. 왜냐하면 어느 정도는 당신이 그렇게 하면 그 일을 너무 좋아하게 돼서 다시 빠져 나오기 어렵게 될지도 모른다고 생각하기 때문이다! 당신은 인간관계를 보호하는 중일지도 모르지만, 혹시라도 당신이 집 바깥의 일에 완전히 몰두하기라도 하는 날엔 그 관계는 분

명히 시험대에 오르게 될 것이다. 당신은 심지어 쾌락을 추구하는 것에도 거리를 두려고 할 수 있다. 또는 그 즐거움과 삶의 다른 부분의 격차가 너무 극명하다는 생각을 가지고 있을 수도 있다. 당신은 '그 일The Thing'을 통해 멋진 시간을 보내도 괜찮다. 그러나 당신은 이것이 그런 경우가 될 것이라고 믿지 않을지도 모른다. 특별히 당신의 역사 속에서, 쾌락에 대한 부정적인 추억을 가지고 있을 때면 더 그렇다.

인생에는 고통이 없어야만 한다는 믿음

이런 신념은 불편한 것이나 장해물이 있을 때는 뭔가가 잘못된 것이며, 문제를 일으키는 것은 반드시 제거해야 한다는 생각을 갖게 한다. 꾸물거림으로써 이런 목표는 달성되지만, 다음에 무슨 일이 일어나는지를 확인할 수 있는 기회는 줄어들 것이며, 우리는 문제를 극복하고 원치 않는 감정을 인내하는 방법에 대해 배우는 것을 회피할 수 있다. 우리는 우리가 가진 최악의 두려움에 귀를 기울임으로써 자신을 방해하며, 마치 아이가 원하지 않지만 때로는 꼭 필요한 일, 즉 주사를 맞아야 한다거나 시험을 보기 위해 집중해야 하는 고통이나 불편함을 거부할 때 한 발 물러나거나 양보해주는 부모처럼 우리의 가능성을 비활성화시킨다. 그리고 그 순간 내적인 힘과 지지를 상실하는 느낌을 갖기 때문에 우리는 더욱 저항하고 공황상태에 빠지며, 그래서 꾸물거리게 된다.

나는 '고통 없이 얻는 것이 없다'는 말을 믿지는 않는다. 이따금 당신은 어떠한 고통도 없이 근사하고, 흥겹고, 즐거운 방식으로 뭔가를 얻기도 한다. 그러나 몰입하고 그 상태를 유지하는 것은 불편감과 고통, 심지어는 위험을 야기하기도 한다. 정신적, 신체적, 정서적, 그리고 영적인 장애물을 극복하는 것은 굉장히 부담스러운 일이다. 하지만 일이 진행되고 고비를 넘기며 실수했다는 것을 배울수록 점차 사라지는 그런 종류의 고통과 뭔가가 심각하게 잘못되고 있다고 느끼는 고통의 종류에는 차이가 있다. 당신은 그런 고통의 의미를 혼동하고 있기 때문에 어떤 일에 몰입하는 것을 꺼릴 수도 있다. 꾸물대는 것은 일이 그렇게 즐겁지 않거나, 정말 끔찍한 순간에도 일을 계속하는 데 필요한 인내를 회피하는 수단이 된다.

어려움에 대한 잘못된 해석

당신은 왜 혼란스러워지는가? 어떤 문제가 단순하고 극복하기 쉬운지를 판단하고 인내하는 것은 가능한 일이다. 하지만 이런 분간이 어려울 수 있다. 당신은 다른 사람들이 당신에 대해 더 잘 알고 있다는 메시지를 어린 시절에 받았을 수 있다. 이런 사람들은 당신을 보살피기 위해 최선을 다했을 것이지만, 당신이 받은 메시지는 당신 자신보다 그들을 더 신뢰해야만 하며, 불편감이나 어려움에 대한 당신의 평가는 부정확할 것이라는 의미를 내포하고 있다.

> 파울라Paula는 자신이 담장에서 떨어지지 않고 균형을 잡을 수 있다는 것을 알고 있다(혹은 그렇게 생각한다). 그녀의 할아버지 론Ron은 파울라가 떨어질 것을 알고 있다(혹은 그렇게 생각한다). 파울라는 떨어질 것이다. 떨어질 수도 있기 때문에 론은 파울라에게 내려오라고 말한다. 론은 예전에 담장에서 떨어져서 팔꿈치가 부러진 적이 있었다. 그는 파울라를 사랑한다. 론의 불안은 자신의 낙상 경험에서 비롯된 것이었지만(그는 그때 많이 다쳤고 야단을 맞았다) 그 불안은 직간접적으로 파울라에게 전가될 수 있다. 파울라는 할아버지를 사랑했기 때문에 그의 말을 듣는다. 파울라는 불안해지고, 자신의 균형감각과 낙상 위험에 대해 확신하지 못하게 될지도 모른다. 이런 모습은 론의 생각을 뒷받침하게 되며, 파울라가 자신의 능력을 평가할 때 자신감을

잃도록 만든다.

또는 파울라는 담장에서 내려온 후에 아마 계속 했더라면 떨어졌을 것이라고 믿을 수도 있다. 그녀는 행동의 단계를 자신의 내적 단계로 전환하고 신체적, 감각적 경험으로부터는 멀어진다. 그 사건에 대한 그녀의 기억은 발을 헛디딜 수도 있다는 이미지로 구성될 것이다. 이 이미지는 일어난 적도 없고 자신의 경험에서 비롯된 것도 아니다. 담장 위에서 앞으로 한 걸음 내딛는 것에 대한 그녀의 감정은 이 기억에 의존하게 될 것이다. 어쨌든 파울라는 떨어졌을 수도 있다. 어쩌면 떨어지지 않았을 수도 있다. 더 정확히 말하자면 두 사람의 관계가 매우 견고하기 때문에 론의 메시지는 앞으로도 큰 영향을 미칠 것이다.

물론 론은 파울라가 자신의 안전에 대해 정확한 판단을 하지 못하는 경우 경고할 필요가 있다. 하지만 론은 파울라 스스로의 평가 능력을 평가해 줄 필요는 있지만 항상 론의 평가가 옳지는 않을 것이다. 이는 전적으로 파울라가 스스로 자신을 알아가는 데 지장이 없도록 얼마나 더 많이 또는 얼마나 더 적게 허용될 수 있는가의 문제이다.

우리 모두는 자기 자신이나 타인의 의견을 듣고 내적인 지식을 축적해간다. 이 사람들은 특히 우리의 어린 시절에 우리에게 중요한 사람들이다. 만일 당신의 경험이나 감정에 대한 다른 사람들의 예측이 당신의 실제 경험 및 감정과 자주 또는 근본적으로 차이가 있다면 당신은 의심과 불확실감을 가지고 성장하게 된다. 당신은 어려움을 평가하는 자신의 능력이나 생존하는 능력에 대해 확신하지 못하며 고통을 극복할 수 없을지도 모른다. 여기 우리 자신에 대해 파악하는 능력을 저해하는 메시지들의 예가 있다.

신체적 메시지 :

넌 배고프지 않아, 방금 먹었잖아

넌 피곤한 게 아니라 게으른 거야

소란 피우지 마라, 다치지 않을 거야

넌 조심스럽지 못하고, 어설프기만 해

능력에 대한 메시지 :

넌 춤을 잘 못춰, 리듬감이 없잖아

넌 저기 오르지 못할 거야, 균형감이 없는 걸

넌 그렇게 강하지 않아

넌 노래를 못해

넌 영영 취직을 못할 거야

그거 너무 위험하다

정신적인 메시지 :

너는 그리 똑똑하지 않아/네 언니가 똑똑하지

넌 수학을 잘 못해

넌 자기표현을 잘 못해

너한테는 너무 어렵겠다

네가 무슨 말을 한들 달라지는 건 없을 거야

정서적인 메시지 :

넌 당황하게 될 거야

사람들은 네가 화내면 널 싫어하게 될 거야

대체 네가 어떤 사람이라고 생각하는 거니?
울어서 그 사람들을 언짢게 하면 안 돼
넌 너무 과민해

관계에 대한 메시지 :
그녀는 별로 좋은 아이가 아닌 것 같다
남자는 감정적으로 말하면 안 돼
우리는 그런 이야기는 하지 않는다
아무도 네 말을 듣지 않을 거야

오래된 불안의 전이

만일 당신이 자신의 불안을 극복할 기회나 스스로 어떤 발견을 해내기 전에 하고 있는 일을 중단해야만 하는 일이 반복되었다면, 당신은 처음의 불안감을 이겨내고 새로운 일을 성취할 수 있다는 것을 배우지 못한다. 당신은 그 일을 지속할 경우 재앙이 닥칠 수도 있다는 오래된 메시지를 여전히 듣고 있을 수도 있다. 당신은 처음의 감정이 흥분이나 투지로 바뀔 때까지 그 감정을 참고 견딜 수 있도록 도움 받은 적이 없다. 사소한 불안을 마치 '뭔가 새로운 일이 일어날 것 같아'라는 신호처럼 사소한 불안 그 자체로 보기보다, 그 불안을 마치 홍수처럼 밀어닥칠 엄청난 불안감의 예고처럼 느낀다. 당신을 불안하게 하는 일이나 사람에게 더 깊이 관여하는 것을 회피하는 일은 일견 그럴듯해 보이지만, 동시에 더 많은 문제를 일으킬 수 있다.

프랜은 권위와 관련해서 회피하는 어려움을 겪는 조용하고, 상냥한 여성이었다. 그녀의 아버지는 폭력적이고 굉장히 권위주의적인 사람이었고, 그녀의 어머니는 결코 일을 시끄럽게 만들지 않는 편으로 항상 직면을 회피하려고 애쓰는 사람이었다. 그녀는 이런 어머니의 대처방식을 배우며 자랐다. 그녀는 심한 낙상 사고를 당해 오랜 시간 움직이지 못했는데, 이 기간에 그녀는 전문 간병인에게 의존할 수밖에 없었다. 그 중 한 명은 다소 무뚝뚝한 편이었는데, 프랜은 자신이 고통을 참거나 자기 스스로 일을 해결하는 등 그녀에게 도움을 요청하는 것이 너무 괴로울 정도란 것을 알게 되었다. 그녀는 아버지에 대한 두려움을 간병인에게 전이시켰고, 그녀가 살짝 찡그리면 언제 폭발할지 모를 정도로 엄청나게 화가 났다는 뜻이라고 믿었다. 통증이 심해서 결국 말할 수밖에 없게 되면, 그 간병인은 실제로 매우 짜증을 냈는데 그것은 프랜이 뒤늦게 말하여 자신의 상황을 더 악화시켰기 때문이었다. 그런 반응은 자연스럽게 프랜의 불안을 재강화했다.

만일 당신이 인딕을 오르며 찌릿찌릿한 근육 통증을 느낄 때마다 멈추게 된다면, 당신은 그리 높이 올라가지 못할 것이고, 또는 올라간다 해도 속도가 매우 느릴 것이다. 만일 당신이 단순히 '썩 재밌지 않다'는 불편감과 정말 멈춰야 할 만큼의 통증을 분간하는 법을 배우지 못했다면, 성인이 되어서 당신은 일의 진행이 까다로워질 때 그 일을 지속하는 것보다 꾸물대기를 선택할 것이다.

– 배우자와 처음으로 싸우기 시작했다
  이것이 관계를 그만둬야 한다는 것을 의미하겠는가?
– 매출실적이 떨어졌다.
  이것이 제품에 뭔가 문제가 있다는 것을 의미하겠는가?
– 학문적으로 실질적인 진전을 보이지 못하고 있다.

이것이 당신이 학위 과정을 그만둬야 한다는 것을 의미하겠는가?

– 의사가 당신이 말하고 있는데 깊은 한숨을 내쉬며 시계를 쳐다본다.
이것이 당신이 그 접수원에 대한 항의를 철회해야 한다는 것을 의미하겠는가?

아니면 인내하고, 상황을 개선하기 위해 무엇을 할 수 있는지를 찾아야 할 것인가?

보장된 결과를 바라는 것

시험공부나 다이어트, 금연, 운동 경기 출전을 위해 훈련하는 것, 경력을 계발하는 것, 한 사람과 충실한 관계를 맺는 것, 중요한 가치를 지지하는 것 등에 몰입하고 계속 열중하는 것에는 모두 긍정적인 결과에 대한 희망과 자신의 능력에 대한 믿음, 끈기와 건강한 자존감이 필요하다. 우리의 자원과 시간, 에너지, 사랑, 돈을 한 쪽에만 쏟아붓는 것은 위험부담이 있다. 만일 당신의 역할 모델이 이러한 영역에서 깊은 몰입을 회피하는 사람뿐이라면, 당신은 자신에게 몰두하는 것을 미루게 될 수 있다. 또한 타인으로 인해 직접적으로 상심하게 되는 경우도 있다. 예를 들어 어린 시절에, 특히 소년들 사이에서 공부하기를 좋아하는 아이는 친구들에게 '범생이'라고 평가절하당한다. 회사에서는 평균 이상으로 열심히 일하는 동료를 차별하는 문화를 형성하거나, 직원들끼리 서로 농담을 주고받으며 얘기하는 자리에 끼워주지 않을 수 있다. 특히 무관심한 문화가 형성된 곳에서는 더욱 그렇다. 다른 사람들의 두려움이나 불안감, 거절이나 실망에 대한 연단과 연습의 부족은 당신의 불안감 역시 심화시켜, 위험을 무릅쓰기보다는 몰입을 미루는 것이 더 쉬워질 수 있다.

그 이유는 당신이 아마 실제로 실패했기 때문일 수도 있다. 당신은 모든 시험에 합격했지만 여전히 취직을 못했을 수 있다. 훈련에 모든 노력을 다 쏟아 부었지만 대회에서 우승하지 못했을 수도 있다. 자기 사업을 시작해보려고 다니던 직장을 그만두었지만 집을 잃고 끝났을 수도 있고, 마음을 다해 사랑했던 사람에게 실연을 당했을 수도 있고, 나무숲을 지키기 위해 수년을 바쳤지만 지금은 그 숲이 고속도로 개발로 파헤쳐지는 것을 보고 있을 수도 있다. 당신은 실제로 다른 중요한 기회들을 놓쳐버렸을 수도 있다. 그것이 정말 소중한 것이었는가? 당신만이 판단할 수 있을 것이다. 우리는 확실한 보장이 있기를 원하기 때문에 최선을 다하는 것을 미룬다. 왜냐하면 하루 빨리 성공해야 하며 실패자로 보여서는 안 된다는 압력이 너무 크기 때문이다(영국에서 파산한 사람들에 대한 대우는 미국보다 더 가혹한 것이 그 실례다). 우리는 '~하면 어떡하지?'라는 질문의 대답을 찾는데 급급해서 전반적인 우선순위로부터 멀어진다. 우리의 앞길이 성공적일 것이라는 절대적인 확신을 얻기 위해 말이다. 그리고 이런 탐색은 몰입하는 것을 지연시키는 또 다른 이유가 된다.

어린 시절 우리는 어떤 일이 일어나기를 바랐지만 일어나지 않을 수도 있다는 것을 배웠어야 했다. 인생은 불공평할 수 있다. 그러나 이런 사실은 우리 또는 우리의 욕구가 잘못됐다거나 누군가가 비난을 받아야 한다는 것을 뜻하지 않는다. '그냥 그런 일이 있었을 뿐이다.' 우리는 '올바른' 결과만을 중시하며 과정을 가치 있게 여기는 법을 배우지 못했을 수도 있다. 초기에 이런 경험을 하지 못한 경우, 성인이 되어 실패를 경험하게 된다면 매우 큰 정신적 외상이 될 수도 있고 불필요한 회피 행동을 나타낼 수도 있다.

물론 모든 영역에서 무수한 개인적 사례들이 있고, 모든 악조건 속에서도 자신의 비전과 신념을 지켜가는 사람들이 있다. 스스로를 어려운 상황으로부터 분리시키고, 그 일이 어떤 일이든 간에 '이 일은 가치 있다.

내가 전념할 만한 가치가 있다'라고 말하는 것은 놀라운 용기와 끈기를 이끌어낼 수 있다. 용기와 끈기는 하루아침에 생겨나는 것이 아니다. 이것은 어떤 일을 해나가는 '과정' 중에 자라난다. 그러나 만일 당신이 용기나 결단력을 키울 수 있는 경험들을 하지 않는다면, 아마도 몰입하는 것을 미루게 될 것이다. 왜냐하면 당신은 스스로 그럴만한 사람이라고 생각하지 않기 때문이다. 어떤 일에 열중하고, 독립적이고, 용기 있는 사람은 다른 부류인 것처럼 생각하면서 말이다.

의심

선택하고 몰입하는 것을 미룰 때는 자기 의심을 더욱 키우고 있는 것이다. 뭔가를 하겠다고 말하고서 하지 않을 때마다 당신은 자신의 능력에 대한 확신을 두드려보는 것이다. 당신의 일부는 '정말?'이라고 말하기 시작한다. 그리고 점점 냉소적인 태도를 취하게 된다. 처음부터 자기 확신이 부족할 수도 있다. 만일 나선형 행동의 이 시점에서 미루기가 습관이 된다면, 의심은 이전에는 견고했던 구조와 신념까지 흔들면서 당신의 내면세계에 전염병처럼 퍼져갈 것이다. 극단적인 스트레스 상태에서는 자신을 방어하기 위해 갖은 의식 행위들을 하게 될 수도 있다. 예를 들어 이것저것 점검하기, 마술적인 생각하기, 계속해서 확신을 요구하면서 친구나 동료, 가족들을 벽으로 몰아 붙이기 등이 있다. 당신은 혹시 미쳐버리는 것이 아닌가라는 생각이 들 수도 있다. 당신은 미치지 않지만 마치 그런 것처럼 느껴질 수도 있다. 몰입하고 열중하는 것을 미루고 또 미룬다면, 그리고 계속해서 스스로에게 어떤 일을 하겠다고 다짐만 하고 하지 않는다면, 당신은 자신과 세상에 대한 신뢰감을 무너뜨리게 되고, 의심과 불확신감이 그 자리를 대신하게 된다.

물론 고문 기술자들이 여러 세기 동안 지독한 의심이 얼마나 고통스러운지를 잘 알고 그것을 하나의 무기로 사용해온 것은 물론이다. 그들은 모든 것에 대한 죄수들의 확신을 박탈했다. 다음 식사를 통해 시간을 아는 것, 그들의 가족이 살아있는지 또한 자신이 사형을 당할 것인지 등에서 말이다. 미루는 것 때문에 인생에 심각한 의심을 품게 된 사람에게는 인생의 경험이 마치 스스로 만들어낸 비극적인 감옥에서 생활하는 것과 흡사하다. 사람들이 이 단계에서 꾸물거리며 길을 잃었을 때는 종종 좌절감을 자신의 몸을 상해하는 것으로 전환시키기도 한다(앞서 Four Weddings에서 말한 것처럼 말이다). 몸을 때리고, 찢고, 자신의 살을 쥐어짜면서 말이다. '난 못해!'라는 공포와 마비된 상태를 행동으로 표현하려는 듯, 마치 거의 무력으로 자기 자신의 행동을 갈취하려 하는 것 같다. 입에서는 필요한 말이 떨어지지 않고, 발은 원하는 방향으로 움직여지지 않으며, 머릿속도 백지상태가 된다. 마비된 정신은 스스로 답을 찾거나 조치를 취하지 못하는 몸에게서 등을 돌린다. 공포와 의심은 더 확고해진다. 이것은 집단 괴롭힘을 당하는 아이의 상태인데, 우리가 이완하고, 생각하고, 계속 움직이며, 일을 완성하려고 앞으로 나아가기 위해 필요한 지지를 찾기 위해는 반드시 깨뜨려야 한다.

변화에 대한 이미지

중요한 변화를 겪었던 가장 최근의 경험을 생각해보라

그 경험을 대표할 수 있는 상징이나 은유, 이미지가 있는가?

변화 이전에…

변화 이전에 당신은 기분이 어땠는가?

변화 이전에 스스로에게 무슨 말을 했는가?

신체적으로 무슨 일이 일어났는가? 정서적으로는 무슨 일이 일어났는가?

가까이에 누가 있었는가? (실제로 옆에 있었거나 당신의 인식 속에서)

어떻게 자신을 돌보았는가?

변화 중에…

변화가 일어나는 동안, 또는 변화를 시도하는 중에는 기분이 어떠했는가?

변화의 과정에 대해 스스로에게 무슨 말을 했는가?

신체적, 정서적으로 당신에게 어떤 일이 일어났는가?

누군가가 옆에 있었는가?

어떻게 자신을 돌보았는가?

변화 이후에…

새로운 방식이 자리를 잡고 나니 기분이 어떠했는가?

새로운 상황에 대해 스스로에게 무슨 말을 했는가?

신체적, 정서적으로 당신에게 어떤 일이 일어났는가?

어떻게 자신을 돌보았는가?

누군가와 함께 있었는가?

변화의 과정을 통해

그 과정 중에 도움을 청한 적이 있었다면, 누구였는가?

성공적인 변화를 이끄는 데 (당신의 내·외부의) 어떤 자원들이 도움을 주었는가?

자기 자신과 타인, 변화에 대해 무엇을 배웠는가?

4단계

완수를 미루는 것

몰입을 미루는 것은 실제로 일과 과제에 몰입하는 데 필요한 사랑(또는 지지, 지식, 명확성, 시간, 미래에 대한 자신감 등)이 충분하지 못하다는 강한 감정을 수반한다. 완수하기를 미루는 것은 그 일을 마치고 떠나보내기에는 '아직 충분히 잘 하지 못했다'는 느낌과 관련이 있다. 여기에는 다음과 같은 것이 관련되어 있다.

미래에 대한 불안감

상실에 대처하는 것을 어려워함

완벽주의

만일 당신이 이 단계에서 문제를 가지고 있다면

... 당신은 아마 프로젝트를 마치기 직전에 흥미나 자신감을 잃게 될 수 있다. 당신은 적당하게 그 일을 끝내거나 깔끔하게 정리하는 것을 미룬다(어떤 사람의 욕실은 수년 동안 타일 몇 장만 붙인 채 방치되기도 한다). 다시 말하면, 당신은 활발히 몰입하는 것은 끝마치지만, '완전히' 일을 마치는 것은 미룬다.

... 당신은 최대한의 마감기한이 되어서야 일을 가까스로 마쳤고, 시간은 11시를 훌쩍 넘겼다. 마감기한이 없으면 당신은 어느 정도의 돈이나 시간, 에너지 등이 소요되어야 적당한지에 대한 내적 감각을 거의 갖지 못한다. 당신은 다른 사람들, 또는 상황이 억지로 강요하지 않으면 결정을 내리고 이행하는 일을 자주 미룬다. 당신은 이행하는 것이 못 견디게 어려울 것 같아 보이기 때문에 계속해서 마감기한을 넘긴다.

…당신은 너무 많은 것을 고려한다. 당신은 어떤 일을 마치고서는 또 다시 그 일에 손을 대고, 작은 추가 사항을 덧붙인다.

- *논의의 끝에 한 마디를 덧붙이거나*
- *출발 전에 하나만 더 정리를 하거나*
- *마지막으로 한 가지를 더 확인해보거나*
- *문장에 단어를 하나 더 추가하거나*
- *가게에서 물건을 딱 하나 더 사거나*
- *이 관계를 유지하기 위해 딱 한 번의 시도를 더 해보거나*

... 당신은 출발은 빨리 하지만 도착은 주로 늦는 편이다. 만일 당신이 영업사원이라면 당신은 주문을 받는 데는 귀재지만, 웬일인지 제때 발송을 하지 못하거나 배송 중에 뭔가 문제가 발생하곤 한다.

... 당신의 회사, 학교, 집은 어수선하며, 서랍이나 부엌, 보고서, 컴퓨터도 마찬가지다. 당신은 서류 정리나 철자 교정에 대해서는 금시초문이며, 분리수거 장소가 어디인지도 전혀 모를 수 있다.

... 당신이 책임이 있는 자리를 맡았을 때는 연락하는 것은 매우 잘하지만 우선순위를 정하는 것은 어려워할 수 있다. 당신은 자기 관점을 잃고, 나무가 아니라 숲을 볼 수 있을 만큼 멀리 떨어져서 보지 못하고 길을 잃는다

... 당신은 불편한 상황(낮은 보수, 스트레스, 피로, 불편한 관계 등)을 다른 누구보다 더 오랫동안 감내한다. 당신은 자신이 뭔가를 좋아하지 않는다는 것을 말하는 것을 매우 어려워한다. 당신은 일종의 순교자 같다.

... 당신은 뭔가를 계속 수집한다.

... 당신은 파티나 술자리, 대학, '옛 회사'에서 주로 제일 마지막으로

떠나는 사람이다. 당신은 크리스마스 때 매우 많은 사람에게 인사를 돌리지만, 거의 기억도 안 나거나 더 이상 별 감흥이 없는 사람들이다. 당신은 학창시절 또는 대학시절이 인생의 황금기였다고 생각하거나 초기의 어떤 관계나 직업이 가장 이상적이었다고 생각한다.

당신은 슬픈 이야기에서 편한 역할을 맡는 사람이다. 당신이 소외당하는 사람이 될 수도 있다는 가능성을 견디지 못해 거의 언제나 관계를 먼저 정리하는 사람이다.

… 당신이 책임을 맡고 있는 굉장히 어려운 어떤 일을 마쳐야 할 상황이 오면, 그리고 그 일이 엄청난 결과를 가져올 것이란 것을 알게 된다면, 당신은 침착하게 생각하기 어렵거나, 전혀 생각을 하지 못할 수도 있다. 당신은 구역질을 하거나 어지럽거나 비현실감을 느낄 수도 있다. 당신은 자동차 불빛에 옴짝달싹도 못하는 토끼처럼 느끼거나, 그처럼 행동할 수 있다. 당신은 미래에 대한 어떤 감각이나 직면하고 있는 상황 외에는 다른 어떤 외부 세계에 대한 감각도 없을 수 있다. 그 일은 생명을 위협하는 것처럼 느껴지고, 당신의 모든 본능은 생존에 초점을 맞추게 된다.

~

만일 당신이 아무것도 끝마칠 수가 없다면 당신은 결코 새로운 일을 시작할 수도 없다. 당신의 시스템은 석회가 낀 파이프나 막힌 동맥처럼 희끄무레한 때가 끼게 된다. 당신의 일부분은 여전히 과거에 묶여있기 때문에 앞으로 움직일 여력이 부족하다. 벽에 붙이지 못한 타일들은 당신이 거기에 걸려 넘어질 때마다 성가시게 할 것이지만, 당신은 아직도 끝마칠 시간을 전혀 내지 않는다. '아직 처리해야 할 일들'을 말 그대로 어디든지 항상 가지고 다닌다. 또는 정서적으로 모든 관계마다 답답하고 지친 기분을 느끼며, 갈수록 변화가 없는 일상에 그다지 재미를 느끼지 못한다.

친구들과 가족들은 당신이 일을 끝마치는 데 어려움이 있다는 것을 너무나 잘 알고 있다. 그들은 당신이 항상 늦는단 것을 알고 있다. 만일 그들이 합리적인 사람들이라면 더는 당신을 기다려주지 않을 것이다. 그들은 당신이 항상 지나치게 공을 들이지만 끝까지 마치지는 못한다는 것을 알고 있다. 그들은 당신이 일을 끝내려 할 때 우울감에 빠진다는 것을 눈치 채고 있으며 그 옆에서 고통을 받는다. 그들은 당신이 벌여놓은 타일에 걸려 넘어질 때마다, 낡은 집 다락방에 있던 가방들을 새 집으로 옮겨야 할 때마다, 또는 똑같은 지루한 얘기를 계속해서 들어야 할 때마다 짜증이 나게 된다. 그들은 당신이 새 옷을 샀으면 하고 바란다. 그들은 당신이 욕실에서 그렇게 오랜 시간을 보내지 않기를 바란다. 그들은 당신이 엄마를 대동하지 않고 주말을 함께 보내주었으면 하고 바란다. 만일 당신이 언제쯤 '이 정도면 충분하다'라고 말해야 할지를 정말로 모른다면, 당신은 그 말을 어디에서든 들어야 한다. 그러나 안타깝게도 당신을 제일 잘 아는 사람들은 당분간 또는 영원히 떠나버릴지도 모른다.

마비

내가 앞에서 언급한 '옴짝달싹 못하는rabbit-in-the-headlights' 경험을 한 사람들은 일을 끝마치는 데 심각한 문제를 가지고 있을 수 있다. 그들은 특정한 상황에서 반복적, 습관적으로 완성을 미룬다. 마치 인생의 연속성에 대한 감각을 잃어버리고 그들이 꼭 해야 할 일을 끝마칠 수 있을 것이라는 것을 모르는 것 같다. 자신의 행동이 가져올 결과를 상상하는 것은 공포스럽고 무시무시하여 그들은 마비 증세를 경험한다. 능숙하고 유능하게, 그리고 결단력 있게 움직였던 자신의 일부를 사용하는 것이 불가능해지는 것이다. 그들은 완전히 다른 상태에 빠진 것 같이 보인다. 또는 자신이 마치 감정적인 힘의 장force-field과 같은 곳에 들어와 있는 것처럼 느낀다. 아무도 볼 수 없고 느끼지 못하지만, 그 안에서 그들은 평소의 생각과 목소리, 통합감을 잃어버리고, 심지어 자기 몸조차 통제할 수 없다고 느끼기도 한다. 투쟁 혹은 도주fight or flight 사이에 붙잡힌 채로, 그들은 행동을 취하는 것과 점점 더 좁아져 숨쉬기도 어려운 상황에서 물러서는 것의 양극단을 오고 간다. 이는 상처받을 것에 대한 긴장과 예기불안을 더 심화시킨다. 그들은 자신의 운명에 대해 어떤 말도 할 수 없을 것 같고 발언권도 없을 것 같다는 무력감을 느낀다. 깊이 숨을 들이마시고 꼭 해야만 할 일을 하는 상황에는 질식감을 느끼고 익사하거나 괴멸될 것 같은 느낌을 갖는다. 그런 사람에게 그것을 계속하라고 말하는 것은 매우 잔인하다.

이렇게 완성하지 못할 것 같은 마음은 현재 상황의 요구가 과거에 그 사람이 경험했던 굉장히 고통스럽고 불안한 사건을 상기시킬 때 생겨날 수 있다. 그것은 일시적인 사건이었을 수 있다. 예를 들어 당신이 내린 결정대로 행동했거나 또는 당신의 신념이나 존재 때문에 신체적으로 상해를 입었을 수도 있다. 또는 당신이 어떤 일을 하자마자 사랑하는 사람들이 다치거나 중대한 개인적인 손해를 입는 등 끔찍한 사건이 있었는지도 모른다. 그리고 그 충격과 외상이 결단력 있게 일을 완수하는 것과 연합되었을 수도 있다. 또는 당신은 반복적으로 미묘하게 당신의 현실을 침식하고 위협하고 부정하는 경험을 했을지도 모른다. 고문 또한 이렇게 사람을 비인격화하고 분해시키도록 고안된다. 하지만 이런 상황은 똑같은 파괴적인 결과를 유발하는 조직적인 폭력만큼 극단적이지는 않다. 많은 아이들이 자기 자신의 결정을 끝까지 따를 권리가 있으며, 그렇게 해도 안전하고 사랑받을 수 있다는 것에 대해 확실한 믿음을 갖지 못한 채 자라난다.

사람들이 신체적으로, 정신적으로 또는 정서적으로 폭력적인 관계에 머물러 있을 때, 외부의 선의의 관찰자는 이렇게 똑똑하고 유능한 여성들과 남성들이 그런 관계에서 그토록 떠나기를 어려워하는 것을 이해할 수 없다. 그들이 보지 못하는 것은, 그들이 아는 그 사람이 일단 집으로 돌아가고 나서 맞이하는 심리적 붕괴 현상disintegration이다.

베키Becky는 엄격한 가정에서 자랐다. 모든 사람은 똑같이 행동해야 했고 '올바르게 행동해야만' 한다는 강한 규칙이 있었다. 그녀는 자신의 생각과 기분, 욕구를 따라 실제 행동을 해도 된다는 것에 대해 거의 지지를 받지 못했다. 그리고 자신들에게 맞지 않는 것의 존재는 무엇이든 인정하지 않는 부모에게 저항하는 것이 너무나 어려웠다. 이런 상황은 알코올 중독의 폭력적인 남편에게서도 반복되었다. 베키는 똑똑하고, 교육수준이 높았으며, 좋은 직장을 다니고 있었고, 책임감 있었으며, 성인으로서 성숙한 사람이란 평을 받았다. 그러나 저녁마다 집에 돌아가면 그녀는 자신이 받는 대우에 저항할 권리가 전혀 없는 아이처럼 부적절감과 죄책감을 느꼈다. 심지어 남편이 그녀를 모욕하고 계속 폭력을 행사하는데도 말이다. 집 안에서 그녀는 자신의 사고 과정이 '옴짝달싹 못하는going into glue' 느낌을 받았다. 그녀는 자신이 평화롭고, 행복하고 사랑스러운 관계와 가정을 누릴 자격이 있는 독립적인 사람이라는 감각마저 상실해버렸다. 그녀가 자신에 대해 가지고 있는 무능력감은 평범한 사건도 공격이 예상되는 악몽으로 여기게 만들었다. 근무 중에는 정말 상상할 수 없는 일인데도 말이다.

이런 상황에서는 '난 할 만큼 했어, 그만 둬야겠어'라고 말하거나, 그런 생각을 하는 것조차 불가능해진다. 베키가 집 밖에서 아무리 집을 떠나야겠다고 결심했다 한들, 스스로 현관문 밖으로 걸어나가는 것에 대한 공포와 시끄러운 사단이 날 것을 생각하면 자신의 결정을 따를 힘을 잃게 되는 것이다. 집에 있을 때면 집을 떠나겠다는 '금지된' 생각을 마음속에 품어서는 안 되는 것처럼 말이다. 그녀는 생존을 위한 지지나 사랑을 받아본 적이 없으며, 안정적이며 자신을 도와줄 내면의 부모가 잘 발달되지 못했다. 그리고 남편에게 헤어지자는 말을 미룰수록 그녀는 점점 더 자신의 무능함에 우울해졌다. 따라서 그녀는 이미 줄어든 자신감이 아예 파괴되도록 상황을 악화시키게 되었다. 그녀는 말 그대로 어떻게 그 관계를 끝내고 걸어나가는 과정을 견딜 수 있을지 상상조차 하지 못했다. 그녀의 머릿속에는 어떤 그림도 없다. 모두 공포로 가득한 아드레날린의 소용돌이 속에 쓸려나가버렸다. 그리고 오랫동안 수치심과 공포는 그녀가 다른 누구의 도움도 청하지 못하도록 했다.

이런 상황 속에서의 미루기는 끔찍한 논리이긴 하지만 이해는 할 수 있다. 이런 곳에서 오랫동안 생활하는 것은 한 사람이 자신에 대해 믿는 모든 것에 부정적인 영향을 미치며 삶을 멈추게 한다. 이것은 근본적으로 자신에 대한 믿음과 자존감을 무너뜨리며 인격의 기반을 약화시키고, 결과적으로 살고자 하는 의지까지 파괴시키기도 한다. 괴롭거나 학대적인 관계를 끝내는 것과 같이 중요한 인생 과제를 완수하기를 미루는 것은 무언가가 잘못되어 있음을 뜻하며, 외부의 실제적인 도움이 필요하다는 것을 뜻한다.

우리는 완수 단계에서 문제를 어떻게 발달시키는가

역할 모델의 부재

어떤 아이들은 일을 끝마치는 것을 본받을 수 있는 사람이 거의 없는 환경에서 자라난다. 그들 주변에는 온통 분류되지 않는 서류 뭉치와 영수증들, 반쯤 하다 만 프로젝트들, '미결 상태'인 꿈과 계획들이 있으며, 건강한 토론과 행복하고 사랑스러운 분위기가 형성되지 않고 해소되지 않는 긴장 상태가 지속된다. 이 아이들은 어른들과 서로 원하는 것을 놓고 대립하는 끝없는 의견 전쟁을 벌일 가능성이 있으며, 이는 양쪽 모두를 불만스럽게 한다. 만일 당신이 어떻게 일을 끝마쳐야 하는지, 어떻게 정리정돈을 해야 하는지, 어떻게 지속적인 대립각을 세우는 교착상태를 끝내고 앞으로 나아갈 수 있는지 본이 되는 어른들을 만나지 못했다면, 당신의 배움에는 큰 공백이 생기게 된다. 당신은 스스로 완성하는 것에 대해 깨달아야만 한다. 한편, 어떤 일에 몰두한다는 것은 그것이 아무리 불편할지라도 익숙해진다는 특징을 가지고 있다.

당신은 부모 중 한 사람으로부터 어떤 일을 미루는 것은 다른 사람들이 당신에게 다른 일을 부탁하지 않도록 설득할 수 있는 방법이 된다는 것을 배웠을 수도 있다. 항상 더 많은 요구를 받을 것이라는 예상은 완성하기를 미루는 좋은 이유가 된다. 당신의 현재 일상에서 직접적으로 거절하기 어려운 사람들로부터 이러한 비슷한 요구를 받을 수도 있다. 또는 '이 일을 빨리 끝내, 너한테 시킬 다른 일이 있으니까'라는 오래된 내면의 메시지에 반응하고 있을 수도 있다. 완성하기를 미루는 것은 당신이 여전히 반항하고 있다는 것을 의미한다. 오래된 압박이 사라졌음에도 불구하고 말이다.

우리가 일을 마쳤을 때 어떤 일이 벌어질 것인가에 대한 두려움

우리는 미지의, 낯선 상황을 접하는 것이 두렵기 때문에 완성을 미루기도 한다. 특히 우리에게 다른 사람들이 가지 않은 길을 성공적으로 걸어갔던 역할 모델이 없었다면 말이다. 당신이 어떤 일을 마칠 때는 그것이 간단한 과제든 아니면 즐거운 경험이든, 특정 프로젝트든 아니면 직업이나 외국에서 생활하는 것과 같은 장기적인 인생 경험이든, 대인관계나 인생의 발달 단계든지 간에 다음에는 무슨 일이 일어날지 확신할 수 없다. 우리는 '미지의 세계the undiscovered country'(윌리엄 셰익스피어의 『햄릿』 3장의 장면 9에 나오는)로 들어가는 것이며, 이것은 작은 죽음과도 같은 것이다. 우리는 앞으로 무엇을 발견할 것인가에 대해 온갖 두려움과 공상의 세계를 만들어낼지도 모른다. 우리는 무언가를 발견할까 봐 그것을 피하고자 꾸물거린다.

실패와 굴욕에 대한 두려움

실생활에서 행동하는 것은 당신을 가시적으로 드러나게 한다. 미루기는 당신이 작정했던 그 일을 마치고 나서 실패한 것처럼 보일 위험을 피할 방편이 될 수 있다. 또는 당신이나 다른 사람들이 당신이 썩 훌륭한 사람이 아니라거나, 그리 빠르지 않다거나, 능숙하지 않다고 생각할 겨를을 주지 않는 방법이 될 수도 있다. 어떤 사람들은 어떤 일에 도전하는 것 자체가 가치 있는 일이며 교훈을 얻을 수 있다는 것을 알지 못한다. 넘어지고 때로 실패하는 것은 그리 수치스러운 일이 아니며 매우 인간적인 일이다. 그건 얼마든 있을 수 있는 일이다. 실패했다고 해서 세상이 끝나는 것도 아니다. 그러나 우리는 실패로 말미암은 무가치감과 위축감을 경험하게 될 때 느낄 수치심을 두려워한다. 특히 우리가 훌륭한 결과를 얻을 것이란 기대를 받았거나 스스로 훌륭하지 않다는 생각이 들 때 이를 극복할 수 있도록 도와주는 사람이 없다면 말이다. 당신은 자신과 다른 사람들을 실망시키지 않기를 원할 수 있다. 당신은 이런 슬프고 무거운 감정을 회피하기 위해 행동을 미룬다.

그러므로 우리는 (상상 또는 실제의) 비난과 실패의 가능성을 막기 위해 완성을 미룬다. 다음과 같이 말하면서 말이다.

- *그래, 난 아직 마무리 작업을 하지 않았어*
- *난 아직 시험 준비를 충분히 못한 것 같아*
- *자격증이 하나만 더 있다면/홍보를 한 번만 더 한다면/살을 조금만 더 뺀다면 성공할 수 있을 것 같아*

등등

반면에 당신의 부모는 당신이 매우 똑똑하고 완벽한 사람이라는 인상을 심어주었을 수도 있다(실제로 주변 사람들이나 같은 학교에 다녔던 친구들보다 뛰어났을 수도 있다). 집에서 당신은 미래에 대한 희망과 안전감, 자신감을 느꼈을지 모른다. 그러나 가족 밖에서는 자연스럽게 자신이 받아들여질 수 있을지에 대한 불확신감을 느낀다. 그래서 당신은 완성된 결과물을 드러내는 것을 회피하기 위해 일의 완성을 미루는 습관을 발달시킬 수 있다. 그래서 그 일의 주체자로서의 당신 스스로에 대한 실수를 지적하고 비판도 한다. 만일 당신이 건강한 방식으로 강하고 직접적인 비판을 견디는 법을 배운 적이 없다면, 부정적인 반응을 들을 때 당신은 충격에서 헤어나오지 못할 것 같다는 생각이 들 것이다. 아마도 당신이 진짜 실수했던 과거의 경험에서 수치스러운 상황에 처하거나 수치심을 심하게 느낀 기억 때문에, 그 끔찍한 감정이 계속 남아있는 것일 수도 있다. 어떻게 나 같은 사람이 배우자를 고르는 문제에서 실수를 할 수 있단 말인가? 다음엔 어떤 일을 해야 할까? 어떤 분야를 공부해야 할까? 그래서 당신은 더 이상 당신에게 맞지 않거나, 슬프게도 결코 당신을 행복하게 할 수 없는 관계나 직업, 삶의 방식을 그만두는 것을 미룬다. 당신은 그것이 상처를 주고 공허감을 안겨줄 때까지 미소만 짓는다.

성공에 대처하는 것에 대한 두려움

어떤 사람들은 어린 시절에 부모에게 '열심히 하는 것'에 대한 관심을 받을 수 있다는 메시지를 받는다. 그러나 그것이 성공하게 되면 그들은 혼란스럽게도 냉담한 반응을 경험한다. 이 경우 우리는 성공이 우리를 고독하게 만들 것이란 믿음을 갖게 될 수 있다. 혹은 시기의 대상이 되거나 공격을 당할 수도 있고, 혹은 우리가 이전에 받아왔던 사랑을 빼앗길 수도 있다는 생각을 할 수도 있다. 이런 생각 중 일부는 여전히 유효하지만 그 외에는 더 이상 쓸모가 없을 것이다. 따라서 당신은 더욱 더 복잡한 상황 속에서 길을 잃어버리고 애를 쓰게 되는데, 이것은 마치 그 일을 끝마치려고 사투를 하는 것 같아 보인다. 몹시 약은 꾸물대는 행동이다. 이렇게 함으로써 당신은 다른 사람들에게 직접적으로 얻기 어려웠던 도움을 가까이에서 받을 수 있다.

만일 당신을 사랑해주었으면 하고 바라는 대상이 당신의 성공으로 위협을 받는다면, 혹은 과거에 그런 적이 있었다면 당신은 성공을 거둘 때 쯤 그 일을 완성하는 것을 미루게 될 수도 있다. 이는 당신이 가족이나 회사, 당신이 속한 분야나 계층, 인종 내에서 아무도 이룬 적이 없었던 뭔가를 성취할 때 발생할 수 있다. 당신 또는 다른 사람들은 당신의 성공을 배신으로 여길지도 모른다. 특히 당신의 성공이 이사를 간다거나, 직장을 떠나거나 더 높은 소득 계층으로 옮겨 간다는 것을 의미한다면 더욱 그렇다. 그리고 당신이 더 많은 자유와 사회적 유동성 또는 명성을 가지거나, 심지어는 '그저' 당신이 매우 행복하거나 꿈을 이루었을 뿐인데도 그럴 수 있다.

다른 사람의 질투에 대한 두려움은 축축한 손으로 당신의 뒷덜미를 잡고, 그 사람과의 관계를 편안하게 유지하기 위해 어떤 일을 완수하는 것을 미루게 할지도 모른다. 그리고 만일 그 사람이 당신의 어린 시절부터 중요한 사람이라면 당신은 머릿속에서 '날 떠나지마, 나를 능가하지 마, 나보다 더 훌륭하게 되어 내게 망신을 주지 마'라며 오래된 목소리가 속삭이는 것을 계속 듣고 있을지도 모른다. 또는 간접적인 방식일 수도 있다. '우리에게 없는 재능을 발휘하지 마, 우리가 갖지 못했던 기회를 잡지 마'와 같이 말이다. 당신에게 제한적인 메시지를 전달했던 그 사람이 당신을 가장 격려해주는 사람이었을 수도 있다. 이것은 일을 끝내는 것에 대해 굉장히 모순되는 감정을 느끼게 만들 수 있다.

> 배리는 가족들 중에서는 처음으로 대학에 진학하고, 전문적인 분야에서 자격증을 땄으며, 런던으로 이사하여 집을 산 첫 번째 사람이었다. 부모는 그가 공부하는 것을 격려해주고 성공하는 것에 대해 기뻐해주었지만, 종종 '모든 것을 다 안다고 생각하는 사람들'에 대해 폄하하는 말을 하곤 하셨으며 그들은 '인생이라는 대학'에서 얻는 경험을 통해 많은 것을 배웠고, 대개의 경우 배리에게 그의 성공이 환영받지는 못한다는 인상을 주곤 했다.

여기에는 주요한 세대적, 문화적 메시지가 내포되어 있을 수 있다. 그런 메시지는 개인적인 삶보다 더 넓은 차원의 것이며 알아차리고 질문하려면 많은 에너지가 필요하다. 우리가 성공 가능성에 대해 깊이 생각할 때 한편으로는 이상한 죄책감이 마음을 찌를 수 있다. 마치 우리가 그렇게 됨으로써 다른 사람을 다치게라도 하는 것처럼. 이것은 우리가 다른 사람보다 더 성공하고 뭔가를 더 잘하면서 동시에 사랑받을 수 있는 권리는 없다고 믿는 것처럼 보인다. 그래서 우리는 마무리를 미루고 우리가 반응하고 있는 이중 메시지를 결코 인식하지 못한다.

그러나 당신이 성공할 각오로 노력한다고 하여 누군가를 방치하고 떠나는 것이 되는가? 실제로 누가 당신에게 부족하고 후회하는 상태로 머물러 있으라고 요구라도 한단 말인가?

"이 두 가지가 다 안 된다면 나는 다른 좋은 일을 하도록 전진할 수 없어요. 나는 다른 사람들도 잘 되지 않으면 이익을 취할 수가 없어요. 그들이 괜찮다는 것을 확신하기 전까지는 말이에요."

쇼반은 은퇴 후에 해외로 이주할지 결정하는 것을 미루고 있었다. 그녀는 자신과 장애가 있는 여동생이 차이가 난다는 것을 드러내지 않으려고 했다. 그녀는 또한 조카가 자립해서 혼자 남겨지는 것도 막으려고 했다. 쇼반은 여동생을 잘 돌봐주려는 의식적인, 그리고 진실한 소망을 가지고 있었다. 하지만 결정을 미루는 것은 그 모든 사람에게 그녀가 어떤 선택을 하든 치러야 할 비용이 있다는 사실을 은폐해주는 방법이었다.

만일 당신이 성공해서 높이 평가받았던 경험이나 그런 역할 모델이 없었거나, 성공은 아주 냉정한 것이다(그리고 그것은 벼랑 끝일지도 모른다) 라고 느낀다면, 당신이 '남겨두고 떠나야 할' 사람들에 대한 염려는 부분적으로는 당신 스스로를 염려하는 것이다. 실제로 그럴지도 모른다. 그들 스스로도 정말 그런 두려움을 느낄 수 있고, 당신이 잘 나가는 것에 대해 정말 약해지는 느낌을 받으며 당신의 성공에 대해 복잡한 마음을 갖게 될 수도 있다. 하지만 동시에 그들이 상처받을 것이라는 것은 당신 자신의 공상, 즉 성공한다면 뒷바라지를 받고 싶다는 소망이 투사된 것일 수 있다.

이런 경우 우리는 다른 사람들이 그들 스스로를 돌보는 능력을 존중하는 법을 잊어버리고, 마찬가지로 우리 자신을 돌보는 우리의 능력 역시도 망각한다. 우리는 타인의 관대함과 사랑하는 사람의 성공을 통해 기뻐하고 감화됨으로써 질투심을 누그러뜨리는 그들의 능력을 과소평가한다. 그들의 능력은 우리 자신의 능력보다 더 놀라울 수도 있다. 쇼반은 여동생에게 자신이 해외로 나간다면 기분이 어떨지에 대해서 한 번도 물어보지 않았을지 모른다. 그녀의 여동생은 더 넓은 방을 얻게 될 것을 기대했을 수도 있고, 스스로 이사갈 계획을 세우고 있었을지도 모른다! 마무리하는 것을 꾸물댐으로써 우리는 타인에 대한 우리의 지식을 더욱 풍성하게 넓힐 수 있는 기회를 상실한다. 기존의 상호 관계에서 새로운 영역으로 접어드는 것을 감수하지 않으려 하며 말이다. 우리는 작고 안전한 상태에 머무르고, 변화와 성공, 성장을 미루며 획기적인 도약 이후에 따라오는 지저분하고 불완전한 감정의 물결을 저지하려고 한다. 우리는 미래를 볼 수 있다고 상상하면서 변화에 대한 우리의 불안이 그 관점을 왜곡시키고 있다는 것은 망각한다.

공허감에 대한 두려움

앞에서 말한 사례에서 보면, 다른 사람들의 반응은 부정적인 것이든 긍정적인 것이든 우리가 행동을 미룰 것인지 여부에 영향을 미칠 수 있다. 그러나 반대로 우리는 우리가 일을 완료하든 말든 아무도 주목하지 않을 것이란 생각을 하기 때문에 행동을 미루기도 한다. 이것은 우리가 한 일이 아무런 성과가 없으며, 인생의 넓은 차원에서 봤을 때 누구에게도 의미가 없다는 것을 뜻한다. 당신이 이미 하고 있는 것에 계속 열중하는 것이 아무리 진부하고 지루하다고 해도 일을 마친 다음 외로움의 늪에 빠지거나 낮은 자존감을 경험하는 것보다 나아보일 수 있다.

만일 당신이 건강하고 만족스러운 관계를 맺고 있지 못하며 삶에서 색다르고 신나는 일이 별로 없다면, 공허함에 대한 두려움은 당신이 빠지기 쉬운 덫이다. 만일 당신이 미래에 대해 당신의 타고난 자원에 대해 그리 확신하지 못한다면, 삶의 영역을 확장하고 어떤 일을 마무리하고 다른 일을 할 만큼 개방적이기가 쉽지 않을 수도 있다. 그러므로 우리는 끊임없이 힘과 시간, 자원을 이미 옛날에 끝냈어야 할 일에 쏟아 부으면서, 우리가 '끝났어'라고 말하며 자유롭게 문을 닫고 나오는 순간 앞에 펼쳐질 큰 공백을 두려워한다.

우리는 어린 시절에 이런 패턴에 대해 배웠을 수도 있다. 당신의 부모는 '됐다'라고 말하는 적이 없었거나 그렇게 말할 능력이 없었을 수 있다. 만일 당신이 결코 깔끔하고 건강하게 해결될 수 없는 긴장된 분위기 속에서 자랐고, 이런 정서적인 교착상태를 부모 역시 어떻게 깨뜨려야 할지 몰랐다면, 이런 상태는 당신에게 익숙해질 것이고 일을 끝낸 후에 발견하는 상쾌함이 두려운 공허함으로 보이는 것은 당연하다. 당신의 부모도 이와 유사하게 힘든 상황을 오랜 시간동안 견뎌왔고 개선의 방법을 찾지 못했다면, 당신은 불편한 상황을 개선하기 위한 내면의 허가를 거의 갖지 못할 수도 있다. 그 상황은 익숙해서 편하긴 하지만 불편하고 딱히 보상도 없는 상태다.

미지의 세계를 탐색하고 헤쳐나가는 우리의 능력을 폄하하고, 우리 자신의 체계에 매달리고 더욱 견고하게 만든다. 미루기는 우리 삶에서 즐거움을 앗아간다. 우리의 비전은 점점 더 작아진다. 인생의 한 부분에 불과했던 것이 전부가 되어버리고 다른 중요한 측면들은 잊히거나 무시된다.

"만일 내가 이 관계를 그만 둔다면, 가족과 집도 잃게 되지 않을까?"

"내가 만일 학교를 그만둔다면 나중에 직업은 가질 수 있을까?"

"만일 내가 다락방의 모든 상자를 다 처리하고 나면, 뭘 하면서 주말을 보내지?"

"만일 그 일이 없어지면 공허해질까? 그 일을 끝내고 나면 난 어떻게 될까?"

오랜 준비를 하기 시작한다. 우리는 계속해서 다시 일하고, 일을 쪼개고, 완벽하게 하고, 약간씩 수정하고, 조정하고, 새로운 각도에서 확인해야 할 것처럼 느끼게 된다. 일종의 정신적, 신체적, 정서적 반추를 하는 것이다. 얼마나 자주 강박적으로 일에 매달려 왔으며, 얼마나 자주 밖에 나가서 재미있게 노는 일을 미루어왔는가? '우리는 이 숙제를 꼼꼼하게 다 한 뒤에 나갈거야 / 이 회의가 끝나면 / 이 학기가 끝나면 / 2학년을 마치고 나서…' 또는 맨디처럼 일을 마쳐야 할 때도 계속해서 그 일을 되새김질 하지는 않았는가? 이것은 모두 보험증권과 같은 부속 장치이다. 당신이 공중으로 떠오를 경우를 대비해 당신을 무겁게 눌러줄 무언가를 필요로 하는 것이다. 만일 내가 일을 끝내면, 난 아무것도 남지 않을 거야. 그러니 계속 그 일을 하면서 충분히 그럴 수 있을 때까지 생산을 미루는 게 좋겠어. 하지만 왜인지 그 충분한 상태는 결코 찾아오지 않는다.

어딘가에 매달리는 강박적인 행동은 인생을 한 방향으로 축소시키고 다른 모든 것들을 희생시킨다.

린다는 마이클이 외도했을 때 그와의 관계를 끝냈지만 곧 자신이 실수했다고 생각했다. 그녀는 다시 재결합할 방법을 찾기로 결심하고 자신이 무엇을 잘못했는지 생각해보기로 했다. 마이클이 분명히 그녀에게 더 이상 관심이 없다는 사실에도 불구하고 그녀는 깨어있는 시간 내내 관계를 회복시키려 노력했고, 그에 대해 생각하고, 그가 보낸 편지와 이메일을 읽고 또 읽었다. 그녀는 식욕이 감소하고 불면증을 경험했다. 프리랜서 실내 디자이너인 린다는 자신의 집중력이 영향을 받고 있다는 것을 깨닫게 되었다. 그와 헤어지게 된 사건을 재구성하는 데 에너지를 너무 많이 쏟아붓고 있었기 때문에 그녀는 더 이상 일에 집중할 수 없었다. 자신의 실수를 찾아 헤매는 것은 애착관계를 유지하는 그녀의 방식이 되었다. 자신이 사랑했던 남자를 잃은 슬픔을 방어하기 위한 절박한 시도를 하면서 그녀는 지치고 소진되어갔다. 그녀는 계속해서 끊임없이 마지막을 인식하고 수용하는 그 잔인한 순간을 미루고 있었다.

복수

당신이 어떤 일(또는 사실은 모든 일)을 잘할 것으로 기대를 받는다면, 당신이 잘했을 때 사람들이 당신 때문에 기뻐하고 자랑스러워할 만한 것이면 일이든, 관계든, 삶의 어느 영역에서든 당신은 일을 완성하고 성취하는 것을 미룰 수도 있다. 그들의 기대에 대한 반항으로 말이다. 이것은 일종의 복수다. 불행히도 그들의 기대를 박탈함으로써 당신 역시 큰 만족감을 얻지 못한다.

스티븐의 아버지는 최고의 정신과 의사로 총명한 아들이 자신의 뒤를 잇기를 바랐다. 스티븐은 모든 학과 성적이 뛰어났으며, 의과대학에도 합격하고, 의사가 되길 원한다고 말하긴 했지만, 계속해서 폭음을 하고 마약에 손을 대기도 했다. 졸업시험 직전에 그는 정신증적 발병으로 정신과 병동에 입원하게 되었다.

완벽해지기를 바라는 것

만일 당신이 완벽주의적 성향을 가지고 있다면 일을 끝내는 것을 미룰 가능성이 높다. 왜냐하면 당신에게는 소아과 의사이자 정신분석가인 위니코트가 말한 '매우 좋다'는 표현에 대한 개념이 없기 때문이다. 아이러니하게도 이것은 부모가 매우 완벽주의적인 사람이었거나, 혼란스러운 부모 밑에서 자란 경우 모두에 해당할 수 있다. 미루기는 완벽함에 다다를 수 있을 것이며 그때 인생은 더 나아질 것이라는 환상을 지키기 위한 수단이다. 완벽한 상태가 존재한다는 환상을 깨뜨리는 것은 굉장히 고통스러운 일이 될 수 있다. 이것은 당신의 기준에서 조금씩 못 미치는 상태가 되는 것을 뜻하기 때문이다. 우리의 희망과 꿈의 표면적 모습이 우리의 내적인 소망과 썩 일치하지 않을 때 실망감을 참는 것은 앞으로 나아가는 것의 일부다. 만일 당신이 환멸감과 만족감에 대처하지 못한다면, 당신은 이런 고통스러운 감정을 회피하고자 행동을 미루게 될 것이다.

마감기한을 사용하는 것

많은 사람은 마감기한에 맞춰 힘든 일을 잘해내는 것처럼 보인다.

당신이 무언가에 직면해 있다고 생각해보라. 무엇을 할 것인가?

마감기한이 얼마나 남았을 때야 당신은 그 일을 실제적으로 느끼게 되는가?

마감기한이 당신에게 미치는 영향은 무엇인가? 움직이게 하는가? 힘이 나게 하는가?

마감기한 이전에 일을 잘 마칠 수 있는가?

아니면 마감기한을 보고 처음에는 편안하고 무심하게 있다가 그 일을 하지 않으면 안 된다는 것을 깨달았을 때 (공황상태와 불안의) 아드레날린이 왕성하게 분출되는 밤을 맞이하는가?

마감기한이 당신에게 효과가 있다면, 그 방법을 사용하는 것은 아무런 문제가 되지 않는다. 종료 시점이 있다는 것은 명확성, 경계, 밀어붙일 대상을 제공해주며 짜릿함이 담겨 있다. 우리는 모두 제한선을 필요로 한다. 그러나 마감기한이 극적인 것들을 계속 불러일으키는 합리적인 이유가 되기 시작하면, 이는 역효과를 가져온다. '마지막 순간에 이 일을 해야지. 그럼 끝마쳐야 된다는 생각을 하게 될 거야'라고 말하는 것보다 '난 마쳐야 할 기한 이전에 이걸 하겠어'라고 확신하는 것이 두려울 수 있다. 다시 말하면 완성된 결과물이 어떠할 것인지에 대한 책임지기를 포기하는 것이다.

왜냐하면 당신이 모든 일을 끝까지 미루면 당연히 당신이 원하는 기준에 맞추어 만족스러울 만큼 완성한 다음 되돌아보고, 점검하고, 어떤 것은 빼고, 개선할 시간이 없다. 그래서 당신은 '시간이 좀 더 있었다면 더 잘 할 수 있었는데(새로운 환상)'라고 말하거나 생각하게 되는 것이다. 당신은 막 완벽함에 대한 원래의 환상을 다시 만들어낸 것이다. 당신의 상상 속에서는 이상적인 프로젝트가 여전히 존재한다. 다시 말하면 당신은 여전히 무엇인가에 붙잡혀 있고, 앞으로 나아가지 못하며, 계속 잡아두고 있다. 이상향에 붙들려 있는 것은 당신이 '만약 ~하기만 하다면' 완벽하게 일을 끝낼 수 있었다는 은밀한 신념의 일부이다. 마감기한을 습관적으로 사용하는 것은 자신의 판단력을 훈련하는 법을 배우는 경험을 미루는 수단이며, 우리 자신의 이상적인 관점을 포기하지 못해 미적거리는 것이다. 이것은 책임을 지고 성장하기를 회피하는 수단이 된다.

'시간이 조금만 더 있었다면'이란 보호막을 없앤다면, 우리는 완벽하지 않은 삶에 열린 마음을 갖게 된다. 마감기한이 닥치기 전까지 일을 미루는 것은 일종의 통제이며, 통제가 안 되는 척 가장하거나 반항하는 것이다. 이는 진정한 쇄신과 새로움의 경험 가능성을 궁극적으로는 빼앗아간다. 마감기한 전까지 행동을 연기하는 삶은, 극도로 흥분되는 과장된 상태를 경험한다 하더라도 수동적인 경험이 될 수 있다.

5단계

멈추기를 미루는 것

마지막으로 당신은 숨을 돌리고 휴식을 취하는 것, 즉 멈추고, 긴장을 풀고, 아무것도 하지 않고, 그저 가만히 있는 것을 미룰 수 있다. 이것은 다른 단계와 마찬가지로 나선형 행동의 중요한 부분이다. 겨울에 나무가 활동을 중단하는 것처럼 필수적이며, 몸과 영혼이 회복의 잠을 자는 것처럼 근본적인 일이다. 그러나 어떤 사람들은 아무것도 하지 않는 것을 견딜 수 없이 고통스럽고 불편한 것으로 생각한다. 그래서 그들은 몸이 심근경색, 뇌졸중, 극단적인 경우에는 죽음과 같이 다른 선택의 여지가 없을 만큼 극명한 신호를 보낼 때까지 휴식, 재충전, 회고를 위해 일을 중단하기를 미룬다.

나는 이 단계를 휴지기라고 부른다. 왜냐하면 아무것도 정말 완전히 멈추거나 중단시킬 수 없기 때문이다. 설령 죽음이라 할지라도 말이다. 우리 모두에게 휴식과 휴가와 조용한 시간이 필요하다는 것은 분명한 사실이다. 그렇다면 왜 우리는 이것을 미루는가?

만일 당신이 이 단계에서 문제를 가지고 있다면

… 끝낸다는 것은 당신에게 큰 의미가 없을 것이다. 왜냐하면 당신은 이미 다음 일에 몰두하고 있기 때문이다.

… 당신은 작별을 고하는 것이 매우 어색하게 느껴져서 가능하면 피하려고 할 것이다. 누군가 당신을 떠날 때, 당신은 그들이 어떻게 생겼는지 기억하는 것이 어렵다는 것을 알게 된다. 잘 기억하지 못할 것이다. 만일 당신이 떠나는 경우라면 당신은 과거에 어떤 일이 있었는지 빨리 잊어버리게 될 것이며, 그것에 대해 생각하는 것을 그리 좋아하지 않을 것이다.

… 당신은 종종 바람을 피워 새로운 연애를 시작해왔다. 또는 사귀던 사람과 헤어지자마자 얼마 안 되어 새로운 연애를 시작하곤 했다.

… 당신은 애초에 이전 상황(직장, 대인관계, 직업 선택, 가정 등)과 유사점이 없었던 상황에서 똑같은 실수를 범하곤 한다.

… 당신은 업무 외 시간, 조직화되지 않은 시간이나 관계를 매우 어려워한다. 업무가 끝나서 팀원들과 함께 술집에 가게 되면 갑자기 매우 어색하고 불편해진다. 당신은 그들과 비공식적인 방식으로는 어떻게 관계를 맺어야 할지 전혀 알지 못한다.

… 당신은 오랫동안 피곤에 시달렸다. 어쩌면 소진되었을 수도 있다. 하지만 당신은 자주 쉬는 법이 없다. 당신은 신경을 꺼두는 법을 전혀 모른다.

… 당신은 하루 쉬기로 했지만, 필요하다고 느껴지는 만큼 충분한 휴식을 취하는 법이 없다. 당신은 업무 또는 집에서 '해야만 하는' 일들을 생각하게 된다. 당신은 숙면을 취하지 못한다. 또는 잠을 엄청나게 많이 자며 꿈을 거의 꾸지 않는다.

… 당신은 몸이 바쁘지 않으면 지루해하거나, 초조해지고, 우울해지거나 안절부절 못한다. 당신은 아이들이 쉴 새 없이 어떤 활동들을 하지 않으면 지루해지지 않을까 걱정한다. 당신은 당신의 애인/배우자/친구와 신나는 일을 하지 않으면 그들이 싫증을 내지 않을까 걱정한다. 걱정할 것이 아무것도 없는 상황에서도 당신은 그런 걱정을 하게 된다. 당신은

줄을 서서 기다리는 것을 견디지 못한다.

… 당신은 즐거움을 얻기 위해 산책을 나가는 일이 거의 없다. 당신은 일몰을 눈여겨보지 않고, 계절이 바뀌는 것이나 나뭇잎이 나무에서 새로 돋아나는 것(또는 떨어지는 것)도 알아채지 못한다. 당신이 그렇게라도 한다면 앞으로 해야 될 정원 가꾸는 일이 떠오른다.

… 뭔가 새로운 것이나 신선한 것을 찾는 것은 매우 드문 일이 되었다. 당신의 후각은 형편 없다.

… 당신은 깊은 호흡을 들이마시거나 천천히 지속적으로 숨을 내쉬어 본 적이 거의 없다.

~

만일 당신이 휴식을 취하는 것을 미루는 사람이라면 당신은 아마 항상 피로를 느낄 것이다. 혹은 당신은 주위의 어떤 사람들보다도 강한 에너지가 솟구치는 경험을 했다가, 한 순간이라도 속도를 늦추면 완전히 탈진하는 것을 교대로 반복할지도 모른다. 당신은 대중교통을 탈 때마다 잠을 자거나, 사돈집에서 점심을 먹은 후에, 심지어는 위험천만하게도 길고 지루하게 곧게 뻗은 고속도로를 지날 때 깜빡 잠들 수도 있다. 당신은 새로운 하루를 맞는 진정한 즐거움을 위해 아침에 침대에서 일어나려는 욕구가 무엇인지를 완전히 잊어버렸을 수도 있다. 당신은 종종 자동으로 움직이는 것처럼 느낀다.

당신은 항상 다음 일에 눈을 돌리는 사람으로 알려져 있다. 당신은 일을 진행시키는 사람이며 이미 엎지른 물을 두고 한탄하는 사람이 아니다. 그와 상관없이 일을 진행시킬 수 있는 사람이다. 어떤 사람들은 당신의 이런 능력을 동경한다. 그러나 당신의 이런 능력에 의지하는 바로 그 사람들이 당신은 섹스 후에 안아주지 않고, 만남이나 관계에 있어 좀 더 건강한 대인관계의 원동력에 대해 논하려고 하면 요점을 보지 못하며, 미래를 향해 달음박질친 뒤에 남겨진 혼란—또는 이미 완전히 엎질러진 물—을 알아채지도 못한다고 불평한다.

당신은 책임감이 매우 강한 사람이다. 당신은 아마도 자신이 계속 일하지 않으면 아무 일도 완성되지 않을 것이라고 생각한다. 또는 당신이 일을 멈추면 다시는 그 일을 시작할 수 없게 될 것이라고 생각한다. 다시 말해서 '만일 내가 그만두면 끔찍한 일이 일어날 거야'라고 생각하는 것이다. 비행기가 연착되거나 버스가 늦어져서, 또는 한가한 저녁을 함께 보낼 사람이 아무도 없어서 쉬어야 할 상황이 오면, 당신은 이유 없는 화나 분노, 좌절감, 불안, 또는 우울이라고 해도 될 정도로 극단적인 초조함, 안절부절못함, 짜증을 느낄 수도 있다. 나는 운전자들의 난폭운전이 일종의 변형된 긴장 과다의 표출 행동이며, 휴식 취하는 것을 미루고, 생각하는 속도대로 계속 달리는 것이 앞으로 나아가는 유일한 길이라는 환상과 관련이 있을 것이라고 믿고 있다.

직장이나 사람들과의 관계 사이에서 쉬는 법이 없는 사람들, 심지어는 말하고 생각하는 것 사이에 쉼이 없는 사람들은 통제에 대한 강한 욕구가 있다. 그들은 의지에 따라 기능하며 삶 속에서 스스로를 몰아 붙인다(또는 자신을 질질 끌고 가서 더 지칠 수밖에 없게 만든다). 그들은 척추 한 가운데에 누군가가 계속 자신을 밀고 있는 것 같은 통증을 자주 느낀다. 휴식을 미루는 것은 종종 심각한 신뢰 부족에서 기인하기도 한다. 당신이 다음 약속, 프로젝트, 경험 또는 사람들을 향해 쉴 새 없이 달려갈 때마다 당신은 스스로 에너지와 창의력, 진실한 감정이나 느낌이 자연스럽게 솟아나는 경험을 거부한다. 가만히 내버려두면 그런 감정들은 당신을 공허한 상태에서 새로운 방향으로 나아갈 수 있도록 반드시 모습을 드러낼 것이다. 모든 것이 항상 똑같아 보이는 게 이상할 것이 없다. 인생은 항상 똑같은 대본을 따라 움직인다.

만일 당신이 휴식을 미룬다면 당신은 미래의 가능성을 배제해온 것이다. 그리고 이전에 알았던 것을 바탕으로 진부하고 똑같은 패턴을 마지못해 반복하게 된다. 만일 당신이 음식을 조리할 때처럼 어떤 과정을 밟는 경험과 다음번에는 무엇이 당신을 자극하는지 보려고 기다리는 것을 통해 얻을 수 있는 새로운 교훈들을 통합할 기회를 놓쳐버린다면, 당신의 미래에 대한 선택과 가능성은 제한된다. 다시 말하면 당신의 에너지는 자리에서 일어나 계속하는 방향으로 흘러가기 때문에 당신이 정말로 일어나 일을 계속 하고 싶을 때 '음, 그냥 계속 진행하는 게 낫겠어. 이미 지나간 일을 두고 울어서 뭐해. 이전의 영광에 기댈 순 없지'라고 말하면, 그때마다 당신의 미래는 자신을 믿는 능력을 약화시키며 자신의 욕구와 감각들이 회복되는 자신감을 갖지 못하게 한다.

어떤 일이 일어날지 기다리기보다는, 당신이 꼭 필요하다고 여기는 그 생각에 딱 들어맞는 새로운 관계를 바라고 찾는 것이 이와 유사하다. 당신은 어떤 일을 벌이지 않으면 그 일이 결코 일어나지 않을 것이라는 생각을 한다. 이것은 선택하고 몰입하기 단계에서 행동을 미루는 사람들이 가진 신념과는 반대되는 생각이다(당신은 이 부분에서는 전혀 문제가 없을 것이다). 예정된 것이 없는 상태에서는 예상치 못한 흥미진진한 기회들이 생길 수 있다. 그것은 당신의 부담스러운 책임감을 덜어준다. 하지만 당신은 너무 빨리 달려가느라, 또는 너무 지쳐버려서 제대로 주의를 기울이지 못할 수도 있다.

휴식을 취하는 것을 미루는 것은 치명적인 일이 될 수 있다. 심각한 일 중독자들은 그들이 숨 쉬고 생활하는 모든 곳에서 항상 일을 하고 있으며, 이는 마약 중독자들이나 알코올 문제가 있는 사람들만큼이나 생명의 위험을 무릅쓰는 습관을 가지고 있는 것이다.

> 레이첼은 일주일에 7일 내내 일하면서도 계속해서 스스로 새로운 일을 시작하고, 자신의 일을 다른 사람에게 위임하지 못한다. 그녀는 말 그대로 아침부터 밤까지 계속 일하며, 다른 어떤 대외 행사나 대인관계보다 업무상 전화나 회의에 우선순위를 둔다. 그녀는 자신이 일을 하는 데 얼마나 많은 시간을 보냈는지에 대해, 그리고 심지어는 오랫동안 미루어왔던 휴가에 소설책 속에 몰래 서류 업무를 가져왔다는 것에 대해 거짓말을 했다. 마치 알코올 중독자들이 종이봉투 안에 보드카 병을 숨겨오는 것처럼 말이다. 그녀의 배우자는 수개월 동안 다툰 끝에 마침내 그녀와 헤어졌다. 레이첼은 크리스틴이 너무 소유욕이 강하고, 요구가 많고, 자신을 조종하려 한다고 비난했다. 그러나 크리스틴이 요구한 것은 단지 레이첼이 함께 있겠다고 계속 약속했던 '곧'이라는 시간이었다.

일 중독에 관해 내가 알고 있는 가장 탁월한 비유는 깊은 바다 잠수부와 관련된 것이다. 잠수부들이 그 이상 내려가게 되면 뇌에서 특정한 화학적 변화가 일어나는 임계수심이 있다고 한다. 이보다 더 깊이 내려가게 되면 당신은 혼란스러워지고 방향을 잃기 시작하여, 더 이상 호흡을 위한 산소마스크가 필요가 없다고 '생각'하기 시작한다는 것이다. 당신은 심지어 마스크를 벗어버릴 수도 있다. 얼어붙을 만큼 추운 산에서 옷을 벗어던지기 시작하는 것도 이와 유사한 저체온증 초기 사인이다. 누군가 당신을 저지하려 하면 당신은 매우 난폭해진다. 더 끔찍한 것은 당신을 구조하려는 사람이 당신과 똑같은 깊이만큼 내려와서는 안 된다는 것이다. 만일 그렇게 되면 그들도 똑같은 증상을 경험하게 된다. 그러므로 그들이 당신을 어떻게든 저지하지 못하면, 그들이 할 수 있는 일은 그저 지켜보는 것이다. 자신의 일 속에서 완전히 길을 잃어 휴식을 위해 숨 돌리는 일을 계속 미루는 사람 가까이에 있는 것은 이와 마찬가지로 굉장히 마음 아픈 일이다. 당신은 그들이 언제 지쳤는지를 더는 깨닫지 못한다는 것을 알게 된다. 당신은 그들이 계속 일하는 이유를 듣게 된다. 더 심한 경우 그들은 더 이상 당신에게 변명조차 하지 않는다. 그들은 가까이 갈 수 없는 대상이 된다. 그들은 자기만의 문제투성이의 논리에 몰두한다. 당신은 그들이 점점 더 비효율적인 방식으로, 힘들게 자신을 몰아붙이면서 와해되는 것을 지켜볼 수밖에 없다.

완전히 기진맥진하고 정신적, 정서적, 신체적 자원이 완전히 고갈되는 증상은 이전 과제가 여전히 미완성인 상태로 남아있음에도 불구하고 광적으로 새로운 프로젝트를 시작하려는 충동이 일어나는 것이다. 마치지 못한 일을 잘 끝내는 것이 몹시 어려우며, 일을 마치면서 생긴 공백을 직면하는 것은 너무 고통스럽다. 앞을 향해 달려가는 것은 공기를 찾는 유일한 방법이다. 다시 반듯한 수평선이 보이는 것과 같은 환상을 보는 것처럼 말이다. 하지만 필연적으로 끝내지 못하고, 소화되지 않은 과거가 목을 조르듯 따라와서 서류들을 책상에서 이리저리 치워야만 하고, 컴퓨터 스크린을 초점 없이 훑어보며, 식당 벽을 멍하니 응시하는 상태가 된다.

정서적으로는, 고된 경험 뒤에 휴식과 반성의 시간을 미루는 것은 감정을 느끼지 못하게 한다. 일종의 마비인 것이다.

제니퍼의 아기인 샘은 15개월 때 갑작스럽게 죽었다. 의사의 말에 따르면 그녀가 할 수 있는 최선의 방법은 '다른 아이를 갖는 것'이었다. 장례식을 마치고 집에 돌아왔을 때 그녀는 자신의 남편 탐이 아이 방을 깨끗이 치워서, 샘에 관한 흔적이 아무것도 남아있지 않다는 것을 발견했다. 탐은 아이에 대해서, 심지어는 아이의 죽음에 대해서도 이야기하려 하지 않았다. 제니퍼는 의사의 제안대로 아이를 가져보려 노력했고 샘을 마음 밖으로 밀어내려고 했다. 부부는 정말 또 다른 아이를 갖게 되었다. 그러나 제니퍼는 그 후 20년 간을 정신과 병동의 입원과 퇴원을 반복하며 지냈다. 그녀의 일부분은 '상관없이 살아가지' 못했던 것이다. 그녀가 사랑스러운 아기를 잃은 공포와 고통을 완전히 인식할 수 있도록 스스로를 허락하기 전까지 제니퍼는 그 아이를 붙잡고 있었다. 일종의 안개 속에서 삶을 살아가려는 시늉만 하면서 말이다.

음식을 소화하는 것처럼 어떤 사건이나 경험, 생각, 감정을 소화하는 것은 시간이 걸린다. 동화assimilation에도 시간이 걸린다. 통합하는 데도 시간이 걸린다. 우리의 내장기관은 소화하고 흡수하고 영양분을 취할 시간이 너무 부족하면 섭취한 음식의 양과 관계없이 배탈이 나거나 영양실조에 걸리게 된다. 유일한 해결책은 잠시 먹는 것을 멈추고 휴식을 취해서 자연적인 과정이 진행될 수 있도록 하는 것이다. 이 과정은 우리가 스스로를 돌아보는 시간을 가질 때도 동일하게 적용된다. 이것은 다음에 어떤 일이 일어날 것인지에 대한 통제권을 내려놓는 것이다. 만일 우리가 이런 공백기를 가지다면 우리는 쌓여있고 억눌렸던 온갖 감정들과 옆으로 밀어두었던 생각들, 벽난로 위 꽃병 뒤에 꽉 차 있는 누런 편지 봉투들, 그리고 헛간에 있는 것이 무엇이든지 이제는 빛 가운데 나오도록 용인하게 된다. 이런 감정의 일부는 감당하기 너무 힘든 것일 수 있다. 처리되지 않은 감정이 더 많을수록 사람들은 잠재적인 불편감을 더욱 더 억누르고, 억눌러서 회피하고자 한다. 모든 결과들은 우리에게 과거에 우리가 회피했던 결과를 경험할 가능성을 제공한다. 만일 우리가 이것을 거부하면, 우리는 신체적으로, 정신적으로, 정서적으로 새로 시작하는 것이 불가능해질 것이다. 우리는 점점 무감각해지고, 방향을 잃고, 소진된다. 인생은 의미와 감각과 즐거움을 잃고, 우리는 흥분하거나 자발성을 지니지 못하고 심지어는 유머 감각도 잃게 되는데, 이 능력들은 모두 우리가 바라는 인생의 모습을 강요하는 신념이 아니라 우리의 내적 감각을 인식하고 이해할 때 가능해진다.

결말의 고통, 즉 공허감에 대한 공포를 회피하려는 노력을 통해 우리는 인생을 대충 지나가게 되며, 온전한 즐거움과 만족을 누리지 못한다. 만일 우리가 휴지기를 갖지 않고 다음 일을 향해 돌진한다면, 우리는 있었던 일 또는 우리가 성취한 일을 즐기고, 감사하고, 어디까지 도달했는지를 축하할 실질적 기회를 놓치게 된다. 우리가 만일 사실을 인정하는 것과 좋은 결과를 얻은 일에 대해 흡족한 감정을 즐기지 못한다면 좋은 기회를 놓치게 된다. 우리가 몰입했던 것에 쏟아부었던 모든 노력을 평가절하하는 것이다. 우리는 충분한 만족감을 느끼지 못했기 때문에 다음번에는 더 열심히 해야 한다고, 또는 더 높은 목표를 세워야 한다고(그러면 나는 충분히 괜찮은 사람이 될 거야) 믿기 시작한다. 그러나 물론 이런 방법은 그리 고무적이지 못하다. 왜냐하면 아무런 보상도 없었기 때문이다.

억압은 너무 습관적으로 일어나서, 일을 끝내고 난 뒤의 만족감이나 어떤 일을 완전히 마치고 나서 '아아아아!'하고 외치면서 해방감을 맛보는 것을 잊어버리게 한다. 인생은 단조로워진다.

딘은 조각가로, 자신이 끝마친 작품을 부정적인 비판의 눈으로, 항상 평가절하하는 방식으로 바라본다. 그는 실망감이 너무 크지 않도록 하기 위해 다음 작품에 몰두한다. 그는 자신을 엄격한 스승이 하듯 대한다. 결코 만족하는 법이 없고, '와! 내가 이 걸 했어! 괜찮은데? 좋은 평가를 받을지도 몰라. 지금 나에게는 최고의 작품이야!' 라고 말할 수 있는 진정한 자신감과 기쁨의 순간을 빼앗아간다.

그리고 설사 어떤 일이 잘못되었다 하더라도, 반성하는 시간은 그 사건이나 경험, 과제, 또는 관계를 재조명해보게 한다. 당신이 했던 일을 축하하고 건배하며, 자신이 어떤 사람인지에 대한 자부심과 좋은 느낌을 갖는다면, 그리고 잘한 점을 인정하고, 나쁜 점은 슬퍼하고 받아들이면, 당신은 안도하고 자신의 흐름과 당신이 세상에 만들어낸 것들(세상에 가져온 결과들)을 신뢰할 수 있을 것이다. 평화, 휴식, 흥분, 흥미, 호기심을 갖게 되고, 세상이 가지고 있는 가능성을 보게 된다. 그들이 정확히 어떻게 진행될지 예측할 필요 없이 말이다.

우리는 멈추기 단계에서 문제를 어떻게 발달시키는가

지금 멈출 수 없다

멈춘다는 것은 종종 좋지 못한 의미로 인식된다. 종교에서부터('할 일 없는 사람들이 나쁜 짓을 한다'는 속담이 있듯이) 젊은 층을 겨냥한 음료수 광고나('눈꺼풀과 싸워 이기세요. 죽음의 순간에만 잠드세요') 경제적인 부분에 이르기까지('전진하지 않으면 주저앉게 될 것이다'), 멈춘다는 것은 약한 것과 연관된다. 인생이 성취와 속도지향적인 것이 되고, 지위가 인생에서 어떤 역할과 대상(차, 집, 돈, 특정한 직업, 배우자, 왕성한 성생활)을 갖는 것과 결부될 때 휴식을 취하고, 무슨 일이 있었는지 뒤돌아보는 것은 시간 낭비처럼 보일 수 있다. 당신의 스케줄은 가득 차있고 종종 이중 약속을 하기도 한다. 심지어 당신이 '그것 참 좋은 생각'이라며 일요 신문에서 읽었던 '휴식을 취하라'는 항목을 계획표에 끼워넣을 때조차도, 휴식은 당신이 성취하지 못하는 한 가지 일이다. 왜냐하면 당신은 멈출 때 죄책감을 느끼기 때문이다. 반성하기 위한 시간을 갖는 것은 비난을 무릅써야 할 일이나 실패하는 것처럼 보인다. 이혼 후 한동안 다른 관계에 집중하지 않기로 결심하는 것은 방어적인 태도로 보이기도 한다. 다음 직장에 대해 생각할 시간을 갖기로 하고, 미루어왔던 강좌를 수강하는 것은 기술 시장에서 뒤쳐진다는 위험을 감수할 뿐만 아니라 실업 수당 철회라는 실제적인 손해를 받게 됨을 의미한다. 어떤 대가를 치르더라도 성취를 해야 한다는 교육체제가 미치는 비인간적인 영향력은 지역사회의 아이들과 청소년, 교사 등의 자살률로 나타난다. 이 사회에서는 아무리 짧은 휴지기를 갖는다 하더라도 자신의 진로 선택에 큰 타격을 입는다. 심지어 유치원에서부터도 말이다.

그러므로 휴식을 지연시키는 경향을 강화하는 사회적 환경에서는 무수한 메시지들이 존재한다. 하지만 이런 패턴은 훨씬 더 이전에 발달하는 경우가 많다. 왜냐하면

- 우리는 건강하게 휴식을 취하는 좋은 역할모델이 없었다.
- 또는 휴식한다는 것은 너무 큰 불안을 만드는 것이라고 보게 하는 사건이 있었다.
- 행동을 취하는 것은 격려와 보상을 받았지만 '정지'는 그렇지 않았다.

역할 모델의 부족

어린 시절 우리는 부모에게서 일을 멈추는 것에 대해 많은 것을 배운다. 내가 간직한 가장 소중한 기억 중 하나는 남편과 내가 친구인 이안과 루이스가 첫 딸 한나를 낳은 지 몇 시간 후 병원에 방문했던 일이다. 그들은

한나의 출생이라는 긴 여정을 마친 아빠, 엄마, 아기가 함께 쉴 수 있도록 안락한 불빛이 켜 있는 병실에 평화롭고 친밀하고 안락한 공간을 이미 마련해두었다. 그 조용하고 사랑스러운 축하 자리에 그들과 함께했던 그 시간은 너무 멋있었다. 누구도 많은 말을 하진 않았지만 자주 미소 짓게 되었고, 부드럽게 토닥이거나 눈물을 조금씩 흘리기도 했다. 앞으로 한나의 부모가 그런 중요한 휴식의 기쁨을 즐길 만한 여유가 앞으로 많지 않을지도 모른다. 하지만 그들은 필요하기만 하다면 어떻게 그러한 시간을 만드는지 알고 있다. 그들은 한나와 자신들을 위한 휴식의 시간, 음미하는 시간, 그들이 함께 겪어낸 큰 경험에서 새로운 것을 배우는 시간을 가짐으로써 한나에게 좋은 본보기를 보여주었다.

예쁘고 건강한 아이를 출산한 것은 축하받을 일이며, 그런 자리를 마련하는 것은 규범적으로도 용납되는 일이다. 우리가 어떤 일을 마칠 때 마주하는 시간이 산후나 사별 이후와 비슷하지는 않겠지만, 우리는 동일한 요소들이 필요하다 – 평화와 고요함, 이른 밤, 건강하고 단순한 음식, 친절하고 가까이 있어 줄 사람들. 하지만 이 모든 것은 그런 것을 가능하게 하는 충분한 자원에 기초를 두고 있다. 재정적인 어려움과 부모가 살았던 사회적인 환경은 휴지기를 갖거나 휴식이나 휴가를 갖는 것을 불가능하게 만들진 않았더라도, 어렵게 했을 것이다. 20세기에는 두 번의 세계대전과 함께 심각한 경제불황이 지속되었다. 멈추고, 휴식하고, 반성하고, 기념하는 것은 자아도취적인 행동으로 보일 수 있다. 실수와 어려움, 상실, 실망, 또는 실패에 대해 뒤돌아보는 시간을 갖는 것은 한층 더 미루어질 수 있다(당신은 계속 일하고 최선의 결과를 만들어내려고 한다).

당신이 부모가 그렇게 행동하는 것을 관찰한 적이 없거나 그럴 기회가 없었을 경우, 휴식의 이점에 대해 배우는 것은 굉장히 어려운 일일 수 있다. 당신은 그들이 힘든 감정을 이겨내는 것과, 아무것도 하지 않는 공백상태를 견디고 새로운 감정들을 서서히 경험하면서 새로운 에너지와 목적을 갖게 되는 것을 볼 기회가 필요했다. 이런 경험이 없으면 우리는 어린 시절에 경험한 부모의 욕구와 계속해서 돌진하고 일 중독처럼 행동하는 경향을 모방하게 된다. 만일 그러한 것들이 논의되지 않는다면 아이들은 그 일을 어떻게 찬찬히 생각해야 할지를 결코 배우지 못하며, 경험을 통해 어떤 배움을 얻을 수 있다는 것을 모른다. 만일 부모가 일을 멈추지 못하거나 멈출 엄두가 나지 않아 휴지기를 갖는 것을 계속 미루었다면, 당신은–그리고 그들도–타임아웃을 갖는 것의 유익을 놓치게 되고, 또한 어떻게 타임아웃을 가질 수 있는지를 배울 기회도 놓치게 된다.

모든 세대의 사람들은 계속해서 일에 매달려야 했다. 눈물과 고통, 분노는 생존을 위해 닦아버려야 했다. 내 동료인 사라는 훈련을 받기 위해 남아프리카에서 런던으로 왔는데, 자신의 삶 속에서 여유를 갖게 되자 처음으로 수년 전에 겪었던 참혹한 사건에 대한 악몽과 기억들에 시달리게 되었다. 그때 자신의 감정을 깊이 되새겼다면, 그녀는 자신의 가족을 불러와 부양하느라 계속 씨름하는 데 에너지와 의지를 소비하지 않아도 되었을 것이다. 정신분석가 앨리스 밀러는 외상에 대한 광범위한 문화적 억압은 다음 세대의 정신에서 발현될 수 있다고 했다. 즉, 만일 당신이 항상 멈추기를 미룬다면, 그것은 부모나 당신의 조부모가 너무 끔찍해서 당신이 의식화할 수 없을 정도의 외상을 경험한 결과일 수도 있다는 것이다. 과거에 대해 이야기하지 않고, 축하나 애도를 위해 멈추지 않고, 일을 서두르는 가족들의 패턴은 진화한다. 그러므로 멈춘다는 것은 어떻게든 억압하는 끔찍한 환경 속에서 가족들의 생존을 위해 쓰여진 '대본script'과 반대되는 것이다. 멈추는 시간을 갖지 않을 때 사람들이 때때로 얼마나 비참한 기분을 느끼는지는 전혀 의아해할 일이 아니다. 그것은 이미 일어났었던 일–끔찍한 일–에 대한 것이다. 꼭 당신에게만 해당하는 것이 아니라 이전 세대 누군가에게 일어났던 일일 수도 있다.

지지받지 못하고 허물어지는 것에 대한 두려움

우리는 우리가 어떤 일을 끝내고 그만두었을 때도 세상은 계속 돌아간다는 것을 알 필요가 있다. 어린 시절에는 말 그대로 또는 비유적으로 기존에 알고 있던 세상이 사라질 때 타인이 우리를 붙들어줄 필요가 있다. 부모의 팔은 그런 안전감을 주었다. 그리고 부모의 몸과 체취, 부드러운 목소리, 미소, 그리고 굳건하며 안심하는 능력 등에서 받은 안전하고 편안한 느낌들에 대한 기억은 이상적으로 우리 내면의 일부분이 된다. 우리는 멈추기가 필요할 때마다 그런 기억을 꺼내볼 수 있고, 다른 것에 대한 자신감을 지속적으로 갖게 되어 생존을 도와준다. 이런 안전감은 초기에 우리에게 많은 의무감 같은 것 없이 기꺼이 주어져야 한다. 그렇지 않으면 우리는 너무 일찍부터 생존을 위한 유일한 방법은, 휴식을 취하고 싶은 욕구를 억제하고 활동적으로 행동하거나 어떤 일을 하는 것으로(예를 들어 주의를 끌려고 필사적으로 노력하는 것, 우리 가까이에 두기 위해 다른 사람들을 만족시키는 것) 우리의 주의를 전환시키는 것뿐이라고 생각하게 된다. 또는 다른 무엇을 마구 찾으며, '아무도 거기 없다'는 끔찍한 사실로부터 주의를 돌리려고 한다.

우리는 어떤 행위를 한 다음에 휴식을 취할 필요가 있고, 그 휴식은 자연스럽게 우리를 돌봐주는 사람들 또는 그 사람들에 대한 기억과 함께 이루어진다. 우리는 일종의 되돌아갈 수 있는 자궁처럼 그들을 사용할 수 있다. 그런 안전감이 처음부터 형성된 적이 없었거나, 아니면 어떤 끔찍한 외상적 사건이 우리의 자신감을 파괴시켜 안전감이 없어진 경우에는 우리는 자신에게 많은 의지를 해야 한다. 그 결과 우리는 무의식적으로 멈춘다는 것이 너무 두려운 것이라거나 어려운 것이라고 생각하게 된다.

만일 활동을 포기하면 우리는 끝이 없어 보이는 무시무시한 공허감을 재경험하는 것에 대해 공포를 느끼게 될 것이다. 우리가 어릴 때 만일 아무도 우리를 붙잡아주지 않았다면, 성인이 되어 활동을 멈추게 될 때 아무것도 없는 곳으로 떨어지게 될 것 같은 느낌, 또는 아주 오래된 끔찍한 감정으로 가득 찬 공간으로 떨어지게 될 것 같은 느낌을 받을 것이다.

> 지역의 한 수영장에서 어떤 커플이 어린 딸을 어린이 튜브에 태우려고 애를 쓰고 있었다. 딸도 괴로워했고 부모도 괴로워했다. 그래서 딸의 울음을 그치게 하려고 아버지는 딸을 팔로 번쩍 안아 잽싸게 물가로 갔다. 아버지는 미끄러졌고, 둘 다 물에 빠지게 되었다. 수면으로 올라왔을 때 딸의 울음은 이제 비명이 되었다. 딸이 다시 안전하다고 느낄 때까지 가까이 붙잡고 있어주기보다 그 아버지는 딸을 들어올렸다 내렸다 하며 주의를 돌리려고 했다. 그리고 지나가는 다른 수영하는 사람을 가리키기도 하고, 물을 튀겨보기도 하고, 웃으면서 자신으로부터 거리를 둬서 딸이 물에 뜰 수 있게 하려고 했다. 별로 놀라운 일은 아니지만 모든 것이 소용없었다. 딸의 비명소리는 더 커졌고, 아이의 부모는 포기하고 아이를 수영장 밖으로 데리고 나왔다. 그 작은 아이의 관점에서는, 그 순간에 삶이 점점 더 혼란스럽고 두렵다는 것을 경험했을 것이다. 아이는 그런 복잡한 상황보다 휴식하고, 거부하고, 회복하는 시간이 필요했다.

잠시 멈춤으로 인하여 생기는 공백은 우리 마음에 경보를 울리며, 본능적인 기제가 그 공백을 메우기 위해 행동에 돌입하게 된다. 이는 위협적인 힘을 발견하거나 경험하지 않도록 우리의 마음속 깊은 곳에서 상상도 할 수 없을 만큼 잠재적으로 우리를 보호하기 위한 것이다. 우리는 행동에 뛰어들고, 잠시 멈추는 것은 나중으로 미룬다.

잠시 멈춰도 된다는 허락이 부족한 경우

끝으로, 우리는 활동적으로 움직이고 어딘가에 도달하려고 노력하는 것이 좋은 것이라는 메시지를 받았기 때문에 멈추기를 미루게 될 수 있다. 반면 만족하고 자족하는 것은 오만한 일이며, 슬퍼하고 실망해하면 감정 기복이 심한 것이며, 조용한 것은 게으른 것이라는 말을 듣는다. 부모는 다양한 범위의 감정들을 아이들에게 제공해야 한다. 만일 우리가 그 스펙트럼을 전부 경험할 수 있도록 스스로 허락하는 법을 모른다면, 우리는 아이들이 타임아웃을 가질 때 불안이나 질투심, 죄책감, 좌절을 느끼게 될 것이다.

거이가 성적표를 가지고 집에 돌아오면, 아버지는 항상 다음 시험에는 더 열심히 해야 한다는 말을 하곤 했다. 심지어 시험이 1년 뒤에 있다 하더라도 말이다. 그가 도시의 로펌에서 첫 직장을 갖게 되었을 때 아버지는 그가 말단 사원으로 얼마나 오랫동안 일해야 하는지를 궁금해했다. 거이는 그렇게 즉각적으로 아직 멀리 있는 목표 지점에 대한 얘기를 들을 때마다 자신의 성공에 대한 만족과 자신감이 사라지는 것을 느꼈다. 그는 아버지가 자신의 성취보다는 앞으로 뛰어넘어야 할 미래의 장애물로 주의를 돌릴 때마다 풍선처럼 자연스럽게 부풀었던 흥분이 바람 빠지듯 시들해진다고 느꼈다. 가파른 언덕의 꼭대기에 올랐으나 결국 또 다른 산이 있다고 가리키는 격이었다.

자신이 아버지가 된 거이는 딸이 달리기에 소질이 있다는 것에 단순히 좋아하기가 매우 힘들다는 것을 알게 되었다. 그는 딸이 참가해야 될 다음 경기와 그녀가 세워야 하는 기록에 대해 생각했다. 어느 날 딸은 눈물을 흘리면서 자신이 경기에서 우승을 했지만 아버지가 전혀 듣고 있지 않다고 소리쳐 말했다. 그는 상처받고 혼란스러웠지만 딸의 말이 맞았다. 그는 전혀 듣고 있지 않았다. 그는 다음 단계에 대해 생각하고 있었고, 딸이 방금 성취한 것에 대한 만족감을 함께 공유하지 않았다. 그가 마침내 이것을 깨달았을 때, 그는 자신의 아버지가 자기 얘기를 들어주지 않았을 때 얼마나 슬펐는지도 알게 되었다. 젊은 시절 오랫동안 부양할 아내와 두 아이를 가진 거이의 아버지는 실직자였던 적이 있었다. '이미 얻은 승리에 만족한다는 것'은 그가 앞으로 얼마나 오랜 시간 자신의 수입에 의존할 수 있는지 깨닫지 못했을 때는 상상도 할 수 없는 일이었다. 막중한 책임감과 뼈저린 불안감이 미래를 더 꽉 붙잡게 했으며, 그가 장년이 되어 경제적인 안전감을 더 누리게 되었을 때도 포기할 수 없는 습관이 되었다.

나는 기념이나 애도, 휴식을 위해 무조건 멈추어야 한다고 말하는 것이 아니다. 우리는 고통이 있을 때라도 계속해서 나아가는 법을 배워야 한다. 힘든 감정이 지나가도록 기다리는 것은 비통함이나 후회, 상처 등을 더 강화시킬 위험도 있다. 우리가 새로운 모험에 착수할 때 이런 감정들을 느끼게 되는 것은 불가피한 일이다. 우리는 우리가 무엇을 할 수 있는지를 배우고, 깨달은 것을 다음번에 사용하겠다고 마음먹을 줄 알아야 한다. 어떤 시점에서는 축하하는 일을 멈추거나, 회사가 주식 상장을 하기 전까지 더 많은 일을 하거나, 다음 경기를 위해 많은 시간과 노력을 들여 훈련을 시작해야 할 때도 있다. 신혼여행에서 돌아온 뒤, 사랑스러운 배우자와 부닥치는 일상적인 일들을 잘 해결해야 할 때도 있을 것이다. 더 많은 것을 우리가 인식할수록 우리는 가능한 한 많은 에너지로 행동할 수 있는 순간을 더 많이 알게 된다. 그리고 우리가 도망치기 위해 행동하고 있는지, 아니면 적절한 때가 되어 행동하고 있는지의 차이를 알게 될 것이다.

III

앞으로 나아가는 방법들

신체적으로 나아가는 법

정신적, 정서적으로 나아가는 법

당신 자신에게 앞으로 나아갈 수 있도록 허용하기

인간관계

다른 창의적인 전략들

비탄과 상실

괜찮아.
내가 나중에 완성할 거야…

앞으로 나아가는 신체적인 방법들

미루기를 멈출 가장 확실한 방법이 있다면 이 장의 내용은 매우 짧아질 것이다. 나는 '그저 계속 나아가기Just get on with it'로 제목을 붙이면 어떨까 생각해보았다. 이 말은 아마 당신이 스스로 여러 번 해본 적이 있을 것이다. 만일 그것이 그렇게 쉬운 일이었다면, 당신은 미루기를 그만두고 행할 수 있었을 것이다. 그리고 때때로 그렇게 하기도 한다. 그러므로 이 방법이 다소나마 효과가 있다면, 여기서도 다시 한 번 말하고 싶다.

그저 계속하라!

하지만 그 방법이 그리 효과가 없었다거나, 당신이 여기까지 읽은 내용이 마음에 와닿았다면 (또는 당신이 즉시 '해결책' 부분을 펼쳐든 경우라면) 아마도 당신이 원하는 것을 얻기 위해 자신을 도울 다른 많은 방법이 있음을 깨닫게 될 것이다. 몰아치고 부담을 주면서 아무런 성과가 없는 방법이 아니라 자기 자신의 효율을 높일 수 있게 하는 많은 방법 말이다. 당신은 자신의 자연스러운 능력이 만개할 수 있는 상태를 만들기 위해 많은 일을 할 수 있다. 그 부분에 집중하게 되면 미루는 습관은 차츰차츰 사라질 것이다. 여기서 당신은 광범위한 영역에 적용할 수 있는 방법들과 특정한 문제에 세밀하게 적용할 수 있는 방법들을 발견할 수 있을 것이다.

무엇보다도, 당신이 계속해서 미루고 있는 것이 무엇인지 생각해보라. 그리고…

동기에 대해 생각해보라.

질문 : **당신은 정말 그 일을 하기 원하는가?**

(솔직하게 심사숙고하기 위해 잠깐 시간을 가지라)

답변 1 : **아니오.**

아하.

어떤 문제들은 보기보다 간단할 때가 있다.

만일 미루기가 직접적으로 거절하는 것을 회피하기 위한 일시적인 혹은 습관적인 방편이었다면, 이제는 그것을 깨달아야 할 시간이다. 또한 당신이 실제로는 지키고 싶지도 않은 약속들로 자신을 포함한 다른 누군가를 행복하게 할 수 있을 것이라고 생각하는 꿈과 계획, 또는 그 믿음을 포기해야 할 시간이다. 만일 당신이 거절한다면 그 결과로 잃게 되는 것이 무엇이든 안도감을 느낄 것이다. 거절하는 것은 생산적인 일이 될 수 있다. 그것은 당신의 마음을 터놓고 생기를 되찾게 하며, 갈피를 잡지 못한 상황에서 당신이 빠져나올 수 있게 한다. 당신이 거절하지 않기 위해 쏟았던 에너지를 다시 쓸 수 있게 되며, 당신은 걱정하고, 자책하고, 희망사항들을 생각하는 데 소비했던 시간을 자유롭게 쓸 수 있게 된다.

그러나 거절하는 것이 당신이 행동을 미루는 방법 중 하나라면, 다음을 더 읽어 보라.

답변 B : 네, 나는 그 일을 하기 원합니다. 하지만…

나는 그 결과(또는 결과물)를 원해요 하지만…
나는 그 결과에 도달하기까지의 과정을 겪고 싶지 않아요.

나는 더 이상 학교 운영자가 되고 싶지 않아요.(결과)
하지만… 운영위원회를 실망시키지 않고 얘기하는 게 너무 어려워요.(과정)
또는
나는 깔끔한 주방을 원해요(결과). 하지만… 주방을 청소하기는 싫어요.(과정)
또는
나는 내 치아/눈/자궁/몸이 건강한지 궁금해요(결과).. 하지만… 난 치과/안과/의사에게 가고 싶지 않아요.(과정)
또는
책을 한 권 써보면 만족감을 느낄 것 같아요.(결과) 하지만… 나는 혼자 글을 쓰고, 고치고, 또 고치는 데 오랜 시간을 들이는 걸 못 견딜 것 같아요.(과정)
또는
나는 그 결과를 원하고, 그 과정도 즐길 수 있을 거라 생각해요. 하지만… 난 그 일을 시작하거나, 몰두하거나, 그 일을 끝내는 것은 어려울 것 같아 보여요.

만일 당신이 B와 같은 답을 했다면, 이 책의 3부는 당신에게 신체적, 정신적, 정서적, 그리고 사회적으로 변화할 무궁무진한 방법들을 제공할 것이다. 어떤 방법은 나에게 효과가 있었고, 어떤 방법은 다른 사람들에게 효과가 있었다. 만일 당신이 여기에 나와있지 않은 다른 전략들을 알고 있다면 출판사를 통해 나에게 연락해주길 바란다. 당신에게서 그 얘기를 듣고 싶다.

이 장은 여러 제안을 할 것이다. 중요한 것은 당신에게 효과 있는 방식을 찾는 것이다. 그리고 자신에게 탐색하고 실험할 수 있도록 허용하고, 다른 사람들의 지지를 얻으라. 그리고 효과적이고, 꾸준히 지속할 수 있으며, 즐길 수 있는 자신만의 논리와 직관을 따르는 방법을 찾으라. 그리고 합법적인 방법!

각 제안들은 우리 마음의 나선형 행동의 각 단계에 따라 분류되어 있다. 당신이 각기 다른 일을 할 때마다 나선형의 각각 다른 단계에서 꾸물거릴지도 모른다는 것을 기억하라. 그러므로 당신은 바로 지금 자신을 도울 수 있는 것을 선택할 능력이 있다고 신뢰하라. 어떤 제안이라도 당신이 욕구와 힘, 감정, 생각의 흐름을 재정립하는 데 도움을 줄 것이다. 그리고 그 방법들은 당신이 편안하고 굳건하며 행복하게, 그리고 당신이 시간을 보낸 방식에 대해 좋은 평가를 내리는 방식으로 어떤 일을 할 수 있도록 해방시켜 줄 것이다.

과정을 즐기라.
당신은 인생 속의 그 시간을 누릴 자격이 있다.

신체적으로 나아가는 방법

당신의 몸을 움직일 시간이다

아이들이 편안하고, 잘 쉬고, 과식하지 않고 적절히 배가 부르며, 안전감을 느낀다면 그들은 자신의 호기심을 따라 행동하는 것을 미루지 않는다. 인생의 자연스러운 방향은 전진하는 것이다. 성인이 되어 우리는 종종

'어떤 일을 완성하기 위해' 기본적인 신체적 불편감을 간과해야만 한다. 하지만 우리는 여전히 똑같은 기본적인 욕구를 가지고 있다. 만일 당신이 극도로 지친 상태거나, 너무 허기지거나, 불편하거나, 또는 취약한 느낌을 가지고 있다면, 당신은 좀 더 미성숙한 방식으로 행동하는 등 퇴행할 가능성이 있다. 미루기도 여기에 포함된다. 그러므로 고통이나 스트레스, 피로가 극심할 때(예를 들어 사별), 또는 긍정적인 것을 포함하여 최근 중요한 변화를 경험하고 있다면, 당신이 행동을 많이 미루고 있다는 것이 단순히 어떤 신호를 의미하지는 않는지 생각해보라. 당신이 현실에서 조금 물러나서 휴식을 취하고 각종 영역에서 양분을 공급받을 필요가 있다는 신호 말이다. 만일 당신이 다음날 자신의 고치에서 나왔을 때 정신이 맑아지고 다시 활동성과 효율성을 되찾게 된다면, 당신이 그것을 필요로 한다는 얘기이다.

무엇이 당신에게 효과가 있는가 ?

취침시간 전에 산책하기, 오랫동안 편안하게 목욕하기, 일찍 자기, (탄산이 아닌) 물 많이 마시기, 적절한 탄수화물과 단백질 섭취하기, 따뜻하게 하기, 새로운 일 맡지 않기, 가까운 친구와 이야기하기, 좋은 책 읽기 등은 당신의 배터리가 재충전될 때까지 포근한 이불을 덮고 일시적인 겨울잠 상태를 즐기는 것과 같다. 사람들은 자신이 이런 상태에 너무 오래 머물지 않을까 고민한다. 그러나 그럴 가능성은 매우 적다. 만일 당신이 자신에게 정말 필요한 것을 주었다면, 그래서 일단 당신이 만족감을 느끼고 휴식을 취하고 나면, 당신은 나선을 따라 다음 단계인 행동하려는 욕구를 느낄 것이다.

하지만 당신이 소진된 것이라기보다 일상적인 관성에 젖은 것이라면, 에너지 수준을 변화시키고 웰빙과 활력 수준을 높이기 위한 핵심 전략은 신체적인 활동을 늘리는 것이다. 스포츠 경기하는 것이나 달리기, 춤추기, 스키, 요트 타기, 승마 등 각종 운동을 굉장히 좋아하는 사람은 완전한 몰입의 무한한 즐거움을 아는 사람이다. 몸 전체의 체온이 상승하면 당신은 혈액순환과 유연성, 움직임과 소리, 그리고 자신과 연결된 느낌, 공, 트랙, 리듬, 바람 등을 즐길 수 있다. 이는 섹스만큼, 때로는 그 이상의 즐거움을 준다. 한 순간에 완전히 몰입하고, 모든 감각은 깨어 있으며, 집중된 에너지는 몸의 일부로 완전히 체화된다. 이것은 매우 값진 순간이다. 당신의 몸과 생각과 감정이 완전한 조화를 이루고, 당신은 생생한 느낌이 어떤 것인지 알 것이다. 그런 다음에는? 에너지를 쓰고 난 다음의 유쾌한 피로감을 느끼고 몸은 재충전을 위해 자연스럽게 깊은 잠을 자려 할 것이다.

만일 당신이 행동하기를 미루면 이런 것들을 놓치게 된다. 에너지가 분산되어 일부분은 움직이지만 나머지는 유보된다. 당신은 두통 혹은 요통을 경험하거나, 축축 처지고 과민한 기분을 느낄 수도 있다. 소화도 원활하지 않을 것이다. 잠을 자고 아침에 일어나지만 상쾌한 기분을 느끼지는 못할 것이다. 무슨 일을 하든지 힘이 든다. 이 책에서 나는 우리가 행동을 미룰 때 우리 몸 안에서 정체되는 에너지의 흐름을 언급해왔다. 만일 당신이 정기적으로 심혈관계 기능을 강화시키고 힘과 유연성을 기른다면, 당신은 더 기민하고 행복하고 자신감 있고 섹시하며, '인생에서 다른 무엇을 하든' 좀 더 편안해질 기회를 갖게 될 것이다. 그러므로 심지어 당신이 계속 꾸물거린다 해도 최소한 좀 더 건강해질 것이다. 당신은 좀 더 장수하게 되며 더 많은 '내일'을 갖게 될 것이다!

우리의 신체적, 정신적, 정서적 체계는 분리될 수 없다. 그러므로 당신이 의식적, 의도적으로 신체적인 활동을 증가시키기 시작하면 그만큼 행동을 덜 미루게 된다. 당신은 좀 더 결단력을 가지고, 자기 관리를 하며,

이완되고 효율적으로 행동하기 시작한 첫 날부터 실제적으로 (미루기) 습관이 사라지기 시작하는 것을 관찰할 수 있을 것이다. 건강하고 활동적인 생활을 하는 것은 특히 습관적으로 정신적인 세계나 업무에 많은 시간을 보내는 사람에게 도움이 될 것이다. 또한 심각한 감정적인 다툼에 얽혀있는 사람이나, 어린 시절에 신체적인 활동에 제한을 받았거나 격려를 많이 받지 못한 사람에게도 도움이 된다. 인간은 은유를 좋아하고 은유에 반응한다. 신체적인 단계에서 계속 나아갈 수 있도록 자신을 허용하면, 혈액순환의 혜택에 대한 강력한 메시지를 마음과 감정에 보낼 수 있다.

적극적으로 활동함으로써 당신은 자신감과 안녕감,
그리고 활력을 느낄 수 있다.

꾸물거리는 행동은 그렇게 할 수가 없다. 몸을 움직이는 것은 소화불량이나 변비를 일으킬 가능성이 적은데, 꾸물거리면 원활한 사고과정도 막히게 되고 우울감 같은 기분이나 자신감의 부족을 유발한다. 건강미와 활력이 넘치는 신체에는 꾸물대는 행동이 가져오는 무력감이 설 자리가 점점 줄어들게 된다. 당신의 몸이 자신의 생각과 꿈, 열망을 행동으로 흘려보내는 통로라고 상상해보라. 당신이 힘과 유연성을 길러 신체적으로 활기차고 활동적으로 될 때 그 통로는 그 경계가 더 분명하게 되고, 깨끗하고 견고해질 것이다. 행동과 휴식의 자연스럽고도 리듬이 있는 맥박이 따라올 것이다. 생각과 감정은 구석에서 정체된 상태로 막혀있지 않을 것이며, 당신의 전체 시스템이 감당할 수 있는 것 이상으로 움직여 소진되는 경우도 없을 것이다. 신체적으로 활력을 느끼게 되면, 당신은 예상되는 결과와 가능한 것과 불가능한 것을 분간할 줄 아는 건강하고 온화한 방식의 갈망을 갖게 된다. 힘과 신체적인 자신감이 증가하여 예전에는 기가 죽게 만들었던 문제에도 직면할 수 있게 된다. 당신은 더 강건해지는 것이다.

당신이 행동을 미루고 있을 때의 몸의 모습을 그려보라. 어떤 형태의 통로인 것 같은가?
개방적이고 자유로운 통로인가?
아니면 구부러지고 꼬여 있고, 폐와 소화기관도 막혀 있는가?
당신의 생각하는 이상적인 몸의 모습을 그려보라. 또는 당신이 행복하거나 자신감 있거나, 능률이 있다고 느낄 때 몸의 모습이 어떨지를 그려보라.
그런 모습이 되기 위해 당신이 할 수 있는 첫 단계는 무엇인가?

피곤한 상태에서 재충전 상태가 되기까지(낮잠이 필요한가 아니면 산책이 필요한가?)
긴장된 상태에서 이완된 상태가 되기까지(하품을 해야 하는가, 아니면 기지개를 켜야 하는가?)
걱정 많은 상태에서 차분한 상태가 되기까지(노래를 흥얼거려 보는 게 좋을까, 아니면 복식호흡이 필요할까?)

나는 신체 활동에 대해 이야기할 때, 즉시 일주일에 세 번 헬스클럽에서 운동하는 습관을 들여야 한다고 말하지는 않는다(당신이 이렇게 하고 있다면 괜찮은 계획이기는 하다). 그것은 많은 사람에게 너무 독단적인 처방전처럼 제안되고 있으며, 만일 당신이 2주 후에 운동을 포기하게 되면 아마 자신을 또 비난하는 역효과가 생길 것이다. 나는 당신이 무엇을 정말로 즐길 수 있는지 실험해보기를 추천한다. 정말로 당신을 기쁘게 하고 생동감을 느끼게 하는 활동 말이다.

더 많이 움직인다는 것은 당신에게는 어떤 의미인가 ?

이것은 무엇이든 될 수 있다. 차 대신 도보로 아이를 학교에 데려다주는 일이 될 수도 있고, 엘리베이터 대신 계단을 이용하거나, 차트에 오른 최신 음악을 선곡하고 라디오에서 그 음악을 들을 때마다 일어서서 몸을 움직여보는 것이나, 공원에서 나뭇잎을 발로 차는 것이나, 서류가방이나 노트북을 위아래로 올렸다 내렸다 해보는 것이 될 수도 있다. 또는 주전자에 물이 끓기를 기다렸다가 뛰어가는 일이 되기도 하고, 하이킹을 가거나, 섹스를 하거나, 정원을 가꾸는 것이 될 수도 있다. 물론 헬스클럽에 다니거나, 운동경기를 하거나, 춤이나 요가, 수영, 달리기, 래프팅 등이 될 수도 있다. 당신이 즐길 수 있는 것을 찾기만 하면 된다. 이 책을 읽는 지금 이 순간에도 당신은 의식적으로 엉덩이 근육을 풀거나, 등을 쭉 펴고 턱을 잡아당기고, 팔을 머리 위로 세 번 쭉 들어 올려보거나(지하철을 타고 갈 때 하면 흥미로운 광경이 될 것이다), 앉아서 평영 자세를 세 번 해볼 수 있다(비행기 안에서 하면 위와 동일한 광경이 될 것이다 !). 또는 어깨를 앞으로 수축해보거나, 목을 돌려보거나, 얼굴 근육을 찡그려보거나, 어떤 행동이든 더 크게 해볼 수도 있다. 이 리스트는 무한대로 추가될 수 있다.

당신이 위의 행동 중 한 가지 또는 모두를 연속적으로 빨리 해보면, 당신은 하품을 하고 있는 자신을 발견할 수 있을 것이다 - 훌륭하다. 당신의 몸은 더 많은 산소를 요구하고 있다. 당신의 몸은 조금이나마 환기가 되었다. 만일 당신이 지금 통로의 형태로 자신의 몸을 다시 그려보면 좀 더 곧아지고, 좀 더 깨끗하고, 좀 더 부드럽게 움직이는 모습일 것이다. 이처럼 단순한 일이다. 그리고 움직이면 움직일수록 당신은 진정한 즐거움이 느껴지는 방식으로 움직이기를 원하게 될 것이다.

의식적으로 움직일 기회를 찾는 것은 당신이 몸을 움직일 때 얼마나 좋은 기분이 증가하는지를 맛보기 시작하면 금방 습관이 될 수 있다. 규칙적이고 공식적인 운동이 이미 당신의 증가한 활동 수준의 일부가 되었을 수 있지만, 중요한 것은 당신이 날마다 활기찬 상태의 신체 상태를 유지하고 있는지를 알아차리는 것이다.

나선형 행동의 각 단계에 따라 신체에 기운을 북돋울 수 있는 특정한 방법들이 있다. 섹스나 산책은 어떤 범주에든 다 해당하며 가장 빈번히 포함되는 활동이다. 마사지 역시 이완과 활력에 모두 도움이 된다. 마사지의 부드러운 압력은 혈액순환을 도와준다. 그것은 작은 체액을 축적시킨다. 체액이 방출되면 체액은 혈관과 림프관에서 일시적으로 다소 빠르게 흐른다. 그리고 근섬유에 움직이지 않아 축적된 노폐물과 독소가 씻겨 내려가도록 돕는다. 독소가 쌓이면 근육이 긴장되고 딱딱해져서 조금만 움직이려 해도 통증이 유발될 수 있다. 만일 당신이 며칠 이상 침대에 누워있어야만 했던 적이 있거나 운동하는 습관을 버리게 되면, 당신은 그 느낌이 무엇인지 알 것이다. 마사지를 잘 받으면 당신의 몸이 어디서 멈출 것이며 어디서 움직여야 할지를 알아차리고 기억할 수 있으며, 스킨십과 몸의 움직임을 경험할 수 있다. 만일 당신이 심하게 미루는 편이라면, 아마도 육체와 분리되어 머리에만 몰두된 상태일 수 있다. 자신의 몸, 즉 당신 몸의 범위와 무게에 대한 느낌을 회복할 수 있는 데 도움이 되는 활동이라면 무엇이든지 당신으로 하여금 좀 더 분명하고, 확고하며, 자신감 있고, 결단력 있는 사람이 되도록 도와줄 것이다. 그리고 구석구석 시원하고 부드럽게 마사지를 받으면, 당신과 당신의 몸이 소중한 존재이며 아낌을 받을 가치가 있다는 것을 상기하게 된다. 행동을 미루고 즐거워지는 사람은 아무도 없다. 그것은 자신에 대한 믿음과 자신감을 크게 훼손할 수 있는 행동이다. 운동과 마사지는 당신이 건강한 자존감을 다시 주장할 수 있도록 돕는다.

만일 수 년 간 진취적인 행동과 발전을 억제하여 경직되고 긴장된 상태라면, 그 긴장을 뒤바꾸는 데 효과가 있고 당신이 즐길 수 있는 활동을 찾아보라. 각각 다른 활동들은 강화될 필요가 있는 각기 다른 측면들을 강조한다. 여기서 몇 가지 제안을 해보려 한다. 만일 특정한 운동이 당신에게 잘 맞는지 확인할 필요가 있다고 생각되면 의사나 운동 전문가의 조언을 꼭 구해보라.

6 자기 자신에게 나선형 행동을 따라 움직일 수 있도록 허락하기

1단계 – 인식의 어려움을 겪는 경우

몸과 주위 환경에 대한 인식을 증진시키고, 전반적인 혈액 순환을 돕고 유연성을 증가시키는 것에 초점을 둔다.

위쪽 방향으로 움직이는 마사지 받기

몸을 구부렸다가 쭉 펴기(그리고 하품하기)

계단을 오르고, 개를 운동시키고, 연못을 청소하기

춤추기(리듬 감각이 뛰어난 파트너가 있으면 더 좋다)

먼지 털기

샤워하기

인디언 두피 마사지

시골의 냄새와 소리와 풍경을 즐길 수 있는 하이킹

필라테스

수영(시간보다는 물속에서 움직일 수 있는 경험에 초점 두기)

2단계 - 탐색과 실험의 어려움을 겪는 경우

조정력과 균형, 자신감을 기른다. 알아차리고 능력을 발휘하는 법을 계발한다. 우리의 몸이 다양한 미지의 환경과 어떤 관련이 있는지 경험하도록 한다. 심혈관계의 기능을 전반적으로 향상시키는 데 초점을 둔다. 팔뚝과 상체, 다리의 힘을 기른다.

평영

자전거타기 – 특히 실외에서

정원 가꾸기

노 젓기 동작처럼 팔을 뻗었다가 몸 쪽으로 당기는 팔을 강화시킬 수 있는 헬스 운동

(팔을 들어서) 빨래 널기

즉흥적인 현대 무용

조깅

오리엔티어링(자연 그대로의 산야에서 지도와 나침반을 이용, 일정한 중간지점을 통과해 목적지에 빨리 도달하는 것을 겨루는 경기)

벽화 그리기

승마

수영(특히 바다나 강에서 수영하기)

태극권

탁구

수상 운동 수업

창문 닦기

3단계 - 선택과 몰입의 어려움을 겪는 경우

힘과 인내심, 끈기, 결정력을 계발시키는 것을 강조한다. 선택하고 거절하기, 난관을 헤쳐나가기, 밀어뜨리고 발로 차는 것이 포함된다. 강한 다리 힘을 기르고 자기 관점을 갖게 한다. 어떤 것을 지지하는 데 힘을 쓰거나, 헌신하고 협력해본다. 몸의 힘의 중심과, 시간, 반복 횟수, 무게, 포인트, 타격 등을 계산하고 조합하는 능력을 요구하는 활동들이다. 당신을 격려해줄 코치와 같이 할 수도 있다.

달리기 운동

밭 갈기

발 마사지

팔과 다리를 밀어젖히는 동작이나 웨이트를 이용하는 헬스 운동

진공청소기 돌리기

카약 타기

킥복싱

무술

파트너와 춤추기

라켓 스포츠(테니스, 배드민턴, 스쿼시)

달리기

요트 타기 / 서핑으로 고쳐도 좋을 듯

스키 타기

수영하기 – 특히 수영 거리와 속도를 증진시키는 데 중점을 둔 자유형

(격렬하고 기운을 북돋아주는) 타이 마사지

트램펄린 운동

4단계 – 완수의 어려움을 겪는 경우

목표와 최종 결과가 있는 활동에 초점을 둔다. 욕구와 실패와 성공을 다루는 능력, 비교하는 법을 계발한다. 주어진 시간 안에 완성하는 것에 대한 인식을 증진시키고 어떤 시기를 존중하는 법을 배운다.

활 쏘기

경쟁적인 스포츠 – 1인 또는 팀 경기

다이빙

(특히 음악을 활용하는) 운동 수업

골프

무술

가지 치기, 울타리 손질하기

투포환

바닥 쓸기

판지 상자 찢기

쓰레기통 비우기, 공병 회수함에 공병 넣기 등

5단계 – 멈추기에 어려움을 겪는 경우

진정 작용을 하는 활동이나 반복적이고 절제된 운동, 이완 활동과 휴식을 강조한다.

배영

어슬렁거리며 걷기

오리에게 먹이 주기

인디언 두피 마사지

아이스 스케이팅

패들링(널에 엎드려 양손으로 물을 저어 널빤지를 전진시키는 기술)

스위스식 마사지(아래쪽 방향으로 마사지를 함으로써 이완시켜 주는 것)

동물이나 파트너를 쓰다듬기

요가와 스트레칭

당신에게 어떤 것이 효과가 있는지 살펴보라. 도전과 다양성을 위한 적절한 환경을 마련하기 위해 상상력을 발휘해보라. 당신이 올림픽에 참가한 게 아니라 해도, 공원에서 마지막 한 바퀴를 돌 때나 요트에서 마지막으로 시트를 당길 때, 머릿속으로 관중이 환호하는 소리를 듣지 말라는 법은 없다. 당신은 알버트 홀(Albert Hal, 영국 런던 켄싱턴 지역에 있는 음악홀 －역주) 무대에서 라이브 공연을 하지 못할 수도 있고 혹은 팝 차트 1위에 올라갈 수 없을지도 모르지만, 천장을 칠하는 동안 카르미나 부라나(Carmina Burana, 독일 작곡가 칼 오르프의 힘찬 교성곡 －역주)를 부르며 고양이를 즐겁게 해 줄 수도 있고, 수영하는 동안 당신이 5단 기어의 속력을 낼 수 있도록 도와주는 음악을 상상해볼 수도 있다. 기분을 가라앉게 하는 낡고 빛바랜 멋없는 옷이 아니라 활동하고 움직이는 데 특별한 자극을 주는 옷을 골라 입을 수도 있다. 당신 몸의 모든 세포 하나하나를 최대한 활용하는 평생에 걸친 과정을 시작하게 하고, 이에 몰입하게 하는 데 도움이 되는 것은 무엇이든 당신의 활동 수준을 일상 수준 이상으로 증가시켜 줄 것이다. 일상적인 활동은 흥미로운 모험으로 바뀌고, 미루는 행동은 당신이 경험하는 활동의 가장자리로 밀려날 것이다.

경고

신체적인 활동을 미루기의 수단으로 사용하는 경우도 물론 있을 수 있다.

> *예를 들어 나는 지금 피하고 있는 그 일을 …한 다음에 할 거야.*
> *먼지 털기를 한 후에/설거지 후에/테니스 경기를 한 판 더 한 다음에/골프를 1라운드 더 한 다음에/수영한 다음에/헬스클럽에 다녀오고 나서/정원에 물 주고 난 다음에...*
>
> *당신은 이렇게 공백을 메꿀 수 있다.*

그게 바로 우리가 해본 거예요! 만일 당신이 하는 일이 이런 것이라면, 당신이 하고 싶어서 한다기보다 그저 움직이려는 것이기 때문에 즐거움이나 완전한 몰입의 순간을 잘 경험하지 못했을 것이란 생각이 든다. 실제로 당신은 설거지를 하다가 그릇의 이를 빠지게 했다든지, 식물을 잘못된 방법으로 심었거나 정원의 그릇된 장소에 심었을 수 있다. 또는 식물의 형체를 망가뜨리거나, 이성을 잃거나, 안경을 잃어버렸을 수도 있다. 당신은 아마도 모든 영역에서 짜증나고 불안한 상태에서 일을 끝마치게 될지 모른다. 그것은 당신의 동기가 분산되어 있기 때문이다. 당신의 에너지와 주의는 당신이 하려는 그 일에 전적으로 사용되지 못한다. 당신이 건성으로, 또는 죄책감을 갖거나 자신을 나무라면서 행동하게 되면, 당신의 에너지는 흩어지게 되고 흩어진 에너지는 당신을 소모시킨다. 그러므로 당신은 자신의 에너지를 다시 한 곳에 모으는 법을 찾아야 한다.

만일 당신이 회피의 수단으로서 몸을 움직이고 있다는 것을 깨달았다면, 이것을 당신에게 유리하도록 사용하는 방법은 당신이 그렇게 하고 있다는 것을 인정하는 것이다. 그러고 나서 당신이 회피의 수단으로 삼았던 그 일에 가능한 한 몰입해 보라. 그 일을 하면서 기뻐하고, 한껏 즐기고, 당신의 탈출을 축하하라!

만일 당신이 도망치고 있다는 것을 깨닫게 되면,
살금살금 움직이지 말고 뛰어가라!
더 많이 더 빨리 밀고/씻고/파고/흔들고/차버려라!

당신의 마음과 에너지를 하고 있는 일에 다 쏟아부어라. 먼지 털기를, 게임을, 정원 가꾸기를 즐겨라. 그 자체로 몰입을 만들어낼 수 있다. 당신의 관점, 유머 감각, 깊이 호흡하는 능력이 회복될 것이다. 당신이 미루는 행동을 신체적인 활동이면서 가능하다면 재미있기까지 한 경험으로 더 많이 만들수록, 당신이 미루고 있는 그 일을 할 수 있는 에너지가 더 많이 생길 것이다. 그리고 당신은 그것을 '해야만 한다'는 사실에 훨씬 덜 화가 날 것이다.

환경

때로 환경의 변화가 도움이 된다는 사실을 잊어버리기가 쉽다. 미루기 패턴은 단순하게 잠시 그 일에서 떨어져 있는 것만으로도 깨뜨릴 수 있다. 휴가나 주말에 어디로 떠나거나, 평소보다 일찍 일어나서 당신이 잘 모르는 방향으로 산책을 가보는 것도 우리의 지각을 깨우고 행동과 신선함을 자극할 수 있다. 당신이 같은 장소에서 똑 같은 사람들과 수 년 동안 함께 한 삶을 사랑한다고 해도 거기에 갇히지는 말라. 주변 환경의 특징을 알아차리는 단순한 행동으로도 움직일 기회를 얻을 수 있다. 나뭇잎, 모래, 파도, 눈 등을 가지고 놀아보거나, 바람에 저항해볼 수 있다. 이것은 모두 무료로 당신을 반갑게 맞아준다.

물을 많이 마시라

물을 많이 마시는 것은 여러 가지 이점이 있다. 매일 물을 여러 잔 마시는 것의 효과를 경험해본 적이 없다면, 단언컨대 한 번 시도해볼 만하다. 갈증은 몸에 수분이 필요하다는 것을 뒤늦게 알려주는 신호이다. 당신은 두통이나 복통 같은 초기의 신호를 놓쳤을 가능성이 있다. 탈수가 진행되는 과정에는 당신의 정신적인 처리 속도가 느려지기 시작하고, 혼란스러워지며, 왜 그런지도 모르고 겁을 느끼면서 동요하는 어린아이처럼 유치한 상태가 된다. 미루기가 그 생식세포를 잔뜩 퍼트릴 수 있는 완벽한 서식 조건인 것이다. 물을 많이 마시는 것은 소화도 도와주고 축적된 독소를 제거할 수 있게 도와주어 당신이 북돋우고자 하는 몰입과 몸의 순환을 효과적으로 도와준다. 물 마시기는 억지로 할 필요가 없다. 그냥 물 한 컵을 책상이나 탁자에 갖다 두거나, 가방이나 차에 가지고 다니면서 조금씩 홀짝거리면 되는 것이다. 하루 수분 섭취량을 증가시키는 것은 장기적인 관점에서 미루기를 변화시키는 데 도움이 된다. 뿐만 아니라 물 마시기는 말 그대로 또는 상징적으로 당신이 어떤 일을 신체적으로, 정신적으로, 정서적으로 마무리하는 데도 도움이 된다(당신이 물을 짧은 시간에 너무 많이 마시면 신장에 심각한 문제를 일으킬 수 있으므로, 양극단을 오가기보다는 천천히 섭취량을 증가시키는 것이 가장 효과적이다).

음식

행동을 하려면 영양소가 필요하다. 어떤 다른 일을 하면서 먹는 음식(책상에 앉아서 먹는 샌드위치, 바쁜 와중에 급하게 간식으로 배를 채우는 일)과는 대조적으로 제대로 된 한 끼 식사는 미루기를 줄이는 데 도움이 된다. 이것은 특히 선택하고 몰입하기와 완성하기에 어려움을 겪는 사람들에게 적용될 수 있다. 그들은 입이 심심해질 때가 많고(진짜 배고픔과 다르다) 뭔가를 계속 입 속으로 넣어야 할 것 같이 느낀다. 음식에 손을 대고, 잡아서 쥐고, 물어뜯고, 씹고, 삼키는 행동은 그들이 진지하게 시작하기 어려워하는 어떤 일의 대체물이 된다.

> 마크는 자신이 마감기한에 맞춰 보고서를 쓰려고 할 때면 책상이 더 많은 문서뿐만 아니라 컵이며 접시, 초콜릿 껍질 등으로 어지럽혀진다는 것을 알게 되었다. 그는 노트를 대충 훑어봤다가 컴퓨터 파일을 미친 듯이 뒤지고, 정보를 마구 모으곤 했지만 자신이 순간순간 몰두했던 그 자료들을 어떻게 통합해야 할지는 몰랐다. 명확하게 사고하는 것은 점점 더 어려워졌다. 그는 자판을 치자마자 자신이 쓴 것을 다 삭제해버렸고, 계속해서 커피를 마시거나, 샌드위치를 먹거나, 배가 아프기 시작하면 화장실에 다녀오는 등 스스로 주의를 산만하게 했다. 그는 '시간 낭비를 막기 위해' 일하는 도중에 먹을 것을 책상에 가져와 먹었다. 그러나 여전히 실제로 글을 쓰는 데 착수하기까지 무수한 시간을 보냈다. 그 과정은 내내 고통스럽고 불안해 보였다. 마크는 유치하고, 의기소침하고, 신체적으로 형편없는 느낌이 들었다. 그는 자신이 받아들이고 내어놓은 모든 것이 계속 불충분하게 느껴지는 미루기의 덫에 갇히게 되었다.

사람들이 마크처럼 행동할 때는, 음식은 도움이 되는 요소가 되기 어렵다. 왜냐하면 그것은 활동에 집중을 지속할 수 있도록 공급되는 영양소가 아니기 때문이다. 미루는 행동과 사고는 달달한 음식, 카페인, 알코올, 간식거리 등과 함께 생겨나고, 지속될 수 있다. 이런 음식들은 즉각적으로 힘을 낼 수 있게 도와주지만 피로와 졸음을 후유증으로 남긴다. 우리가 활동을 지속하는 데 필요한 것은 과일이나 야채, 탄수화물, 곡물, 단백질이다. 효력이나 효능이 늦게 나타나는 성질의 음식인 파스타나 콩류는 풍부한 에너지원이 될 뿐 아니라 안녕감과 '제대로 된 한 끼'를 먹었다는 느낌을 준다. 즉, 일차적으로 식사를 잘 끝내고 새로운 행동을 할 준비를 하게 하는 것이다. 식사를 미루는 것은 주중의 일과는 별개로 실제적인 역효과를 일으킨다(당신이 위에서 본 사례처럼 길고 지루한 방식으로 복잡한 식사를 회피의 수단으로 사용하지 않고 그것을 즐기는 것이 아니라면 말이다!). 물론 당신은 점심을 과하게 먹고 나서 2시에 머리를 쥐어짜며 자신을 괴롭힐 수도 있다. 음식은 소화가 필요하다. 나선형 행동 후에 휴지 단계나 다른 모든 영역들과 마찬가지로 점심 식사 후에 산책을 잠깐 하는 것은 즉시 일을 시작하는 것보다 더 생산적으로 뇌를 각성시키고 에너지를 공급할 수 있다. 점심 식사 후의 미루기는 소화할 시간이 부족할 때 당신의 몸이 저항하는 방식일 수 있으므로 자연스럽게 받아들이라. 산책을 하고 물을 한 컵 마신 뒤에 다시 시작하라.

극단적으로 음식을 가려먹는 방식으로 살을 빼려는 사람들은 다양한 음식을 흡족할 만큼 즐기는 사람들에 비해 더 많이 미룰 가능성이 있다. 엄격하고 비판적인 감독관의 눈으로 무엇을 먹고 있는지 관찰하고 그 부작용은 어느 정도인지 계산하다 보면, 음식에 마음을 쏟고 먹는 것의 즐거움에 완전히 몰두하기 어렵기 때문이다. 물론 당신은 분별력 있는 식습관을 가질 필요가 있지만, 다양한 음식이나 식도락을 제한하는 것은 먹는 과정을 지루하게 만든다. 만일 당신이 불만족스럽다면 당신은 다음 일도 그리 열정적으로 하지 못할 것이다. 또 다시 당신의 에너지 중 일부는 전환되고 당신이 전적으로 사용할 수 없게 된다. 그러므로 강박적인 식이조절은 미루기에 일조할 수 있으며, 이것은 살빼기를 계속 미루는 사람들에게는 고통스러운 아이러니이다. 음식을 즐길 필요성과 체중을 감소해야 할 필요성 사이에 담긴 논리를 어떻게 따를 수 있을까?

자신에게 좋아하는 음식을 먹을 수 있도록 허용하라.

6 약간 적지만 굉장히 맛있는, 또는 영양이 풍부한 식사를 당신과 얘기가 잘 통하는 사람과 함께 해보라. 건강한 식습관에 대해 스스로 재교육하면서 지지와 정보들을 찾아보라. 좀 더 많이 움직이고 격렬하게 규칙적으로 운동하라. 손으로 할 수 있는 창의적인 일을 찾으라. 체중계 바늘이나 44 사이즈에 대해 걱정하기보다, 소중하고 신나는 관계들을 맺기 위해 노력하고 인생에서 즐겁고 가치 있게 할 수 있는 일을 찾아보라.

식사는 꾸물대는 것과 유사한 은유를 갖는다.

- 당신은 자신이 무엇을 먹는지 항상 주목하는가?
- 당신은 식단표를 짜기 위해 시간을 많이 들이며, 무엇을 먹을지 결정할 수 없거나 결국 예전에 먹었던 똑같은 것을 선택하는가?
- 뷔페에 가면 무언가 불만족스럽지 않은가?
- 당신은 온종일 저녁 파티 준비에 시간을 쏟아서 손님들과 얘기할 시간이 없는가? 그리고 모든 것이 제대로 준비되지 않았다는 생각이 드는가?
- 식사 중에 핸드폰을 만지작거리는가?
- 음식을 허겁지겁 먹고 왜 소화불량을 겪는지 의아해하지는 않는가?
- 그릇에 있는 것을 다 먹어야 한다고 생각하거나 반대로 뭔가를 꼭 남겨야 한다고 생각하는가?

여기에 음식과 나선형 행동의 각기 다른 단계들이 어떻게 당신과 관련이 있는지 실험해 볼 수 있는 방법들이 있다.

인식의 어려움

식사 전에 냄새를 맡아보고 음식을 자세히 살펴보라. 식사 중에 다른 일을 하지 말고 핸드폰의 전원을 꺼두라. 한 번에 한 가지 음식을 담아 먹어보라. 친구와 함께 새로운 음식에 도전해보라. 당신이 먹고 있는 음식에 대해, 그 맛이 어떤지, 원산지가 어디일지, 어떻게 재배되고 길러졌을지 얘기해보라. 식도락을 즐기는 사람과 함께 식사를 하고, 당신보다 천천히 먹는 사람과 함께 식사해보라.

탐색과 실험의 어려움

새로운 식당에 가보라. 일찍 일어나 카페에서 아침식사를 하거나 피크닉하러 가서 일출을 보라. 새로운 가게에서 식재료를 사고, 같은 재료라도 브랜드를 바꿔보라. 노점에 멈춰서 야채를 사보거나 축제에서 음식을 사먹어보라. 친구에게 당신이 한 번도 먹어보지 못한 음식을 해달라고 부탁해보거나, 당신이 모르는 음식을 추천해달라고 하거나, 그들이 제일 좋아하는 식당에 같이 가보자고 해보라. 가장 비싼 메뉴나 제일 싼 메뉴를 시켜보거나, 그 가게만의 특선 요리를 먹어보라. 푸딩을 젓가락으로 먹어보라. 당신이 처음 보는 야채를 사서 어떻게 요리할 수 있는지 찾아보라. 새로운 요리를 개발해보라.

선택과 몰입의 어려움

와인 시음하기 과목을 신청해보라. 깨물고 꼭꼭 씹어야 하는 음식을 먹어보라. 뷔페에 가서 접시를 가득 채우지 말고 먹어보라. 스파게티 만드는 법을 배워보라. 빵을 구워보라. 처음부터 끝까지 레시피를 참고해보라. 슈퍼에 가서

당신이 사려고 했던 것만 사서 돌아오라. 당신이 주문했던 것만 먹고 다른 사람의 음식을 맛보지 말라. 당신이 선택한 것의 장점을 찾아보라. 오직 식탁에서만 음식을 먹으라. 식사를 하기 위한 옷차림을 갖추라. 맛집 찾아다니기를 즐기는 사람과 함께 식사를 해보라. 그 일에 공을 들여라.

완성의 어려움

배가 부르면 음식을 남길 줄 아는 친구와 함께 밥을 먹어보라. 더 배고프지 않으면 먹는 것을 멈추라. 손님 초대를 할 때 어느 정도의 양이 적당할지 친구에게 물어보라. 간단한 토스트밖에 대접할 것이 없더라도 사람들을 초대해 함께 식사해보라. 당신보다 더 빨리 먹는 친구와 함께 식사해보라. 음식이 마음에 들지 않으면 되돌려 보내라. 정수된 생수만 마셔라.

멈추기의 어려움

식사 후 휴식을 좋아하는 친구와 함께 밥을 먹으라. 입 안에 가득 음식을 넣은 다음 잠깐 멈추고 수저를 내려놓으라. 식탁에 책을 가져와서 식사 후 잠깐 독서를 하라. 식사 중에는 편안한 음악을 즐겨라. 풍경이 근사한 곳에서 식사를 하고 식사 후 경치를 즐겨보라. 해가 떨어지고 달이 뜰 때 피크닉을 가보라. 외식 후 택시를 타고 집에 돌아오라. 침대에서 아침이나 저녁을 먹어보라.

간단히 실천할 수 있는 일이지만, 이런 일들을 통해 새로운 경험을 할 기회를 얻을 수 있다.

당신의 몸 돌보기

당신이 꾸물거릴 때 당신의 자기 이미지는 상처를 입는다. 만일 당신이 정말로 옴짝달싹 할 수 없이 정체된 상태라면, 당신은 거울 속에서 부스스하고 몽롱한 형상, 아래로 처진 입술, 피로한 눈, 여기저기 뒤죽박죽된 머리카락을 지닌 자신의 삶을 구하기 위해서 어떤 것도 할 수 없는 사람을 보게 된다. 이런 것은 전혀 도움이 되지 않는다. 자신의 외모에 관심을 기울이는 것은 몸의 경계를 다듬고 향상시키는 방법이다. 이것은 스스로에게 유쾌한 피드백을 주기도 한다. 거울을 지나칠 때마다 당신은 정돈되고 근사하고 보기 좋은 사람을 마주치게 될 것이며, 그 이미지는 당신에게 해야 할 어떤 일이든 해낼 수 있다는 신념을 강화시켜 줄 것이다. 탄탄하고 맵시 있는 옷 또는 화장법, 잘 다듬은 헤어스타일, 윤이 나는 구두 등은 대개 자신감을 북돋아주고 탄탄히 다져진 근육처럼 자기 몸의 신체상을 형성한다. 그 모양새는 마치 강건한 팔뚝이 그렇듯이 당신을 지지해준다. 시각적으로, 통로로서의 당신의 몸이 곧게 펴지도록 한다. 파워드레싱(사업하는 사람들이 자신의 지위와 중요성을 강조하기 위해 입는 격식 있고 값비싼 복장)은 스스로를 규정하고 자신에게 이점을 가져다주는 일종의 예술이다.

반면에 따뜻하고, 파묻히기 좋고, 부드러운 옷은 마치 고치 속에 들어있는 것처럼 확신과 안전감을 주고 곤란한 상황을 맞닥뜨릴 수 있게 도와줄 것이다. 이런 것들은 당신이 그 순간에 절실히 필요로 하는 것일 수 있다. 오래된 편안한 옷을 입고 계속 미루고 있는 과제를 시도하는 것과 완벽한 옷차림으로 시도하는 것 사이에서 느껴지는 차이를 즐겨보라. 예를 들어 당신이 어떤 옷을 입고 있는지에 따라 소득신고 처리나 에세이 쓰기, 사직서 쓰기나 어려운 대화하기 등에 대처하는 당신의 태도가 어떤지 살펴보라.

a) 당신이 가진 제일 섹시하고, 가장 우아하며, 인상적인 드레스나 양복 또는 가죽바지를 입었을 때는 어떠한가?

b) 헐렁한 운동복이나 티셔츠를 입었을 때는 어떠한가?

행동을 미루지 않는 사람이 어떨지 생각해보고
그렇게 입어보는 것이 필요하다.

당신이 매우 중요한 일을 미루고 있다 하더라도, 마치 그렇지 않은 것처럼 입어보라. 쓸모없는 벌레처럼 입지 말고 가치 있고, 결단력 있고, 많은 사랑을 받는 사람처럼 입어보라. 당신에게 어떤 것이 효과가 있는지를 탐색하고 실험해보라. 번지르르한 옷인가 아니면 편안한 옷인가? 자신에게 스스로를 신나게 하고 기분 좋아지게 하는 무슨 옷이든 입을 수 있는 기회를 주라. 그 과제가 아무리 재미없는 일상적인 일이라 해도 말이다. 당신이 존경하는 사람이나 당신을 지지해주는 사람의 옷을 빌려보고, 그 옷을 효율적인 행동을 하기 위한 부적처럼 입어보라.

자기 관리를 미루는 것 자체에는 암묵적인 메시지가 있을 수 있다. 조라는 여자는 제대로 된 자기 관리를 계속 미루어왔던 사람인데, 결국 방치함에 의한 의사소통이라는 말을 만드는 꼴이 되었다. 생각해보라. 당신이 누군가에게 지금 굉장히 비참한 상태고 그들이 당신을 좀 돌보아줬으면 좋겠다고 말하려고 하지만, 그들은 당신의 말을 들을 수 없거나 듣지 않으려 한다. 아마 당신은 무의식적으로 그 사람 또는 세상에 당신이 얼마나 기분이 나쁜지를 알릴 수 있는 유일한 방법은 그들에게 당신이 방치하고 있는 그 결과물을 보여주는 것으로 생각할 수 있다. 그러므로 당신은 제때 밥을 먹고 피부에 문제가 생겼다는 것을 '잊어버리게 된다'. 당신의 머리카락은 제멋대로 자라나 있다. 당신은 옷을 제때 갈아입지 않고, 당신에게 잘 어울리는 색상이나 스타일 찾는 일을 주저한다. 당신은 손톱을 물어뜯는다. 당신은 자신의 감정에 대해 이야기하고, 암묵적인 요구나 요청으로 누군가가 와서 당신을 돌봐야 한다는 메시지를 전달한다. 그러나 당신은 동시에 스스로에게 좋은 것들을 박탈함으로써 자신에게 벌을 주게 된다. 당신은 다른 사람들을 처벌하기도 하는데, 심지어는 그들이 더는 당신 곁에 없더라도 그들에게 당신이 가장 아름답고 가장 건강하게 빛나는 모습을 볼 기회를 박탈한다.

물론 자기 무시는 단순히 외모를 형편없이 하는 것 이상의 심각한 양상으로도 나타날 수 있다. 위험한 성관계를 갖거나 금연을 미루고, 폭식, 폭음, 또는 마약 복용을 할 수 있다. 휴가를 전혀 갖지 않거나, 병원에 가는 것을 회피하거나, 다 닳은 타이어나 브레이크를 단 채로 지나치게 과속 하거나, 화재 경보장치를 고치지 않는 등 그 목록은 매우 많다. 종종 이런 행동들은 고의적으로 자해 행동을 하는 것처럼 자신의 정서적인 고통감을 줄이기 위해 매우 극단적인 행동을 하는 사람들에게서만 나타난다고 오인되기 쉽다. 나는 우리 모두가 자신과 타인을 무시하는 행동을 할 동일한 가능성의 연속선 위의 각기 다른 지점에 있는 것이라 생각한다. 당신이 건강이나 안전, 외모와 같은 신체적인 것을 돌보는 것에 대해 꾸물거림으로써 힘든 감정을 쫓아버리곤 했다면, 당신은 스스로를 돌보는 법을 배우게 되면서 이런 감정들을 다시 경험하기 시작할 것이다. 당신의 모든 감정이 현재와 관련이 있는 것은 아닐 것이다. 당신의 그러한 감정들이 흘러가도록 더 많이 허용하라. 그러면 감정의 물결이 위에서부터 밀린 감정들을 처리할 것이다. 당신은 지금 느끼고 있는 감정들을 받아 적고 싶을 것이다. 아니면 당신이 좀 더 명확하고, 강건하게, 즉각적인 감정을 갖는 데 익숙해짐에 따라 그런 일들에 관해 이야기할 친구를 찾게 될지 모른다. 당신이 어린 시절에 관계 맺었던 사람들처럼 말이다.

당신이 더 많은 분노와 불안, 좌절, 슬픔을 자기 파괴적으로 행동화하지 않고 완화시킬 수 있을 때, 당신은 즐거움과 기쁨, 만족과 행복감을 느낄 기회를 자신에게 더 많이 허용하게 되는 것이다.

앞으로 나아가는, 정신적-정서적 방법들

자신에 대한 신뢰 쌓기

스스로를 '꾸물대는 사람'이라고 부르지 말라

말에는 굉장한 힘이 있다. 자신에 대해 말할 때 사용하는 말들은 자신에 대한 신뢰와 자신감에 상당한 영향을 미친다. 자신을 꾸물대는 사람이라고 부르는 것은 내적인 구속 상태를 만들어낼 수 있는데, 이것은 당신과 당신의 가치를 당신이 하는 일(또는 하지 않은 일)에 의해서만 정의하도록 만든다. 그리고 이것은 정말로 도움이 되지 않는다. 우리는 어느 정도의 창의적이고 파괴적인 생각이나 감정, 행동을 다 가지고 있다. 그리고 우리는 어떤 부분을 더 강조하길 원하는지에 따라 선택을 내리고 책임을 갖는다. 우리에게는 행복해지고 창의적이고 생산적인 쪽으로 향하려는 자연스러운 본성이 있고, 스스로를 방해하고 파괴하는 본성 역시 있다. 다른 사람들도 마찬가지며, 실제로 굉장히 훌륭한 삶을 살고 있는 것 같아 보이는 사람들도 마찬가지다. 사람의 본질적인 가치는 뛰어나게 생산적이냐 하는 것에 달린 것이 아니다. 또한 꾸물댄다고 해서 어떤 사람이 무가치한 실패자가 되는 것도 아니다. 그러므로 자신을 꾸물대는 사람으로 격하시키거나 다른 사람들이 붙여준 낙인을 그대로 받아들이지 말라.

반면, 당신이 계속해서 자신과의 약속을 깨뜨릴 때도 용기나 행복, 자신감, 자유를 느끼기 어렵다. 우리는 모두 언제든지 변화하고, 배우고, 상상력을 가지고, 인생을 꾸려갈 새로운 전략을 채택하고, 옛 방식을 버릴 수 있다. 그러므로 당신이야말로 덜 미루는 법을 배우고, 창의적이고 효율적인 행동에 더 힘을 실을 수 있는 사람이라는 것은 반가운 소식이다. 당신은 이미 이 책을 읽음으로써 시작한 셈이니 스스로에게 축하하라! 조금 덜 좋은 소식은, 지속적인 변화를 일으키기 위해는 우리가 다음과 같은 일을 해야 한다는 것이다.

- *상상 속에서만이 아니라 실생활에서 새로운 전략을 연습하는 것*
- *실수하는 것*
- *좀 더 연습하는 것*
- *욕심이 너무 과한 목적을 '시도하려는 것'을 포기하는 것, 그리고 누군가 그 상황에서 꺼내주길 바라는 갈망을 포기하는 것*
- *성공이나 실망으로부터 다음에 더 잘 할 수 있는 방법을 배우는 것*

…그리고 그 과정에서 많이 웃는 법을 배우는 것

다른 방법이 없는 것은 아니다. 하지만 이 방법은 효과가 있다. 당신의 모든 행동에서 꾸물대는 것을 모두 없애려고 시도하기보다는, 일을 하는 데 있어서 전략들의 목록을 확장시키는 면으로 생각해보라. 다음과 같은 생각은 도움이 되지 않는다.

"결코 미루지 않을 거야."
"과거에는 미루었지만 다시는 그렇게 하지 않을 거야."
"이번에는 내가 결코 미루지 않을 거란 걸 알아. 난 아무리 무서워도 그걸 해낼 거야."

당신은 이 말을 하면서 이를 갈 수도 있다! 그러나 그것은 불편감을 주고, 당신이 하려는 일을 즐기는 데 도움되지 않는다. 어금니를 꽉 깨물고 얼굴을 찌푸리고 목에 힘을 주다 보면 나중에는 뇌에 산소를 공급하는 동맥을 수축시킬 수도 있다. 그러므로 순수하게 생리학적인 관점에서도 경직과 혼란을 위한 조건이 이미 형성되는 것이다. 스스로 실패를 위한 준비를 하지 말라. 또는 자신이 구제 불능인 게으름뱅이라는 (그래서 쓸모없고 무가치하다는) 자신에 대한 정의를 강화시키지 말라. 당신이 자신에게 지금부터 또는 내일부터 항상 최상의 효율성을 유지해야 한다고 자신을 확신시키려고 하면 당신의 몸은 저항을 하게 될 것이다! 왜냐하면 당신은 항상 완벽을 추구할 것이기 때문이다. 완벽해지지 않아도 괜찮고, 우리 중 누구도 완벽하지 않다! 소원에 가까운 생각에 몰두하기보다 당신의 생산적이고 효율적인 행동이 만개할 수 있는 환경을 만들라. 미루는 행동 대신 말이다.

그러므로 자기 자신에게 이렇게 말하는 것을 피하라. 예를 들어,

> *"내가 오디션을 봐야 할 때 / 계산서를 처리할 때 / 크리스마스 카드를 쓸 때 / 상사에게 매출액을 보고할 때, 나는 항상 그 일을 미루어…. 그러니까 나는 이번에도 그렇게 하게 될 거야. 굉장히 끔찍한 일이지. 난 그게 끔찍하게 싫어. 난 멍청이야…"* 등등

– 다음과 같이 생각하도록 실험해보라.

> *"내가 어떤 일을 시작할 때는 가끔 그 일을 미루기도 해. 때로는 놀라운 활력과 에너지를 가지고 일을 하기도 하고, 내가 생각했던 것보다 훨씬 더 적은 시간 안에 그 일을 마쳐."*

이런 생각은 자연스럽게 다음과 같이 이어진다.

> *"이번엔 어떻게 될지 궁금한데?"*

이것은 판단이나 자기 비난, 의기소침한 태도보다 호기심을 갖게 한다. 이런 말 자체가 생산적인 결실을 낳을 수도 있지만, 이 경우에는 실패 가능성에 대해 덜 긴장하게 되므로 당신이 그 과제에 열의를 가지고 다가갈 가능성이 더 높아지는 것이다. 그리고 관점의 전환은 반드시 효율적인 경험을 많이 해야만 얻을 수 있는 것은 아니다. 그것이 정확하게 참이 아니어도 된다! 오래 전 어느 지루한 오후에 잠시 에너지가 조금이라도 불타올랐던 단편적인 기억만으로도, 당신의 시스템에 영원한 게으름뱅이라는 선고를 내리지 않아도 되는 희망을 주기에 충분하다. 여기에는 가능성에 대한 '개방적인 태도와 격려가 필요하며, 당신이 자신만의 논리를 따르고 명확하고 결단력 있게 행동할 때마다 강화해주는 것이 필요하다. 만일 당신이 최근까지 너무 위축되어 있어서 언제 활력을 띠었는지 생각이 나지 않는다면, 어린 시절의 자연스럽고 활기찬 자신의 모습을 상상해보라. 당신이 생각을 할 줄 알기도 전의 모습 말이다. 또는 당신의 단짝 친구가 당신을 어떻게 기억할지를 상상해보라. 긍정적인 가능성을 선택하라.

자기 자신을 현실의 대안적 이미지로 나타내는 실험을 해보는 것도 창의적인 방법이다. 스스로 '난 항상 은행 거래를 미루어'라고 말할수록, 당신은 더욱 자신을 옳은 방향으로 개선시키기 어려워진다. 당신이 '난 이 일들을 절대 정리할 수 없을 거야'라고 생각하거나 말할수록, 당신은 주변에 더 높은 감옥 벽을 쌓는 것이다. 그리고 끔찍한 미래가 앞으로도 계속될 것이며, 점점 더 깨어나기 어려운 최면 상태에 빠져들게 된다. 만일 당신이 자신은 이 책에서 미루는 행동을 줄이기 위한 방법을 아무것도 찾을 수 없는 사람이라고 확신한다면 그 생각이 맞을 것이다. 그리고 그 적중이 당신에게 지금 이 순간 너무 중요한 것이라면, 당신은 당장은 그 미루는 습관을 자신에게서 분리시키려 하지 않을 수 있다. 그렇다 해도 스스로를 '꾸물대는 자'라고 부르지 않길 바란다. 좀 더 유쾌하고 긍정적인 것을 찾아보라.

당신이 새로운 가능성에 더 개방적일수록 당신은
더 많은 신선함과 변화를 경험할 것이고, 당신의 시스템은
새로운 결과들로 더욱 더 당신을 지지해 줄 것이다.

과거 성공의 경험을 사용하는 것

1부 24쪽에서 나는 당신이 필요로 하고 원하는 일을 시작하고 해냈던 때가 언제인지를 생각해보라고 권유했었다.

당신은 그 일을 어떻게 했는가?
어떤 도움을 받았는가?
그 상황과 당신이 그 일을 미루던 시간은 어떤 차이점이 있었는가?
예전에 당신에게 도움이 되었던 요소 중 어떤 것을 현재 상황에서 되풀이할 수 있겠는가? 다른 방식이어도 좋다.

물리적인 요소–당신은 서 있었는가, 앉아 있었는가, 가만히 있었는가, 이완된 상태였는가, 돌아다니고 있었는가, 긴장했었는가, 실내에 있었는가, 실외에 있었는가, 배가 고팠는가, 배가 불렀는가, 졸렸는가, 맑은 정신의 상태였는가? 당신은 어떤 옷을 입고 있었는가? 시간은 낮이었는가, 밤이었는가?

정신적인 요소–당신은 스스로 뭐라고 말했는가? 당신이 하는 일에 대해 무슨 믿음을 가지고 있었는가? 무엇이 당신에게 자신감을 갖게 했는가?

정서적인 요소－당신은 기분이 어땠는가? 스스로 어떤 기분을 느끼도록 했는가? 누구의 지지에 의지할 수 있었는가? 당신은 그 지지를 어떻게 얻어냈는가? 당신은 어떤 일에 대해 좋게 생각했는가?

성공적인 경험에 대해 생각하는 것은 당신에게 매우 많은 정보를 제공해준다. 당신은 행동을 미루고 있음을 깨달을 때 잊고 있던 그 상황에서부터 문제를 해결해볼 수 있다. 당신은 패턴을 확인할 수 있게 된다. 의무와 부담감을 느끼기보다 당신이 어떤 일에 흥분하고 열의를 가지고 임했는지를 주목해보라.

당신이 회피하고 있는 상황에서 어떤 즐길 만한 요소를 발견할 수 있었는가?
자신에게서 무엇을 박탈했는가?
당신은 무엇을 더 필요로 하는가?
만일 당신이 휴가 기간에만 침대에서 벌떡 일어나는 편이라면, 일상생활에서는 무엇이 빠져있는가?
만일 당신이 상사나 택시 기사에게는 강하게 얘기할 수 있지만, 배우자에게는 이 중요한 문제에 대해서 이야기하지 못한다면 그 차이는 무엇인가?
만일 당신이 친구에게 편지 쓰는 것은 좋아하지만, 리포트나 에세이, 유언장 쓰기를 계속 미룬다면 무슨 차이가 있는 것인가?

자신의 강점 위에 굳게 서는 것은, 자신이 가끔은 일을 미루기도 하지만 그것이 그리 큰일은 아니라고 생각할 수 있는 자기 이미지를 강화시켜 준다.

자신이 가장 자랑스러웠을 때가 언제인가? 당신은 이와 같은 기분을 더 많이 느낄 자격이 있다. 어떤 상태나 사건, 상황이 당신에게서 최상의 결과를 이끌어냈는가? 인생에서 가장 쉽게 성취하고, 가장 관대하고, 가장 자신감 있고, 행복하고, 살아있음에 감사했던 적이 언제인가? 그때 그 모습을 지금 재현하기 위해 무엇을 할 수 있는가? 종종 아주 작은 변화가 큰 차이를 가져오는 경우가 있다. 당신이 미루어왔던 그 일을 하기 위한 계획을 세우고, 당신의 인생을 조정할 때 단단해지고, 차분하고, 자신에 대한 긍정적인 느낌을 느낄 기회는 더 늘어날 것이다.

만일 당신이 답답한 실내보다 널찍하고 통풍이 잘 되는 장소에서 좀 더 편안해진다면, 배우자와 함께 산책을 나가거나 조용한 공원 벤치에 앉아 미루어왔던 어려운 얘기를 나누어보라. 만일 당신이 천성적으로 남과 어울리기를 좋아하고 스스로 앉아서 일하거나 공부하는 것을 미루는 편이라면, 친구나 가족과 찍은 사진 중 제일 좋아하는 것으로 마우스패드를 만들어보라. 일하고 있을 때 주위의 유쾌하고 사랑스러운 관계를 떠올리는 것은 당신을 격려해주고, 집중하는 것도 더욱 수월해질 것이다. 당신이 미루기를 멈추는 데 도움이 되는 것이 반드시 가시적인 것은 아닐 수 있다. 또한 반드시 결단이나 용기와 같이 추상적인 것도 아니다.

리타는 전형적으로 과도한 업무에 시달리는 교사다. 그녀는 한 학부형에게 껄끄러운 전화를 해야만 했다. 그 학부형은 아이가 방과 후에 남는 벌을 받아야 한다는 서류에 사인하기를 거부한 적이 있으며, 매우 화를 잘 내는 것으로 유명했다. 리타는 계속 왔다갔다 하고, 화장실에 갔다 오고, 다른 전화통화를 하고, 갖은 방법으로 전화를 회

> 피하고 있었다. 시간은 흘러갔다. 미룰 대로 미루고 나서도 리타는 전혀 자신감이 생기지 않았다(자신감이 생기는 건 거의 어렵다). 동료와 얘기를 나누고 나서, 리타는 자신을 도울 수 있는 것이 무엇일지 떠올려보았다. 그리고 자신이 쏙 안길 수 있는 털이 북실북실한 보호막이 될 만큼 큰 곰 인형의 무릎에 앉아 전화를 걸어야겠다는 생각을 했다. 그들은 빈 방에 있는 의자에 쿠션과 담요를 깔아 그 곰을 만들기로 했다. 리타는 그 속에 자기 몸을 완전히 감싼 채 그 학부형에게 전화를 걸었다. 그녀는 리타가 예상했던 대로 화를 냈지만, 리타는 담요와 쿠션에 기댄 채 얘기를 계속 했다. 그 학부형은 마침내 학교에 와서 얘기를 하기로 했다. 우스꽝스러운 모습이었다 해도 그녀는 전화를 했고 그 연락은 두 사람의 관계를 회복시켜주었다. 리타를 감싼 담요가 준 따뜻한 안정감은 그녀가 그 학부형을 견딜 수 있도록 도왔고, 그것이 두 사람의 관계를 진전시킬 수 있었다.

꾸물대는 행동은 상상력과 창의력을 모두 필요로 한다. 당신이 회피하고 있는 일에 대한 대안을 찾기 위해 무엇이 필요할지 생각해보라! 스스로 그것을 사용하고, 자신을 움직이고, 더 깊이 몰입하고, 해야 하는 그 일을 완성하기 위해 무엇이 필요할지 상상해보라.

같은 방식으로, 어떤 일을 하든지 특정한 단계를 따른다는 것을 이해하면, 당신이 어떤 과정에서 특히 능숙한지 확인할 수 있다. 당신은 어떤 일을 하고 있을 때 아무것도 당신의 집중력을 방해할 수 없으며, 언제 일을 마쳐야 할지를 명확하게 알고 있을 수 있다. 그래서 당신은 인식을 증진시키고 스스로에게 실험의 기회를 제공하고 새로운 프로젝트들을 시작할 때 당신과 당신의 인생에서 중요한 사람들에게 미치는 중요도에 따라 우선순위를 정하는 것에 초점을 둘 수도 있다. 또 당신은 인식력이 우수하여 새로운 아이디어를 떠올리거나 일을 시작하는 데 능숙할 수 있다. 당신은 몰입하고 완성하는 것에 초점을 맞추기만 하면 된다. 모든 과정을 나선형 행동의 단계에 따라 세분화해보면 당신은 이미 강점과 기술을 갖춘 영역을 깨달을 수 있고, 5분만 고생하면 될 영역 때문에 전체 과정을 미루고 있다는 것을 깨닫게 될 수도 있다.

당신 스스로를 믿는 것

내면의 비판자 또는 방해꾼을 다루는 방법

우리는 모두 이 둘 중 하나의 영향을 받는다. 그리고 그것들은 성취하고 창조하고 효율성을 높이기 위해 우리가 쏟은 최선의 노력들을 폄하하는 데 크게 일조하곤 한다. 우리 머릿속에 사는 비판적인 목소리는 우리에 대한 타인의 부정적인 메시지와 게으르고 위축된 상태로 안전함을 유지하려는 경향이 맞물린 결정체인데, 만일 우리가 꾸물거리는 경향을 줄이고자 한다면 머릿속의 이러한 비판적인 목소리에 저항할 필요가 있다. 비판은 종종 당신이 하려고 하는 일이나 말하는 것 등을 폄하하는 형태를 띤다. 당신이 자기 훈련이 덜 되었고, 그 일을 할 만큼 강하거나 똑똑하지 못하고, 당신이 표현하려고 하는 것은 말할 가치가 없는 것이며, 비합리적이고 독창적이지도 않다고 말이다. 활동적인 관점에서 보면, 아직 어떤 것도 해보지도 않고 비판적이다. 세포와 분자, 전자 등의 조합인 나, 즉 안드레아는 한 번도 컴퓨터 앞에 앉아 이러한 순서로 이러한 생각을 써내려간 적이 없었다('5월의 습도 높은 날 아침 런던이다. 발코니에는 사방으로 뻗치며 자라난 화초들이 가득하고, 반대편의 노란 등나무는 여린 흰 꽃을 피웠다'). 우리는 무엇이 합리적이고 무엇이 중요한가에 대해 자신만의 의미를 만들어내고 자신만의 결정을 내릴 권리가 있다.

스스로에게 매 순간이 고유하며 우리가 하는 말이나 행동이 가치 있다는 것을 상기시키는 것은 좋은 출발점이 된다.

그러나 이것은 전쟁의 일부분일 뿐이다. 마음을 좀먹는 냉소적인 내면의 목소리와 논쟁하고, 그, 그녀, 또는 그들에게 우리가 하려는 일이 가치 있으며 우리의 욕구가 중요하다는 것을 설득하는 일은 굉장한 에너지가 필요하다. 문제는 우리가 결과를 위해 필요한 에너지를 내면의 싸움에 쏟고 있다는 것이다. 만일 우리가 그 싸움에 주의를 기울인다면, 그 싸움은 불가피하게 더 커질 것이다.

그러므로 전략은 다음과 같다. 싸움에 관여하지 말라.

예를 들어,

방해자 : *네가 쓰고 있는 것은 분명 쓰레기일 거야.*

나 : *어쩌면 그럴 수도 있겠지. 난 어쨌든 즐기고 있는 걸.*

방해자 : *아무도 그 글을 읽고 싶어 하지 않을 걸.*

나 : *마틴, 제인, 페트라는 읽을 거야. 그렇지만 그들이 읽지 않는다고 해도, 난 내가 그 글을 완성한 게 기쁠 것 같아.*

방해자 : *넌 절대 완성할 수 없을 걸.*

나 : *그럴 수도 있겠지. 그렇지만 완성을 못하더라도 아무것도 안 하는 것에 비하면 뭔가를 한 거잖아.*

방해자 : 그렇게 말할 수 있겠지.

나 : *(싸움을 포기함) 음, 그래, 네가 걱정해주는 것 고맙게 생각해 (계속 자판을 친다).*

방해자 : *내가 맞을 걸. 너도 그렇게 생각하잖아.*

나 : *충고 고마워(노래를 흥얼거리며 계속 자판을 친다).*

방해자 : *흥!!!!!!*

나 : *자판 두들기는 소리, 흥얼거리는 소리 등.*

이런 대화를 충분히 나누고 나면 방해꾼이 눈에 띄게 조용해질 것이다. 방해꾼이 회사 밖 엘리베이터나 부엌 등에서 잠복하고 중얼거리는 것을 시들해지게 하라. 그들은 왜 당신이 그러면 안 되는지, 왜 당신이 할 수 없는지, 또는 당신이 절대 하지 않을 거라거나 그럴 만한 가치가 없다거나, 좋은 사람이 아니라는 등의 새롭고 한층 더 우울한 이론들을 불쑥불쑥 꺼내놓으려 기다리고 있다. 그리고 당신이 성공한 것 같이 느껴지더라도 속지 말라. 방해꾼은 자기만의 방식으로 당신을 보호하려고 하며 쉽게 포기하지 않는다. 인내심을 가져라. 그의 노력을 인식하라. 방해꾼의 말을 들었음에도 당신이 어떤 것을 말하거나 표현하려고 할 때마다 효율성의 근육은 점점 더 단단해질 것이고, 당신의 시스템도 더욱 명료해질 것이다.

당신이 습관적으로 즐거움을 의무로 바꾸는 편이라거나, 계속해서 미루고 있는 행동을 당신이 굉장히 좋아하고 있다는 것을 아는 경우에는 방해꾼을 무시하는 것이 특히 중요하다. 일하는 동안 콧노래를 부르거나, 노래를 하거나, 음악을 듣거나, 춤을 추어 평가절하하는 말의 흐름을 끊어버리라. 그리고 그것이 잠잠해지는지 관찰하라. 방해꾼이 당신을 새로운 방식으로 질책하지 않도록 하는 것도 중요하다. 그러므로 당신이 자신에게 한 약속을 지킬 수 없다고 생각될 때는 다짐을 하지 말라.

다음과 같이 말하는 것이 훨씬 나을 것이다.

'만일 내가 오늘 이 일을 한다면 굉장히 좋겠지.'

이런 말은 당신이 깨뜨릴 것을 뻔히 아는 다짐을 하며 자신을 궁지로 몰아넣는 것보다 훨씬 낫다. 자신에게 감당 못 할 마감기한을 제시하고 자신의 능력에 대한 신뢰가 자꾸 줄어들도록 하지 말라. 신뢰는 회복이 느리다. 만일 당신이 많이 미루는 편이라면 다시 자신을 믿을 수 있도록 연습을 많이 할 필요가 있을 것이다. 마치 감기에 걸린 사람을 대하듯 자신을 온화하게 대하라. 자기 신뢰를 쌓을 기회는 매일매일 있으며 조금씩 쌓아갈 수 있다. 신뢰를 '조금씩' 쌓을 때마다 방해꾼은 점차 조용해질 것이다.

타인이 당신을 신뢰할 것이라고 믿는 것

꾸물거릴 때 우리는 자신을 더 이상 믿지 못할 것이다. 만일 우리가 가장 좋은 자신의 모습을 잊어버리게 된다면, 이러한 모습들을 다시 상기할 필요가 있다. 그리고 우리 자신의 자기 가치감을 계발시키는 것이 세상을 살아가고 성공과 실패에서 계속 배움을 얻기 위한 가장 건강한 방법이지만, 우리를 믿어주는 다른 사람들 역시 훌륭한 지지를 제공해주는 자원이 된다.

당신을 신뢰해주는 사람들이 누구인가?

당신과 당신의 능력을 믿어주는 모든 사람의 이름을 적어보라. 만일 당신이 구체적으로 들었던 긍정적인 말이 있다면 그것을 같이 써보라. 당신 곁의 친밀한 사람들의 모습을 떠올려보고, 그들에게 얘기한다고 상상해보라. 그들이 뭐라고 말하는지 들어보라. 친구에게 전화를 걸어보라! 아빠에게 이메일을 보내보라! 당신의 가장 친한 친구/엄마/형/배우자/동료에게 만나자고 해보라. 같이 점심을 먹고, 함께 공원을 산책하고, '넌 할 수 있어'라는 말을 계속 해달

라고 부탁해보라.

때때로 당신이 정말 침체된 상태이고, 미루기를 멈출 수 없을 것처럼 생각된다면, 당신을 믿어줄 만한 어느 누구도 떠올릴 수 없는 마음의 틀 속에 빠져있을 가능성이 있다. 또는 당신은 '아, 그들이 진짜 내 모습이 어떤지를 안다면… 그들은 내가 괜찮은 사람이 아니었다고 생각하게 될 거야'라고 생각하기 시작했을 수도 있다. 당신은 공허하며, 불행하며, 패배감을 느낀다.

당신 안의 비판자는 이런 사람들의 존재를 평가절하한다. 다른 누군가가 당신의 친구나 당신이 사랑하는 사람들을 말로 공격할 때 당신은 그들을 옹호하려 할 것이다. 만일 누군가가 당신의 친구가 한 말을 하찮게 여기거나 그들의 의견을 헐뜯는다면, 당신은 아마 몹시 화가 나서 한 마디 할 것이다. 여기 당신의 머릿속에 있는 방해꾼도 쉴 새 없이 비아냥거린다.

"진짜로 나를 믿어주거나 내가 하는 일에 신경써주는 사람은 아무도 없어."
"그녀에게 만나자고 하면 무시당할지도 몰라."
"잠자리에서 내가 원하는 걸 요구하면 그가 이상하게 생각할 수도 있어."
"그는 내 능력이 어떤지 잘 몰라. 그는 내 말투만 보는 걸."
"그들은 내가 강한 사람이라고 생각하지만, 내가 병원에 가는 것 때문에 마음이 동요해서 소란을 피우는 걸 보면 별 볼일 없는 사람이라는 걸 알게 될 거야."
"직장에서 내 아이디어를 말하면 사람들은 내가 주제넘은 짓을 한다

고 볼 거야."

이런 생각들은 전혀 도움이 되지 않는다! 하지만 이런 생각들은 어떻게든 스며들어온다. 그리고 당신을 아껴주는 사람들의 성숙함이나 따뜻함, 그들의 통찰력에 대한 존중을 상실한다. 처음 대면하는 사람에게도 그대로 적용된다. 만일 당신이 면접이 걱정되어 새로운 직장에 지원하는 것을 미룬다면, 이 방해꾼은 면접관들에 대한 거짓말로 당신을 혼란스럽게 할 절호의 기회를 잡는다. 당신이 공연을 하고 싶어 하지만, 당신은 관객들이 조롱할 것을 상상하고 있다는 것을 알게 된다. 왜 이 방해꾼이 당신이 한 번도 만나본 적이 없는 사람들에 대해 하는 이런 모욕과 좀먹는 말에 휘둘리는가? 당신을 존중해주는 사람들에 대한 당신의 평가에 주의를 기울이고, 새로운 사람들도 당신의 가장 좋은 면을 알아볼 것이라고 생각하라. 그들이 당신을 어떻게 대해주기를 원하는지 상상해보고, 방해꾼의 냉소적인 예측 위에 이런 이미지를 겹쳐놓아보라. 그리고 당신의 에너지가 다시 솟아나는 것을 주목해보라.

*** 만일 당신에게 이런 생각들이 계속된다면, 그런 생각들에 도전할 수 있도록 도와줄 수 있는 사람을 찾아볼 수 있다. 가까운 친구나, 상담자나 심리치료사가 당신이 언제, 어떻게 그런 생각을 하게 되는지 깨달을 수 있도록 도움을 줄 수 있다. 또한 당신이 자신과 타인을 폄하하는 악순환의 고리를 끊을 수 있도록 도와줄 것이다. 모두 생각에 지나지 않는다. 그리고 당신은 그러한 생각들이 필요 없다. 그러한 생각들은 고통을 유발하고 당신을 무기력하게 한다.*

좀 더 미묘한 형태의 타인에 대한 평가절하는 이런 생각들을 할 때 발생할 수 있다.

"내가 하기로 했던 그 일을 미룬다고 해도 그들은 별로 신경 쓰지 않을 거야."

또는,

"내가 제 시간에(또는 전혀) 나타나지 않아도 그들은 눈치 채지 못할 거야."

또는,

"그들이 신경 썼다고 말하더라도 실제로 그렇지는 않을 거야."

이 방해꾼이 얼마나 언변이 유창하고 설득력이 있는지 정말 놀라울 지경이다. 이런 사고방식은 당신의 자존감을 해칠 뿐만 아니라, 사람들로 하여금 진짜 신경 쓰이게 하며, 눈치를 채도록 만든다. 당신은 문제를 일으킨 것이며, 당신이 관여한 일이 무엇이든 당신이 일조한 셈이다. 사람들은 당신이 줄 수도 있었던 것을 받지 못했을 때 신경이 쓰이고 눈치를 채게 되며, 당신이 행복하지 않거나 위축되어 있다는 것을 알아본다. 그리고 당신의 꾸물대는 것 때문에 직-간접적으로 상처를 입기도 한다. 우리 중 누구라도 스스로 이것을 깨닫는 것은 어려울 수 있다. 특히 우리가 고군분투 중이라면 말이다. 하지만 궁극적으로 사랑이란 우리가 타인에게 어떤 영향을 미칠지를 고려하는 것이며, 우리 몫의 책임을 지는 것이다.

사람들은 인생에서 성공적이고 정말 가치 있는 사람들에게 의지할 수 있기를 원한다. 우리 대부분은 그런 사람이 되기를 원한다.

우리 자신을 그런 역할에서 따돌릴 이유는 전혀 없다. 자신을 몰아세우고 제한하거나 스스로에게 지키지 못할 약속을 하고, 지나친 일반화를 하거나 후회나 소원에 가까운 생각을 하기보다 변화의 가능성을 높일 수 있도록 자신을 격려하라. 그러나 어떤 일을 하지 않음으로 인하여 생기는 부정적인 결과를 피하는 것도 똑같이 당신이 앞으로 나아가는 것을 저해할 수 있다. 당신은 마음속에서 행동이 부족하다는 암시를 계속 받는 것과 이런 생각을 확대 해석하여 자신을 공포에 떨게 하고 의기소침하게 만드는 것의 차이를 알 필요가 있다. 자신의 지혜와 명료한 사고를 활용하라.

좋은 부모는 그들의 자녀가 행동을 미루기 시작할 때 어떻게 그들을 인도하고 지지할 것이라고 생각하는가? 그들은 어떻게 교착상태에 빠진 아이들을 도울 것 같은가? 그들이 아이들의 곤란한 상태를 돕기 위해 무슨 일을 하고 어떤 말을 할지 생각해보라. 차분하고 확고하면서도 부드럽고 재미있는 말들을 생각해보라. 좋은 친구가 바로 당신 곁에 있다고 상상해보라. 그가 당신을 격려하고 있다. 무슨 말을 하고 있는가? 그 말을 자신에게 되뇌어주라. 또는 종이에 적어 반복해서 보라. 친구가 당신 몸의 어디를 만질 것 같은가?(팔일까? 아니면 손이나 어깨?) 그 부분을 스스로 토닥이면서 격려의 말을 되풀이하라. 깊은 숨을 코로 들이마셔라. 무릎을 똑바로 펴고 서보라. 당신의 발이 땅을 잘 디디고 있는 것을 느껴보라. 에너지가 당신의 머리에서부터 흘러내려오고 다리에서 다시 올라가는 것을 상상해보라. 당신의 배와 가슴을 잘 모아서 끈기 있고 분명하게 앞으로 나아갈 수 있도록 천천히 소리를 내며 숨을 내쉬라.

당신이 회피해왔던 일을 다루는 과정은 당신이 상상했던 것보다 훨씬 더 평화롭고 덜 극적일 수 있다. 심지어는 우아한 느낌마저 들 수 있다. 그리고 대단히 만족스러울 것이다.

생각 발견하기

수 년 전, 내가 미루기의 끈을 끈질기게 강박적으로 잡고 있었을 때 만난 한 안마사는 내가 나의 있는 모습 그대로 살아가는 법을 받아들이라고 권유했다. 더 나아지려고 애쓰지 말고 말이다. 그 짧은 한 마디는 내가 악순환의 고리를 박차고 나올 수 있는 근거가 되었고, 나에게 필요한 변화를 시도할 때 발생할 실제적인 어려움들을 직면할 수 있게 해주었다. 나 자신을 포기해야 한다는 것은 마치 생매장을 당하는 느낌이었다. 그의 제안은 더 나아지려고 분투하는 나의 갈망을 드러내주었고, 거기에 쏟았던 에너지는 절망감의 모습으로 감춰져 있었음을 알게 해주었다.

대부분의 사람들은 바랐던 삶의 모습과 같지 않은 자신의 삶을 거부하곤 한다. 이런 저항은 필시 그들이 더 나아질 만한 사람이라는 믿음에 기초하고 있을 것이다. 당신의 미루는 습관이 내민 축축한 손을 걷어찰 필요를 상기시켜주는 생각을 찾아보라. 노래나 시, 누군가의 말, 또는 낡은 달력에 적힌 격언이 될 수도 있다. 자신에게 설득력 있는 이유를 발견했을 때 담배를 끊게 된다는 것은 잘 알려진 사실이다. 그리고 그 이유는 다른 사람들과 얼마든지 다를 수 있고, 반드시 명백한 논리를 갖출 필요도 없다. 미루기도 이와 마찬가지이다. 당신의 깊은 가치 체계와 연관된 어구가 있을 것이고, 그 말이 당신에게 충격요법으로 작용해 행동을 하게 할 것이다. 당신이 그런 말을 찾는다면 그것을 써먹으라. 내가 요즘 즐겨 사용하는 것은 이것이다.

오늘 당신이 한 일이 당신을 뿌듯하게 했는가?

내가 앞서 말했던 것처럼, 당신이 자기 자신을 실패자로 규정하지 않는 한 당신의 중요한 특징을 명명하고 강화시켜주는 진술이나 긍정적인 문구들은 도움이 된다. 당신에게 의미가 있는 말을 찾아보라. 그 문구를 써서 가지고 다니고, 거울 앞에 붙여놓고, 사무실 벽에도 붙여 놓고, 어려울 때나 기억날 때마다 반복해서 읽어보라. 당신을 단순한 상태로 만들어주는 말이 일반적으로 가장 효과 있다. 예를 들면,

- *나는 깨달음을 위해 기꺼이 시간을 투자할 것이다.*
- *나는 발전적인 나의 능력을 정말로 즐긴다.*
- *실수에서 배우는 나의 능력을 높이 평가한다.*
- *난 안전하고 내가 할 과제와 관심사에 깊이 몰입하고 신나게 할 수 있다.*
- *난 자연스럽게 사랑에 빠질 수 있다.*
- *나는 행동과 휴식을 둘 다 매우 좋아한다.*

소요되는 시간

어떤 일을 하기 위해는 얼마만큼의 시간이 드는가? 당신은 이것을 어떻게 계산하는가? 당신은 얼마나 자주 당신이 해야 할 일의 마감기한을 정하는가? 당신이 여섯 통의 이력서를 이메일로 보내는 데 시간이 얼마나 걸릴 것 같은가? 이모에게 전화를 거는 것은? 다락방을 정리하는 것은? 6kg을 빼려면? 수표를 써서 당신이 후원하는 단체에 송금하는 것은? 바뀌어야 될 습관, 기입해야 될 문서, 치워야 하는 책상 등 우리가 하려는 일이 무엇이든 그것은 사용해야 할 시간을 더 많이 필요로 할 수도 있다. 일을 미루는 꿈같은 시간도 많은 시간을 소요시키고, 정서적인 에너지나 여러 사람의 인내심을 요구하며, 종종 돈을 쓰게 되기도 한다. 실제로 그 일을 하는 데 드는 시간은 무한대로 늘어날 수 있다. 어지럽게 동요된 상태로 주의가 흐트러지거나, 얼마나 어려운 일인지 얘기하거나 하면서 말이다. 우리가 회피하는 많은 일이 우리가 막상 정말 집중해서 하기 시작

하면 상상했던 것보다 훨씬 더 적은 시간이 걸린다는 것은 매우 놀랄 만한 일이다. 일단 '회피하고 미룰 것'이라는 딱지를 붙이게 되면, 우리는 심지어 그 일을 완성하는 데 시간이 얼마나 걸릴지도 계산하지 않는 것 같다. 이것은 우리를 시간감각이 없는 아기 같은 상태 또는 끔찍한 현재가 영원히 지속될 것 같은 상태로 이끈다(이것은 언제가 일을 마쳐야 할 때인지를 아는 것과 밀접한 연관이 있다. 아래를 보라).

**당신이 어떤 일을 하는 데 시간이 얼마나 걸릴지를
가늠하게 되면 당신의 주의 초점은 '그 일이 얼마나 어려울까'에서
'그 일을 마치면 (더 재미있는) 무엇을 할 수 있을까?'로 옮겨진다.**

어떤 일을 하는 데 대략 어느 정도의 시간이 걸릴지를 아는 것은 당신이 그 과제가 얼마나 어렵든, 과정에서 어떤 어려움이 있든 인생은 계속 된다는 것을 깨닫게 해준다.

당신이 완성하기를 회피하고 있는 일을 하는 데 시간이 얼마나 걸릴 것인가? 한 시간? 두 시간? 일주일? 육개월?
당신은 그 일을 준비하려면 시간이 얼마나 걸릴 것인가 ? 어느 정도의 시간을 들여야 할 일인가?
당신이 일을 효율적으로 잘한다고 인정하는 사람들의 경우, 시간이 얼마나 걸릴 것 같은가? 그렇다면 당신은 어떻게 할 것인가?
당신이 이전에 오랜 시간을 생존해왔던 것을 스스로 상기시켜주고, 그 일을 하는 동안 시계나·달력을 주시하라. 현재 실제로 주어진 시간을 확인하라. 왜냐하면 그렇지 않으면 당신은 회피하고 있는 그 끔찍한 일 속에 영원히 침체

될 것 같다는 느낌을 받을 수도 있기 때문이다.

당신은 그렇게 되지 않을 것이다. 그 일은 곧 끝나게 될 것이다. 시간은 흐른다.

그리고 일단 그 일을 마치고 나면 당신은 자신에게 어떤 보상을 해줄 것인가?

마감기한

마감기한은 시간이 오래 걸리거나 어려운 일의 경계를 설정할 수 있게 도움을 준다. 따라서 당신은 그 끝을 상상할 수 있고 그 다음의 삶에 대해 생각해볼 수 있다. 당신은 스스로 마감기한을 정했을 때 가장 효율적으로 기능할 것인지, 아니면 다른 사람들이 마감기한을 제시해줄 때 효과가 있는지 파악할 필요가 있다. 그 누군가가 어떤 사람인지에 따라서도 다를 것이다. 당신이 여러 감독자들을 어떻게 대하는지를 생각해보라. 당신이 존경하는 사람이나 당신이 중요하게 생각하는 의견을 가진 사람과 함께 마감기한을 세우는 것을 목표로 하라. 다른 사람들의 마감기한을 방해하기 위해 수단을 가리지 않는 사람들도 있으므로, 다른 사람과 극적인 일을 만들지 않도록 조심하라. 당신의 마감기한을 하나의 보상으로 마무리 지으라. 무엇이면 좋겠는가?(아래를 참고하라) 만일 당신의 마음속에서 마감기한이 고통이나 땀, 투쟁, 사소한 문제가 있는 실험을 연상시킨다면 그것을 더 유쾌한 것과 재결합시킬 수는 없는지 한 번 살펴보라. 우아함이나 흥분, 평온함, 뭔가를 즐기는 것, 만족감은 어떤가? 그러고 나서 당신의 마음속에서 마감기한에 가까이 간다는 것이 어떻게 느껴지는지 상상해보고 느껴보라.

언제든 괜찮지 않은가?

스스로 '지금은 적절한 때가 아니야'라고 말하는 것은 일을 미룰 때 자주 쓰는 방법이다. 만일 당신이 혈뇨로 인해 병원에 가는 것과 같이 건강에 대해 이야기하고 있거나, 또는 흉부나 왼쪽 팔에 심각한 통증을 느낀다면 지금 당장 병원에 가라. 기다리지 말라. 공휴일이라도 말이다.

당신은 예를 들어 어려운 대화를 미루려고 할 수도 있다. 하지만 때때로 솔직한 것은 더 친절하고, 더 적절하고, 더 좋은 결과를 가져올 수 있다. 대체로 생일이나 크리스마스, 결혼식 또는 배우자의 중요한 인터뷰가 있는 전날 밤이 되기 한참 전이나 그 얼마 뒤에 당신이 계속 미루던 일을 하는 것이 좋다. 만일 당신이 그 날 그 일을 단행하기로 하면, 이미 감돌고 있던 강한 감정의 기운이 그 결과나 다른 사람에게 영향을 미치기 쉽다. 아마 중립적이고 부담이 적은 평소보다 비해 더 언짢아하거나 화를 낼 것이다. 미래에 그 기념일에도 안 좋은 기억이 두 사람 모두에게 떠올라서 언짢아질지 모른다. 그리고 당신은 '이것이 내가 미루던 일을 하려고 했더니 일어난 일이야'라는 기억을 더함으로써 행동과 고통감의 연합을 더 강화할 수도 있다. 모든 것이 '중요한 날'의 극적인 효과로 과장되며, 이 때문에 당신이 논의할 필요가 있는 일에 몰입하거나 완성해야 할 일로부터 주의를 흐트러뜨릴 수 있다. 이런 일은 드라마에서나 각광받는 소재이지 일상생활에서는 아니다. 그러므로 이런 식으로 자신을 방해하지 말라.

하지만 당신이 중요하게 생각하는 일 때문에 일을 계속 미룬다는 것을 깨달았다면('이런, 부활절 다음이 시어머니 생신이야. 그 뒤에는 아이들 시험기간이고, 그러니 내가 그땐 소란을 피우지 않는 게 좋겠지. 그러고 나면 우리는 휴가를 갈 테고, 난 그 시간을 망치고 싶지 않아. 그러니 9월이 될 때까지 기다려야 돼. 근데 그때는 크리스마스가 다가올 텐데') 당신은 아마도 당신 머릿속의 불안한 목소리를 듣고 있는 것일지 모른다. 그리고 그 목소리는 인류가 달에 처음 착륙했던 날이니까 침대 밖으로 나가지 말라는 그럴 듯한 이유를 제공한다. 그러니 당신의 재정 상태나 대인관계 문제를 얘기할 리 만무하다. 당신이 미래를 예측할 수 없다는 사실을 잊지 말라. 당신은 지금 피하고 있는 일을 '~할 때' 하면 더 쉬울 것이라고 생각한다. 하지만 당신은 어떤 예기치 못한 일(질병, 사고, 주변 환경의 큰 변화, 당신의 자원에 대한 새로운 요구)이 고개를 내밀는지 알지 못하며, 그래서 그때가 되면 지금보다 더 어려워질 수도 있다.

당신이 그 일에 대한 마음의 짐을 벗어버리려고 관련된 사람들과 씨름할 때나, 당신이 말을 꺼내기 시작할 때마다 무슨 일이 생긴다거나, 주의가 흐트러지거나, 또는 계속 얘기하면 당신이 그 말을 하기 위해 엄청난 노력을 해야 할 경우라거나, 마치 오트밀 속에서 수영하는 것과 비슷하거나, 어떤 힘에 대항해서 씨름해야 할 경우가 있을 수 있다. 만일 이런 일이 생긴다면 관련된 다른 사람들도 당신이 무엇을 말하려는지 감을 잡고, 그 말을 들으려 하지 않을 것이다. 그런 힘겨운 싸움에서는 이 주제에 대한 당신의 주저하는 모습, 죄책감, 불안 또는 당황감이 그들의 감정과 뒤섞이게 된다. 그러므로 용기를 가져라. 당신과 상대방을 위해 이 일을 하는 것이며, 당신이 끈기를 발휘한다면 진정한 새 장면을 맞이하게 될 것이다. 당신이 그 일과 관련해 무슨 말을 듣고 싶은지 상상해보고 실행해보라.

어떤 일들이나 어떤 사람들과는 적절한 시간이 결코 찾아오지 않을 수도 있다. 그것이 현실일 수 있다. 그러나 그 문제를 빨리 해결할수록, 더 빨리 당신의 강점과 자원들을 재건하기 시작하고 새출발도 할 수 있게 된다. 그리고 이러한 일에 연루된 다른 사람들에게도 마찬가지 효과를 가져온다.

자신에게 앞으로 나아갈 수 있도록 허락하기

당신이 나선형 행동의 어떤 단계에서 앞으로 나아가기를 어려워하는지 확인했다면, 그 싸움을 변화시켜 자신감을 얻을 수 있는 기회를 자신에게 주는 법을 연습해볼 수 있다. 당신은 어떤 일을 다른 방식으로 해보는 기회를 고안할 수도 있고, 그 단계를 침소봉대했다는 것을 깨닫고 그 생각을 강화하는 경험을 할 수도 있다.

인식할 수 있는 기회 주기

당신의 일반적인 인식 수준을 증가시키기 위해, 감각적으로 접하게 되는 정보에 언제든 주의를 기울이는 실험을 해볼 수 있다. 주변 환경에 자신을 더 조율하여 맞춰봄으로써 당신이 미루거나, 무시하거나, 잊고 있었던 인생의 부분에 대해 더 민감해지는 능력도 키울 수 있다.

긴장된 상태가 아니라 편안한 상태로 인식하는 것이 핵심이다.

환경

공원이나 정원, 또는 혼잡한 거리의 버스 정류장이나 창문이 있는 방 안에 앉아보라. 부드럽게 숨을 내쉬도록 하라. 소리에 귀 기울여보라. 당신이 들을 수 있는 모든 것에 대한 자그마한 목록을 마음속에 써내려가라. 나뭇잎 구르는

소리, 발소리, 웃음소리, 새가 지저귀는 소리, 차들이 부릉부릉 하며 쌩쌩 달리는 소리, 당신의 배에서 나는 꼬르륵거리는 소리 등 각각의 소리에 조금씩 주의를 기울여보라. 그리고 당신의 내면세계가 부드럽고 잠잠해지는지 살펴보라. 다시 한 번 무엇이 움직이고 있는지 살펴보라. 나뭇가지들, 사람들, 크레인, 고양이, 비행기, 쓰레기, 구름. 각 장면에 조금씩 주의를 기울여보라. 그 움직임이 만들어내는 모양에 주목해보라. 패턴과 색깔에 주의를 기울이라. 당신의 내면세계가 따뜻해지고 더 풍부해지는지 살펴보라. 이번에는 다시 한 번 냄새와 당신이 맛보고 있는 것들에 주목해보라. 주변을 둘러보고 당신이 사랑하는 사람들이 무엇을 좋아할지 상상해보라. 숨을 깊게 들이마셔라. 팔을 뻗어보라. 어떤 느낌이 드는지, 무엇을 하고 싶은지, 무슨 일이 벌어지는지 살펴보라.

느낌과 생각을 인식하기

느낌과 생각의 차이를 알아보자.

느낌이란 단순하며 몸 안에서 느껴지는 것이다. 느낌은 일반적으로 불안과 공포, 즐거움과 흥겨움, 화, 슬픔, 놀람, 혐오로 분류될 수 있다.

생각이란 감각보다는 말로 나타나는 것으로, 머릿속에 자리를 잡고 있다.

당신이 어떤 느낌을 갖는다면, 몸의 어떤 부분에서 느껴지는가? 유사점이 있는가?

희미한 느낌이라도 신뢰하는 법을 배워라. 어떤 느낌이 들 때 호흡을 하면, 그 느낌을 점차 더 많이 느끼게 될 것이다.

당신에게 다른 생각들이 떠올라 스쳐지나갈 때 거기에 주목해보라. 당신이 그 생각들에 대해 갖게 되는 생각에 주목해보라. 그 생각들을 통제해보거나, 이리저리 굴려보거나, 이미지나 소리로 변형시켜보거나, 당시의 주의 중심부나 주변부에 있도록 해보라.

당신의 몸과 느낌, 생각에 주의를 기울이는 놀이를 차례로 해보라. 그리고 셋 중 두 영역 혹은 셋 중 가장 우선시되는 측면에 주목해보라.

감각, 생각, 느낌은 생겼다가 사라지는 것이며, 이것이 우리를 규정하는 것이 아니다.

사람들을 인식하기

잠시 속도를 늦추고, 당신이 말하고자 했던 것을 한 편으로 미루어두고, 당신의 배우자나 아이, 동료, 친구가 하는 말을 경청해보라.

그 사람의 표정이 어떻게 변화하는지, 밝아지는지 어두워지는지, 눈과 입 주위의 작은 근육들의 움직임을 살펴보라. 그 사람의 목소리의 특징이나 사용하는 단어들, 거기서 묻어나는 감정이 어떤지를 살펴보라. 이 사람이 말한 것을 따라해 보고, 당신이 정확하게 들었는지 물어보라.

다른 사람이 언제 자신의 감정을 표현하는지 살펴보라. 특히 당신이 그 사람의 경험을 무시하거나 묵살하고 있다고 생각되는 경우에는 더 주의해보라. 이를 통해 그 사람이나 영화나 책의 등장인물을 더 진실하게 이해할 수 있다.

당신도 그런 감정을 느껴본 적이 있었는가? 그렇다면 어떠했는가? 그 사람의 입장이 되어 한 번 생각해보라. 또 다른 무엇이 느껴지는가? 스스로 뭐라고 말할 것 같은가? 당신에게 필요하거나 당신이 원하는 것이 무엇일 거라고 생각되는가? 그것은 당신이 오늘 신경 쓰고 있는 그 사람에게도 적용될 수 있을 것인가? 한 번 물어보았는가?

당신은 물론 인생의 특정 영역에 대한 인식 수준과 민감도가 매우 높을 수 있다. 하지만 전체적으로는 막혀있거나 다른 영역에서는 무심할 수도 있다. 당신은 대인관계의 촉이 굉장히 발달한 '사람들과 어울리기 좋아하는 사람'일 수 있지만, 뜯지도 않고 넣어둔 고지서들이 서랍 속에 빽빽이 차 있을 수도 있다. 당신은 회사 예산에 대해서는 정확하고 깐깐할 수 있지만, 욕실이 지저분해진 것은 전혀 모르고 있을 수도 있다. 당신은 훌륭한 선생님, 사회사업가, 심리치료자, 경찰관, 목사 또는 의사일 수 있지만, 가족과 함께 즉흥적으로 외출을 나간 적은 한 번도 없을 수 있다.

어떤 가족 구성원이 당신이 계속해서 꾸물거리고 있는 그 일에 대한 인식을 차단했었는가? 당신은 그들이 그 일을 다루게 하기 위해 어떻게 하려 했는가? 가족 중 누가 가장 인식 수준이 높은가? 그들은 어떻게 그렇게 하는가? 당신의 인생에서 좀 더 활력이 있고, 이런 일들에 대한 인식이 높았던 시기가 있었는가? 그런 인식을 어떻게 유지했는가? 당신은 그 경험을 오늘날 어떻게 다시 활용할 것인가?

인식은 시간에 따라 달라지며, 특히 중요한 인생의 변화가 있을 때는 더욱 그러하다.

> 나는 다이어리를 전혀 사용하지 않았던 때가 있었고, 때문에 약속을 자꾸 잊어버리게 되었다. 그래서 일정들을 기록하기 시작했지만, 다이어리를 확인하는 것을 '잊어버려서' 회의에 빠지는 일이 계속되었다. 나는 바쁘고 즐거운 삶을 살고 있었지만, 많은 약속들이 내 의식 밖에 있었다. 난 이것이 매우 곤혹스러웠다. 특히 지난 수 년 간을 다이어리 중심의 삶을 살아왔지만 결국 내가 친구들을 실망시키게 되었다는 것 때문에 더욱 더 곤혹스러웠다.

만일 당신이 우선순위를 두길 원하는 일이 무엇인지를 쉽게 깨닫지 못한다면, 그것을 상기시키는 장치를 통해 매일 자극을 받을 필요가 있다.

그러니 당신이 계속 깜빡했던 그 일에 주의를 기울이도록 감각을 사용해보라. 버스 카드에 메모를 붙여놓으라. 당신의 자동응답기나 핸드폰, 음성메시지에 전화를 걸어 메시지를 남기라. 이른 아침에 알람을 맞추고 전화기도 침대 근처에 두라. 큰 종이에 자세한 사항을 적어 노트 제일 앞면에 끼워두라. 거울에도 메모를 잔뜩 붙여두라. 현관 문 옆에 큰 팻말을 놓아두라. 중요한 약속이나 마감기한은 당신이 어딜 가든 생각할 수 있도록 날짜를 적어두라. 당신의 인식을 일상의 정규 스케줄로도 확장시켜라(수요일이야, 난 운동하러 가야 해. 일요일 저녁이야, 밤에는 동생에게 전화를 해야 해). 당신이 신경 쓰고 있는 사람들을 그림으로 그려보라. 스케줄러에 일종의 표식으로 활용할 수도 있고, 하루를 계획할 때 그들의 필요에 내해 생각하는 연습을 하도록 도와줄 것이다.

~

탐색하고 실험할 수 있도록 허락하기

자신에게 호기심을 가지고, 어떤 일을 한바탕 즐기고, 무슨 일이 일어나는지를 살펴보는 것은 굉장한 해방감이나 두려움을(때론 동시에) 느끼게 한다. 효율적인 행동을 하려고 할 때 당신은 모든 일을 처음부터 제대로 해야만 한다고 생각하기 쉽다. 당신은 문제의 해결책을 찾기 전에 자신에게 어떤 일을 탐색하고 시도해볼 기회를 줄 필요가 있다. 당신이 무엇을 하든 핵심은 머릿속이 아니라 실제적으로 실험을 해봐야 한다는 것이다. 미약한 상태에서 시작하여 조금씩 일을 이루어가면서 큰 성취감을 느낄 수도 있다. 그러니 당신이 새로운 일을 시도하면서 평소의 습관대로 행동하지 못한다고 해서 당황할 필요가 없다. 만일 당신이 최근 어떤 관계를 끝냈다거나 배우자를 잃었다면, 당신은 새로운 장소에 혼자 가는 것을 주저할 것이다. 그런 당신이 혼자 전시회나 공원을 가게 되었을 때 기쁨을 느낄 수도 있다. 준비가 덜 된 상태에서 완벽한 휴가 계획이나 파티를 벌이려고 하지 말라. 만일 당신이 운전면허 취득을 미루어왔다면, 첫 번째 시간에는 당신이 그냥 운전석에 앉아보고, 거울이나 페달, 기어를 만지작거리며 익숙해지는 시간만 갖는다 하더라도 유쾌하게 생각해줄 수 있는 강사에게 수업을 받으라. 진행하기에 충분히 안전하다고 느끼는 속도를 당신이 실험해보고 좌우해보라. 그러면 비로소 다른 사람들이 당신의 페이스를 조절하게끔 하는 위험 부담을 감수할 준비가 된다.

그러니 당신의 원가족에서 당신의 역할이나 어떻게 탐색하고 실험했는지를 상기해보라. 당신의 인생에 가장 도움이 될 만한 패턴을 계발해보라.

자유롭게 실험할 수 있는 시간을 할당해두라. 세상에 나가기 위한 명백한 목표를 세우고 무슨 일이 일어났는지 살펴보고, 어떤 일에 능숙해지려고 하거나 뭔가를 달성하려고 애쓰지 말라.

야간 강의를 등록해서 새로운 과목을 배워보라. 그리고 당신이 최소한 처음 12번까지는 완전 초보자라는 것을 계속해서 자신에게 주지시키라. 그리고 처음부터 무엇이든 제대로 하려고 애쓰지 마라(그 과정이 재미있다면 그건 덤으로 얻은 것이다).

일주일 동안 매일 다른 신문을 읽어보라. 당신이 늘 드라마만 보는 편이라면 일주일에 한 번은 다큐멘터리를 시청하라. 그 반대의 경우도 마찬가지다. 도

자기 공예 공방에 가서 직접 체험을 해보라. 집에 돌아오는 여러 방법을 발견해보라. 평소에 읽지 않았던 책을 무작위로 펼쳐 뭔가 흥미로운 내용이 없는지 살펴보라. 잡지에서 사진이나 구절들을 오려서 콜라주를 만들어보라. 모래성이나 눈사람을 만들고 발로 뻥 차보라. 당신이 참을 수 없다고 여겼던 음악을 한 번 들어보라.

당신이 평소에 동의하지 않았던 의견에서 손톱만큼은 사리에 맞는 내용이 있지 않은지 살펴보라. '재미있어'라는 반응을 더 많이 하고, 다른 사람은 어떻게 그 결론에 도달했는지 의문을 갖는 법을 훈련하라.

당신이 딜레마 상황에서 브레인스토밍을 하거나 다른 대안을 찾도록 도와줄 사람들을 찾아보라. 특히 당신보다 더 경험이 많은 사람을 찾아보라. 그들의 생각에 따를 필요는 없지만, 그들이 생각한 다른 가능성으로 인해 당신의 생각을 확장시킬 수 있다.

용기가 생긴다면, 신뢰하는 사람에게 당신을 위해 오후에 이벤트를 준비해줄 수 있는지 부탁해보라. 그리고 그들이 생각해낸 모든 것을 따라해 보라(안전하고 합법적인 선에서!).

만일 이런 실험이 어렵거나 낯설다면, 당신은 새로운 아이디어나 생각들을 자동적으로 차단하거나 머릿속에 빛의 속도로 떠오르는 아이디어로 인해 생길 수 있는 부정적인 결과들을 발견하게 될지도 모른다. 이것은 순전히 정신적인 습관이다. 온종일 다른 사람들의 제안에 '그래, 하지만'이 아니라 '그래, 그리고~'라고 말해보라. 그리고 각각의 의견이 어떤 가치가 있는지 생각해보라. 그리고 기분이 어떤지 살펴보라. 당신이 침울한 확신 상태에서 다소 불안한 불확실한 상태로 옮겨갈지도 모르지만 그런 상태는 잠깐일 뿐이다. 당신이 새로운 일을 시작하거나, 오랫동안 시도해 본 적 없는 어떤 일을 다시 시작할 때 다음과 같은 판단을 유보하는 법을 연습해보라.

- 좋다, 나쁘다, 가치 있다, 무가치하다
- 또는 너는 여기에 소질이 있다, 가망이 없다, 결코 이해하지 못할 거다, 그게 아니더라도 너무 늙었다.

…그리고 당신이 평소에 하던 것보다 좀 더 오래 무슨 일이 일어나는지 그냥 경험해보라. 당신 스스로에게 자동적인 사고 이상의 더 깊은 수준의 정보를 얻도록 허용하는 이 방법은 다른 면들을 가능하게 할지도 모른다. 당신이 지금까지 책임지고 해왔던 일처럼 능숙하지는 않을 것이다. 하지만 그 일이 어떠할지에 대한 머릿속의 생각이 아니라 적어도 실제적이고 생생한 경험으로 그 일에 반응하게 될 것이다.

~

선택하고 몰입할 수 있도록 허락하기

선택하기

당신은 어떤 방향이 최선인지 몰라 선택하는 것을 미루는 편인가? 이 세상에는 무한한 기회가 열려있다. 오늘날에는 많은 선택 목록(라떼를 마실지, 아니면 카푸치노나 에스프레소, 드립 커피, 모카 커피를 마실지, 시럽은 넣을지 안 넣을지, 원두는 어떻게 블렌딩할 것인지, 카페인 함유량을 낮출 것인지, 사이즈는 작은 것으로 할지 큰 것으로 할지, 가지고 나갈 것인지 가게에서 마실 것인지 등)을 결정하지 않으면 커피 한 잔을 마시기도 어렵다. 당신이 호텔에서 평화로운 하룻밤을 보내고 싶다 하더라도 말이다! 당신의 선택을 통해 당신이 무엇을 좋아하고, 가치 있게 여기며, 신뢰하는지 살펴보라. 이 모든 것들이 당신이 미루고 있는 그 일에 대해서도 알려줄 것이다.

당신은 평소에 '별 상관없어'라고 말하고 그 다음의 결과에 별로 행복해하지 않는 편인가?
인생에서 '스스로 확신하고 있는' 부분과 매우 혼란스럽고 이해되지 않는 부분이 있는가?
중요한 어떤 것을 배제시킬까 봐 염려되는가? 또는 대안적인 관점이나 선택사항을 거절해서 모욕을 줄까 봐 걱정되는가?
사소한 결정에도 큰 결정을 내릴 때와 똑같은 시간을 들이는가? 둘의 차이점을 알고 있는가 ?

당신은 자신에게 스스로 결정할 수 있도록 허락할 필요가 있다. 어떤 결과에서는 배울 점이 있다는 것을 깨달을 수 있게 말이다. 만일 당신이 예전에 많은 허락을 받지 못했다거나, 자신감을 잃어버린 상태라면 커피 선택과 같은 아주 단순한 일로부터 자신의 능력을 계발해볼 수 있다. 생수를 사는 것 같은 일상생활의 아무리 작은 선택일지라도 당신의 고유한 취향을 발견하고 표현할 수 있는 기회가 된다. 작은 선택들을 그냥 넘기지 말라. 당신의 결정 내리기 근육을 큰 문제에서만 유연하게 사용해야 한다고 생각하지 말라. 당신은 계속 그 근육이 유연해지도록 사용해야 한다. 물론 어떤 선택들은 다른 것보다 인생에 더 큰 영향을 미친다. 수술을 받을 것이냐 받지 않을 것이냐를 결정하는 것에 비하면 어떤 음료수를 마실지 선택하는 것의 중요성은 매우 줄어들 수 있다. 인공수정을 할지 입양을 할지, 애인과 동거를 할지 결혼을 할지, 가족에게 당신의 성 정체성을 고백할지, 해외에서 일하기 위해 아이의 학교를 자퇴시킬지, 팀원 전체를 해고해야 할지, 또는 딸의 음주 문제에 대해 훈계를 할지를 결정하는 것은 좀 더 큰 문제이다.

당신이 작은 선택들을 내리면서 행동해보고 결과를 다루어가면서 자신감을 더 많이 갖게 될수록, 당신은 큰 결정을 내릴 때도 스스로를 신뢰하는 법을 더 많이 배울 수 있다.

결정하기-자신의 논리와 직관을 따라 행동하기

결정을 내릴 필요가 있을 때 극도로 무기력해지거나, 밤을 지새거나, 혹은 시간이 흐르면서 해답이 나타날 것이란 희망으로 결정을 미룰 수도 있다. 때때로 생각을 잠시 제쳐두는 것은 정확하게 이런 효과-우리는 상쾌한 밤잠을 자고 일어났을 때 새로운 생각이나 해결책을 얻게 되기도 한다 -를 가져 오기도 한다.

하지만 두 가지 다른 것들이 대신 발생할 수도 있다.

(i) 계속해서 결정이 대기 상태거나 마음에서 떠나 있을 경우에는, 우리가 다시 그것에 대해 생각하려고 노력할 때 더 이상 앞으로 나아갈 수 없게 된다.

(ii) 우리는 그것에 대한 생각을 멈추지 못하고, 문제에 대한 새로운 정보는 얻지 못한 채 계속 조마조마하고 초조해하며 더욱 더 피곤해지고 스트레스만 받는다.

두 방향 모두 사려 깊은 해결책을 주지 못한다. 일을 미루면서 깊은 사고를 하기는 어렵기 때문이다.

많은 사람이 어떤 문제에 대해 심사숙고하는 법을 배운 적이 없으며, 자신의 능력에 대한 신뢰가 거의 없거나, 심지어 결정할 수 있는 자신의 권리에 대해서도 잘 모른다. 강한 감정, 예를 들어 분노, 공포, 불안, 공황

등은 명료한 사고를 흐리게 할 수 있다. 당신이 다른 때라면 능숙했으리란 것을 알고 있는 때라도 말이다. 생각과 감정은 마치 물병을 흔들었을 때처럼 소용돌이치지만, 아무것도 일관되게 나타나거나 생각을 발전시킬 수 있는 형태로 차분하게 정리되지 않는다. 마음은 카펫에 붙은 껌처럼 한 가지 생각에만 고착되고 온 세상이 미궁 속으로 빠져드는 것 같아 보인다. 어떤 사람들은 타인의 감정과 엮였을 때 스스로 문제들을 결단력 있게 정리하거나, 갈등의 요인들을 분리시키는 것이 불가능해지기도 한다.

"내 머릿속에서는 아무 일도 일어나지 않았어"라고 라지Raj는 중요한 인생의 결정을 계속 미루면서 이렇게 말했다.
"- 이 공황상태 빼고는.
내가 하는 모든 생각을 나는 없었던 것으로 만들어.
내가 내린 모든 결정을 난 즉시 뒤집곤 해. 그리고 또 다시 그 결정을 번복하지.
나는 어떤 결정을 내리면, 곧바로 '내가 선택하지 않은 길이 맞으면 어쩌지'라는 생각을 하게 돼.
네가 나에게 6시간 내에 결정을 내리라고 하면, 나는 더 냉철해지지 못한다는 걸 알아."

이것은 끔찍한 상태이며, 부조화를 느끼고 어둠 속으로 가라앉는 것 같은 상태이다. 당신이 내린 결정들을 되돌리고 지난 결정들을 하찮게 만들수록, 당신의 삶은 허물어지기 시작할 수 있다. 다른 결정들도 불균형하게 보이기 시작하고, 단순한 선택들도 압도적으로 느껴지고, 미루게 된다. 당신은 사소한 결정을 내리는 상황도 매우 힘들어진다. 안나는 딱 이런 상황에 처한 여성이었는데, 어느 날 나에게 정말 고통스러운 얼굴로 이렇게 물어보았다.

"슈퍼마켓에 얼마나 많은 종류의 버터가 있는 줄 아세요?"

그녀는 중요한 결정들을 내리지 못해 고통스러워했지만, 그 결과 어떤 종류의 결정을 내리든지 몹시 미숙하고 과민반응하게 되었다. 이러한 마비 증상은 회복될 수 있지만, 시간이 걸린다.

만일 당신이 이런 고통을 겪고 있다면 자신을 조심스럽게 대할 필요가 있다. *당신은 통로나 관으로 이루어진 유기체로서 너무 막히고 꼬여서 아무것도 흘러갈 수 없게 된 것이다. 당신은 실제적인 생각을 할 수 없다. 휴식을 취하고, 신선한 공기를 마시고, 산책을 하라. 생존을 위한 최소한의 필요조건으로 당신이 무엇을 가지고 있는지 살펴보라.*

공원 벤치에 앉아보라. 오리도 보고, 나무가 내는 소리도 들어보라. 오리와 나무들이 내일도 여기에 있으리란 것을 기억하고 그것들을 일상의 일부로 포함시켜보라. 그 밖의 모든 것이 실패한다면, 주소록을 살펴보고 당신이 찾아 갈 수 있는 사람들이 누구인지 생각해보라. 그들에게 당장 전화하고 찾아가서 만나라. 당신의 안전을 지키라. 화가 몹시 치밀 때는 운전하지 말고 술에 취하지도 말아라. 당신이 좋은 사람이라고 느끼게 하는 사람들을 가까이 하라. 도움이 되는 단순한 생각들이나 글귀들을 써놓고, 그 글귀들을 당신이 기억할 수 있는 한 마디로 줄여보라. 또는 카드에 써서 가지고 다니면서 보라. 지금이 당신에게 매우 힘든 시간이라는 것을 기억하고, 인생이 항상 이렇지는 않으리란 것을 생각하라. 따뜻한 태도를 가지라.

심사숙고하는 것은 일 자체와 그와 관련된 선택들, 그리고 감정, 우선순위, 신념과 가치들을 이해할 수 있는 능력, 적절한 시간 내에 가장 좋은 결정에 도달할 수 있는 능력이 요구된다. 완벽한 해결책이 아닌 현재 앞에 있는 가장 분명한 방법, 불편한 장해물이 있다는 것을 인식하지만 그로 인해 멈추지는 않는 방법, 다른 사람들을 고려하지만 그들의 현실적인 기대나 공상적 기대에 속박되지는 않은 방법 등을 생각해본다. 그런 결정을 내리기 위해 당신은 자신의 가치와 욕구, 선호에 대해 깨달을 필요가 있다. 그리고 당신이 내린 결정으로 인해 어떤 결과나 반응이 나타나더라도, 살아남을 수 있는 능력뿐만 아니라 결정을 내릴 권리와 능력이 있다는 것을 믿는 것이 필요하다.

결정하기

당신이 해야 할 일, 당신에게 도움이 되는 일을 하는 것은 단순한 일련의 문세해결 과성으로 나누어볼 수 있다.

1. *과제나 문제 등 당신이 미루고 있는 그 일을 짧은 문장으로 묘사하고 정의하기.(A)*
2. *당신이 정말 원하는 결과를 묘사하고 정의하기(역시 짧은 1문장으로).(B)*
3. *당신이 그 결과(B)를 얻었다는 것을 어떻게 알 수 있을 것인지 서술하기 (가능한 한 구체적으로 해보라. 예를 들어 그냥 '난 기분이 더 좋아질 거야' 라고 쓰기 보다 '내 배 근육이 좀 더 이완되고, 난 죄책감을 느끼지 않고 휴식을 취할 수 있을 거야. 난 결정을 밀고 나갈 수 있는 내 능력에 좀 더 자신감을 갖게 될 거야' 등).*
4. *A에서 B로 나아갈 수 있는 가능한 방법들을 브레인스토밍해보자. 대안들을 적어보라.*
5. *당신이 각각의 대안에 대해 A에서 B까지 나아가기 위해 필요한 것들을*

확인해보라(지지, 정보, 시간 자원, 에너지, 돈 등).

6. 당신이 원하는 것을 달성하기 위해 기꺼이 포기할 수 있는 것이 무엇인지 결정하고, 이것을 어떻게 관리할 것인지 생각해보라(백에 아흔아홉은 포기할 무언가가 있을 것이다).
7. 각각의 대안의 장단점을 적어보라.
8. 가장 최선의 방법을 선택하라(지금 상황에서 보기에).
9. 가장 최선의 대안을 각각의 단계로 나누어보라.
10. 첫 걸음을 내딛어라(그리고 다음 걸음, 또 다음 걸음… 당신이 완성을 축하할 수 있을 때까지).

무엇이 당신이 이 과정을 통과하도록 도울 수 있을까?

당신은 더 명료한 마음 상태로 들어가기 이전에 명상을 할 수도 있다. 반드시 당신이 안전하고, 안심할 수 있으며, 편안한 느낌을 가질 수 있도록 하라. 당신이 그 일과 씨름할 때 당신이 어떤 감정을 느낄지를 나타내는 사물을 찾고, 영감을 얻기 위해 그 물건들을 곁에 두고 활용하라. 당신이 그 과정을 거치는 것을 도와줄 동료를 포함시켜라(나중에 살펴보자). 서서 또는 걸으면서 계속 이런 과정들을 해보라. 그와 관련된 노래를 하거나 시를 써보라. 그 문제에 대한 넓은 관점을 가질 수 있도록 당신이 좋아하는 풍광 좋은 곳에 가보라.

현재의 그림을 그리고, 당신이 그 일이 어떻게 되기를 바라는지에 대한 그림도 그려보라. 무엇이 다른지 살펴보고, 당신이 전반적인 딜레마를 아직 어떻게 해결해야 할지 모른다고 하더라도 당신이 현재 어떤 작은 변화든 해볼 수 있겠는지 생각해보라.

과거에 당신의 결정으로 인하여 일이 잘 풀렸던 것들의 목록을 만들어보라. 당신이 어떻게 그 결정을 내렸는지 생각해보고, 그와 같은 가치나 신념, 지지 자원을 이번에도 똑같이 사용해보라.

당신의 생각을 친구에게 편지로 적어보라. 당신은 그것을 보낼 수도 안 보낼

수도 있다. 당신이 브레인 스토밍할 때는 마음이 움직이게 하고 그 과정이 더 즐거워지며 덜 따분하도록, 실제로는 하지 않겠다고 생각하는 완전히 정신 나간 대안들도 포함시켜보라.

이렇게 시작되는 문장들을 완성시켜보라

- *"내가 정말로 하고 싶은 것은…"*
- *"내가 마술지팡이를 가지고 있다면…"*
- *"내가 필요한 제일 중요한 것은…"*
- *그리고 당신의 마음속에 자연스럽게 떠오르는 응답들이 당신의 전진을 확인하도록 어떻게 돕는지를 보라.*

만약 당신이 자신의 가치와 욕구와 선호에 대한 지식과 신념을 지지할 수 없는 지점에 있다면, 당신은 아마도 다른 누군가와 함께 그것들을 탐색하기 위한 지지를 받는 것이 필요할 수 있다. 당신이 신뢰할 수 있는 누군가를 찾아보라. 그는 감정을 고려하면서 사고하는 데 유능한 사람이라고 생각되는 사람이어야 할 것이고, 신체적 삶에 대한 건강한 견해를 가진 사람이어야 할 것이다(건강하거나 운동을 하는 사람). 당신은 또한 큰 결정을 계속하기 전에 사소한 결정들을 내리고, 그러한 결정들을 변함없이 유지하는 능력을 둘 다 강화하기 위한 연습이 필요하다. 당신은 건강한 결정들을 선택하고 내릴 때 당신의 권리와 능력에 대한 자신감을 구축하기 위한 연습이 필요하다.

그리고 당신은 숨쉬기를 지속하는 것이 필요하다.

꾸물대기를 많이 하는 사람들 중 다수가 "결정 후에 결정하기post-decision

decision-making"이라는 문제를 가지고 있는데, 다시 말해 결정을 하자마자 그 결정에 의문을 갖기 시작하는 것이다. 만약 당신이 사소한 것들에 대해서 이런 식으로 계속한다면, 당신은 아마도 그 순간의 즐거움이나 결단력이 부족해질 것이다. 왜냐하면 이미 내린 결정들을 무효로 만드는 것은 커다란 시간 낭비이며 시간을 때우고만 있는 것이기 때문이다. 아니면 당신은 당신이 정말로 그 커다란 일을 회피하고 있다는 것을 알고 있지만 그 문제와 씨름하는 대신 계속 그러고 있는지도 모른다. 만약 당신이 다른 누군가와 함께 있을 때 그러고 있다면, 당신은 좌절감과 초조함을 없애는 시도를 하고 있는지도 모른다. 이는 어쩌면 완전히 다른 문제에 관한 것이 될 수 있다. 왜냐하면 그것은 당신의 친구가 결국 어떻게 그 감정을 처리하는가의 문제이기 때문이다. 당신의 결정들을 정리하는 동안 그들이 커피 한 잔 하러 나가도록 제안을 해보라. 그리고 당신이 무엇을 결정할 것인지 파악하는 데까지 갈 수 있는지를 보라.

자주 결정을 번복하거나 바꾸는 것은 처음에 내린 결정들로 돌아갈 때 당신의 자신감을 약화시킬 것이다. 그건 마치 이전의 모든 추론을 무시하거나 폄하하는 것과 같다. 많은 선택이 다른 것을 선택할 때의 이득을 희생해야 한다는 것을 포함하고 있다는 것은 냉정한 사실이다. 당신이 이미 했던 선택에 대해 특별히 좋은 감정을 느끼지 못하는 것이 당신의 결정이 반드시 잘못됐다는 징표는 아니다. 불가피한 것에 저항하면서 옛 결정을 내렸던 밑바닥까지 자꾸만 거꾸로 돌아가는 것보다는, 이런 어려움을 인식하고 가치 있게 여기는 것이 더 도움이 된다. 당신이 아는 누군가에게 당신이 포기해야만 할 것에 대해 당신이 얼마나 슬픈지, 또는 당신의 결정을 수행하는 데 대해 당신이 얼마나 두려운지를 얘기해주어라. 당신이 얻게 될 혜택들에 대해 당신 자신에게 계속 상기시켜라. 이미 결론이 난 현재 삶을 당신이 포기한 대안들과 비교함으로써 그 혜택을 잃어버리거나 파괴하지 말라. 당신은 무슨 일이 일어날지 결코 알 수 없을 것이다. 당신이 현재 가지고 있는 것과 하는 일에 관심과 주의를 더 많이 기울일수록, 이미 포기한 선택들이 당신을 애태울 만큼 의미 있어지는 일은 점점 더 빛을 잃게 될 것이다. 그리고 삶을 변화시킬 중요한 결정에 대해 편안한 느낌에 도달하는 것은 그 즉시 안도하게 할 수도 있고 시간이 걸릴 수도 있다. 때로는 결정을 내리는 것과 그 다음에 일어나는 일을 삶으로 겪어낸다는 것은, 선택 그 자체만큼이나 소중한 것이다.

잭과 파트너는 해변가에 살고 싶다는 꿈이 그들에게 잘 맞지 않는다는 것을 알고는 솔즈베리로 다시 돌아가기로 결정했다. 커플은 집을 부동산에 내놓고 새로운 집을 구하는 과정을 시작했다. 그러나 융자를 신청하고 부동산 중개인과 함께 둘러보는 동안에도 잭은 자신이 어떻게 하면 해변가에 머물 수 있을지에 대한 생각을 멈출 수가 없었고, 잠재적 구매자들이 집을 보러 오지 않기를 은근히 원하고 있었다. 그는 해변가에 사는 것은 지금 당장은 옳은 일이 아님을 스스로 확신하려고 계속 애썼지만 한편으로는 큰소리로 이의를 제기하고 있었다. 잭은 파트너에게 이사할 것을 약속했고, 그리고 이것이 그들 모두를 위해 우선사항이 되어야만 한다는 것을 알았지만 마음이 찢어지는 것 같았다. 그는 어느 날 해변가를 걸으면서, 양쪽에 집을 두려는 것에 대한 실현 불가능함과 재정적인 영향, 그리고 매일 운전해 출근할 것을 생각해보니 반쯤 미칠 것 같았다. 그는 완전히 기진맥진한 채로 갑자기 멈추어 바다를 바라보았다. 새로운 생각이 마음에 떠올랐다. 슬프다는 생각이었다. '나는 정말로 정말로 슬프다.' 잭은 갈매기가 머리 위에 맴도는 가운데 그곳에 서서 눈물이 그의 양 뺨으로 흘러내리도록 놔두었다. 그는 모든 정신적 활동이 그 단순한 감정을 회피하기 위해 애쓰는 하나의 수단이 되어왔다는 것을 깨달았다. 자신이 울도록 허용했을 때 잭은 마음이 더 자유로워지고 분명해지는 것을 알아차렸다. 그는 더 강해지는 느낌이 들었고 그가 내린 결정이 좀 더 중요하게 느껴졌다. 그는 이사에 직면할 준비가 되었다고 느꼈다. 잭은 자신의 선택을 존중할 수 있었고, 파트너에 대한 약속을 지킬 수 있었으며, 자신이 포기하려는 것을 평가하고 동시에 미래를 고대할 수 있었다.

당신의 원가족 구성원들이 어떻게 선택들을 하는지 주목해보거나 기억해보라. 최고의 전략들을 개발해보고 당신이 존경하는 사람들에게서 전략들을 가져와 보라. 당신이 과거에 했던 좋은 선택을 기억해보라. 당신은 그런 결정에 어떻게 도달했었나? 그것은 어떤 가치들에 근거해 있었나? 그 과정이 현재의 상황에 적용될 수 있겠는가? 당신이 현재의 선택을 밀고 나가려면 무엇을 포기해야 하는가? 그것은 당신이 어떤 의미를 가지는가? 당신은 무엇을 놓치지 않겠는가? 당신이 행한 선택의 이점들은 무엇인가?

몰입하기와 몰입을 유지하기

집중하는 것은 연습할 수 있는 하나의 기술이고, 시간이 흐르면서 깊이 있고 만족스럽게 발전할 것이다. 당신이 앞으로 나아가고자 할 때, 산만함이나 다른 요구사항들에 의한 방해로 자신을 저지시키는 것 또는 당신의 파트너나 아이들, 전기회사와의 짜증나는 논쟁으로 자신을 방해하는 것은 당신이 집중의 단계로 들어가 그 안에 머무르는 데 필요한 막을 터뜨려버리는 것이다. 만약 당신이 어렸을 때 자신의 흥밋거리들이나 과제들에 몰입할 수 있도록 별로 허락을 받지 못했던 사람이라면, 그 관습을 따르기 위해 당신 자신을 방해할 수도 있다. 아니면 당신은 현재 그 주위에 있는 다른 누군가 또는 다른 어떤 것이 당신을 위해 그것을 하도록 무의식적으로 정할지도 모른다. 당신은 당신의 시간과 우선 사항들이 중요하다는 지식을 붙들 필요가 있고, 전념할 기회들을 상실하는 것의 결과를 자신에게 환기시킬 필요가 있다.

당신이 어려운 어떤 일에 포함되었을 때 자신이 직장에서 항상 대화를 먼저 시작하는 사람인지를 생각해보고, 논평하기를 미루는 연습을 하라. 당신이 다른 사람들의 논의나 요구에 너무나 익숙해서 당신 자신의 임무나 관심이 끝없이 더 늘어나거나 자신이 하찮은 존재 같은 기분이 드는지 생각해보라. 당신이 필요로 하는 시간을 어림해보고 마감기한에 맞추는 연습을 하라.

당신이 완전히 몰두하고 몰입했다고 느꼈던 때를 기억해보라. 그때 당신은 무엇을 하고 있었나? 당신은 어떻게 그런 상태를 얻었나? 그때의 상황에서 있었던 요소들이 지금도 발견될 수 있나? 몰입은 규칙적으로 할 때 잘 된다. 그러므로 몰두할 수 있는 기간을 시작과 끝이 있는 시간표로 만들어 계속 지켜라(종료 시점까지). 그 기간들이 더 길어지도록 하라. 당신 자신에게 당신이 이미 얼마나 멀리 와있는지를 상기시켜라. 당신의 원가족 구성원들이 집중과 몰입을 어떻게 여겼는지를 생각하거나 기억해보라. 최선의 습관들을 당신 자신만의 패턴들로 재설정하고 개발해보라.

선택하고 몰입하는 것은 다른 프로젝트들, 과제들, 흥미들 또는 사람들에 대해서 일시적 또는 영원히 포기하는 것을 뜻할 수 있기에, 당신은 슬픔 외로움, 또는 심지어 이런 고립감이나 이별과 관련한 죄책감을 느낄 수도 있다. 외로움의 기간에 대한 보상으로 사교적인 시간을 계획함으로써 이런 생각들을 미리 충족시켜주라. 만약 당신이 혼자 살며 집에서 일한다면, 만날 수 있는 사람들이 있는지 낮에 알아보고, 저녁 시간이나 주말에 많은 사교적 교제를 제공할 수 있는 활동들을 알아보라. 당신이 몰두하는 동안 그 삭막한 상황을 꽃피우기 위해는 정기적인 영양분과 보충제를 발견해야만 한다. 그렇지 않을 경우 당신은 계속해서 공허해하며, 해야 할 필요가 있는 일에 착수하는 것을 왜 자꾸 계속 미루는지 의아해할 것이다. 일단 당신이 방해받는 것에 화가 나기 시작하면, 당신은 정말로 자신이 완전히 몰입하도록 승인했다는 것을 알게 될 것이다! 만약 당신이 자신을 몰입케 함으로써 다른 사람들을 무시해왔다는 느낌이 들면, 그 후에 그들에게 시간과 관심을 제공하라.

어려운 일들을 고수하는 것은, 당신이 요구해왔던 것보다 더 많은 시간, 돈, 지지 등을 얻기 위해 협상해야만 한다는 뜻일 수 있다. 요구하기보다는 포기하는 것이 더 쉽게 느껴질 수도 있지만, 계속 요구하는 것이 만족감을 가져온다.

> 프리실라는 단순한 계산을 해야 할 때조차 매번 불안해졌다. 원가족에서 프리실라는 예쁜 아이였고, 사랑스럽고 깨끗한 것에 대해서는 많은 인정을 받았지만 영리한 것에 대해서는 그렇지 않았다. 숫자에 관한 뭔가를 하도록 요구받으면, 프리실라는 얼굴이 빨개졌고 겁을 먹고는 예쁜 눈으로 다른 사람들을 쳐다보았다. 이것은 대개 효과가 있었다. 다른 누군가가, 보통은 숫자를 잘 다룬다고 많은 인정을 받은 누군가가 끼어 들어 그녀를 위해 계산을 해주곤 했던 것이다. 그러나 프리실라는 스스로 계산하기로 결심하게 되었다. 자신에게 시간이 필요하다고 말함으로써, 그리고 다른 사람들을 쳐다보기보다는 책상과 계산기를 바라보며 남의 시선을 의식하는 불편한 느낌을

다룸으로써, 프리실라는 단순한 계산들을 스스로 해내기 시작했다. 이것은 커다란 성취감으로 느껴졌다. 불편감을 인내하게 된 것도 그렇고, 실제로는 숫자에 대한 이해력이 좋다는 것을 발견한 것도 그렇고, 심지어 그 도전을 즐길 수 있는 것도 그랬다. 불안감이 흥미와 호기심으로 바뀐 것이다.

오랜 기간이 걸리는 과제나 극도로 어려운 과정에서는 당신이 '나는 이걸 할 수 없어'라고 생각하고 있다는 것을 알게 되는 것은 피할 수 없는 일이다. 특히 그것이 작업하고 또다시 작업하고 또 다시 논의해야 하며 반복, 방해, 걸림돌, 다른 사람들의 반대, 상처, 분노 등을 포함하는 과제나 원인이 될 경우에는 더욱 그렇다. 보통 우리가 난 할 수 없어라고 하는 말의 의미는 다음과 같다.

"나는 결과물을 원하지만 그 과정은 원하지 않아."
혹은 *"나는 끔찍한 시간을 갖게 될거야."*
혹은 *"내가 성공할 수 없게 되거나 어쩌면 살아남지 못할까 봐 겁나"*

만약 당신이 '난 할 수 없어'라고 말하거나 생각하고 있다면, 당신은 아마도 아직은 꽤 미숙하다고 느끼고 있는지도 모르며, 지쳐있고 자신에 대한 믿음이 부족한 것일 수도 있다.

만약 여기가 당신이 보통 그 과정 중에서 멈추게 되는 지점이라면, 현재 일어나고 있는 일은 워밍업 과정 중 '첫 번째 호흡first wind'의 끝에 도달했을 때 나타나는 신체 훈련과 유사하다는 것을 스스로에게 상기시켜라. 심지어 당신이 휴식시간을 짧게 계획하여 끼워넣더라도, 이것은 꾸준히 실행해야 할 아주 중요한 시간이다. 그러고 나면 당신은 '두 번째 호흡second wind'에 해당하는 정신적 활동이 효과를 나타내기 시작한다는 것을 알게 될 것이며, 마치 장거리 달리기 경주자와 같이 훨씬 더 오래 계속 해나갈 수 있다는 것을 깨닫게 될 것이다. 결단력과 꾸준함 이 두 가지는 연습과 함께 개발되는 것이다.

보통 당신을 방해하는 생각이 '나는 할 수 없어'라고 한다면, 또한 이 생각에 대해서도 생각해 보라.

옛 목소리 : *"난 그거 못해"*

새 목소리 : *"나는 그것을 할 수는 있지만 좋아하지는 않아. 그리고 지금 당장은 그걸 더 쉽게 하기 위해 …이 필요해"*
그동안 – 그저 계속 앞으로 나아가라.

또는 *"나는 못해, 그렇지만 저걸 봐! 어쨌든 하고 있잖아(나는 틀림없이 놀라게 할거야)"*
그동안 - 그저 계속 앞으로 나아가라.

또는 *"나는 그걸 하고 있지 않아 – 나는 그걸 하지 않을 거야 – 나는 그걸 절대적으로 거부해!"*
그동안 – 그저 계속 앞으로 나아가라.

이것은 그저 당신이 몰입 상태를 유지하도록 돕기 위해 말장난을 하는 것이다. 그리고 당신은 다른 말들을 발견할 수 있다. 요점은, 새로운 생각들이 옛 생각을 중지시킨다는 것이다. 새로운 말들을 시도해보라. 당신에게 효과가 있는 말을 고안해보라. 꾸물거리는 것은 하나의 습관이고, 머릿속에 있는 그 목소리도 하나의 습관이다. 새로운 종류의 생각들을 생각해봄으로써 새로운 습관들을 만들어내라. 새로운 생각들은 당신이 포기하고 싶은 그러한 시간들을 계속 통과할 수 있도록 할 것이다. 그리고 그 생각들은 심지어 예기치 않게 당신에게 창의적인 폭발이 일어나도록 할 자극이 솟아오르는 것을 발견하도록 도울 수 있는데, 이는 당신이 보기로 계획했던 텔레비전을 놓치기도 하고 새벽 2시까지 먹는 것도 잊게 된다는 것을 의미한다. 왜냐하면 당신은 승승장구하고 있으며 그것을 바라보고 있기 때문이다!

그 일은 사실상 끝난 것이다! 그리고 시간은 지나갔다.

또는 당신은 하고 싶은 말을 돌려 말하거나 암시하기보다는, 부끄러워하고 낙심한 채 그저 또다시 도망치기 위해 어려운 진실을 직접적으로 말하고 있는 자신을 발견할 것이다.

당신이 두려워하는 사람에게 말할 때는 얼굴이 빨개지고 더운 느낌이 들고 심지어 덜덜 떨지도 모르지만, 당신이 산산조각 나는 것은 아니다. 당신은 울고 있지만, 숨을 곳을 찾아 달아나기보다는 얼굴에서 눈물이 흐르는 동안 계속 말하는 것이 사실 그렇게 나쁘지는 않다는 것을 알아차린다. 당신은 갑자기 당신의 두려움의 반대쪽에 도달하여 당신의 생각들이 되돌아오는 것을 알아차린다. 당신은 다시 말을 잘할 수 있게 되고 스스로 화가 난다. 그러고 나면 공기는 맑아지기 시작하며 다시 둘 사이에 대화를 나눌 힘이 생기게 되고, 당신은 거대한 통로를 헤치고 빛으로 나와 예기치 못한 새롭고 신나는 곳을 확고한 발걸음으로 걷고 있다는 것을 느끼게 된다. 당신은 더 커지고 강해졌음을 느끼게 되고, 자신에 대한 자랑스러움을 느끼게 될 것이다. 또한 당신이 말하던 그 사람에게 친밀감을 느끼게 되고 더 이상 두려워하지 않는다. 거의 그것을 내일 또 하는 것을 상상하게 될 정도다!(거의).

생존

때때로 우리는 우리가 해야만 한다고 알고 있는 그것을 견디고 살아남을 수 있을지에 대한 확신이 없기 때문에 꾸물거린다. 다른 사람들은 우리의 상황을 매우 다르게 보고는 무엇 때문에 그렇게 야단법석을 떠는지 의아하게 생각할 수도 있다. 때때로 극적으로 과도한 우리의 관점에 대한 그들의 확고한 자극과 도전은 심지어 우리가 두려움에 조금 떨더라도 그 일을 향해 한걸음 앞으로 나아가도록 도울 수 있다. 그러나 공포가 압도할 때는 가장 친절한 말들도 무용지물이 된다. 그 일을 내일로 미루는 것은 그 일이 더 악화되게 만들 뿐이라는 것을 아는 것은 우리의 초조함에 도움이 되기보다는 오히려 악화시키거나 심지어 두려움 속으로 몰아넣는다. 만약 당신이 정말로 혼자서 그 일을 해야 하고 당신이 무능력한 느낌이 든다면, 우리가 어렸을 적에 좋은 부모가 그랬듯이 당신의 손을 꼭 붙잡도록 도와주는 단순한 전략들을 발견할 필요가 있다.

나선형 행동을 통과하기 위한 생존 기술들

자, 이렇게 가정해보자. 당신은 치과에 가기를 미루어왔으나 결국 예약을 했고, 거기에 가는 길이다.

1. *그저 숨을 내뱉는 데 초점을 두면서 천천히 숨을 쉬라. 당신 주변의 소리를 잘 들으라. 그리고 당신이 들을 수 있는 모든 것에 대해 머릿속으로 작은 목록을 만들어 보라. 얼굴에 닿는 공기와 당신 발아래 있는 땅을 느껴보라. 물을 좀 마셔라.*

   다시, 천천히, 부드럽게 숨을 내쉬어라. 그리고 당신 자신에 초점을 맞추어 보라.

   당신의 손에서 물을 떨어내듯이 손목을 구부려보라. 당신의 목을 부드럽게 돌려보고 당신의 척추를 곧게 해보라.

그 상황을 아름답게 다루고 있는 자신을 그려보라. 당신이 그것을 하는 데 무엇이 도움이 되는지 주목해보라.
걸어가면서, 그 일이 끝난 후의 당신 자신을 그려보라.
그 후에 뭐라고 스스로에게 말할 것인지 상상해보라,
그리고 보상으로서 당신이 무엇을 할 것인지 상상해보라.
당신이 스스로에 대해 어떻게 느낄지를 상상해보라.

2. *머릿속에, 친구가 해주었던 당신을 지지해주는 말을 계속 반복해보라. 또는 당신이 하고 있는 일에서의 기본 목표 또는 노래에서 관련된 가사를 떠올려 계속 반복해보라. 그것을 매우 단순하게 반복되도록 만들어라. 당신 친구의 얼굴을 그려보라. 그 또는 그녀가 옆에 있다고 상상해보라. 그 후에 당신이 할 수 있는 즐거운 것들을 생각해보라. 특히 당신이 좋아하는 사람들에 대해 생각해보라. 콧노래를 흥얼거려보라.*

3. *계속 천천히 숨을 쉬라.*
몸을 따뜻하게 하라.
머릿속에 떠오르는 항의들에 대해 맞아라고 말해보라. 예를 들어,
맞아, 이건 정말 어려워. 그리고 나는 그것을 좋아하지도 않고 원하지도 않아.
맞아, 내가 토할 것 같거나 울 것 같은 것도 당연해.
맞아, 나는 빠르게 생각할 수 없을지도 몰라.
그러고 나서 덧붙여라.
그렇지만 그건 곧 끝날 거야. 그러고 나서 나는 …할 거야.

도착해서

4. *계속 천천히 숨을 쉬라.*

   바닥에 당신의 발을 쭉 내밀어보라.

   당신의 턱을 쭉 당겨 내리고, 어깨를 이완시켜라(그렇게 목을 풀어주어라).

   한쪽 엄지손가락을 사용해서 천천히 그리고 부드럽게 손목부터 시작해 다른 쪽 엄지손가락을 두드린다.

   만약 당신이 앉아있다면 당신 등 뒤에 있는 의자가 받쳐주는 느낌을 느껴보라.

   당신이 토할 것 같다면, 그것은 당신이 지금 어려운 상황에 점점 더 가까이 다가가고 있다는 징표라는 것을 기억하라. 그러므로 이제 끝날 일도 더 가까이 왔다. 당신은 통과하고 있는 중이다.

   필요하다면 당신이 말하기 전에 자신에게 생각할 시간을 주어라.

   자신에게 말하라.

   나는 그것을 통과하는 중이야. 나는 그것을 하고 있어.

   지금 진행 중이야.

   그건 곧 끝날 거야. 그러고 나서 나는 …할 거야.

   당신의 시계를 주목하라. 시간이 계속 지나가고 있다는 것을 주목하라.

   당신의 주변 환경들, 색깔들, 모양들, 무늬들을 주의 깊게 보라. 당신이 들을 수 있는 소리들에 대한 작은 목록을 만들어보라.

   당신의 발을 바닥에 계속 붙이고 있으라. 당신은 통과하는 중이다.

   당신이 만들어놓은 구절 또는 노래 가사, 그리고 친구의 얼굴을 떠올려라.

   노래를 흥얼거려보라.

5. *도움이 되지 않는다면 모두의 눈을 마주쳐야만 한다고 느낄 필요가 없다.*

6. 당신이 좋아하는 정원에서 작은 조약돌처럼 단단한 무언가를 찾아 당신의 주머니에 넣고, 때때로 또는 내내 그것을 쥐고 있어라.

7. 계속 천천히 숨을 내쉬는 것을 기억하라.

8. 문이 어디에 있는지를 기억해두고 당신이 떠날 권리가 있다는 것을 기억해 두라.
당신 자신이 떠나는 것을 상상해보라. 당신은 누구를 보게 될지, 그리고 당신이 **다음에 무엇을 할 것인지 상상해보라.**

끝났다

9. 주로 숨을 내쉬는 것에 초점을 두면서, 계속 천천히 숨을 쉬어라.
당신의 주변 환경에서 나는 소리를 다시 들어라. 당신이 들을 수 있는 것에 주목하라. 얼굴에 닿는 공기와 당신의 발아래 있는 땅을 느껴보라. 물을 좀 마셔라.
당신 자신을 축하해 주어라 – 나는 그것을 해냈고 이젠 괜찮아 – 당신이 어떻게 겪어냈는지를 기억하라.
짧은 휴식을 취하라. 산책하러 나가보라. 그리고 보기에, 만지기에, 맛보기에 또는 냄새맡기에 정말로 좋은 무언가를 발견해보라.

10. 스스로에게 나중에 하겠다고 약속했던 것을 하라.

포기하고 다시 출발하기

만약 당신이 포기를 한다면, 그것으로 인해서 자신을 마구 비난하지 않는 것이 중요하다. 당신은 희망했던 것보다 잘하지 못한 것에 대한 실망과 좌절을 깊이 새기고 이해할 필요가 있다. 그렇게 하면 부분적으로는 당신이 다시 시도해보도록 자극하는 데 도움이 되기 때문이다. 그런 불편한 느낌들은 유용하며 유익하다. 그러나 당신 자신을 비난하는 것은(나는 쓸모없고, 실패자이고, 무능하고, 희망 없는 놈이야 등) 격려로 작용하는 경우가 드물다.

> 어떤 사람들은 자신들을 당나귀처럼 취급한다. 그들은 당나귀가 계속 가도록 만드는 유일한 방법은 당나귀를 때리는 것이라고 생각한다. 그래서 그들은 만약 그들이 때리는 것을 멈추면, 당나귀가 자리에 누워서 다시는 결코 일어나지 않을 거라고 두려워한다. 그들은 당나귀들의 진정한 본성에 대해 잊어버렸거나 전혀 깨닫지 못하고 있는 것이다. 만약 당나귀를 잘 쉬게 하고 잘 먹인다면, 도대체 당나귀가 왜 하루 종일 누워 있으려고만 하겠는가? 당나귀는 빨리 걷거나, 탐험하러 가거나, 좋은 풀을 우적거리며 씹어 먹거나, 가장 친한 당나귀를 코로 비비고 싶어 할 것이다. 우리라고 다르겠는가? 그러므로 당신 자신을 부드럽게 대해주라.

당신이 하려고 하는 것 또는 당신이 그것을 얼마나 오랫동안 할 것인지에 대한 경계를 설정하라. 만약 내가 글을 쓰는 동안 정말 막히는 순간이 오면, 나는 물을 더 마시고, 한 시간 후에 울리도록 알람을 맞춰놓고, 그리고 일을 멈춘다. 완전한 글 하나를 완성하는 대신에 짧은 메모들을 하라. 너무 멋진 글을 쓰려고 하기보다는 그만하면 괜찮다 싶은 정도의 글을 목표로 하라.

과제를 다룰 수 있는 정도로 쪼개고 지속할 수 있는 방법에 대해 가능한 한 많이 배워보라.

줄리아는 잠재적 고객들에게 '상품 판매를 위해 전화 거는 일cold call'을 싫어했지만 컨설턴트로서 자신의 기술을 파는 의미로 이것을 할 필요가 있겠다고 결정했다. 그녀는 전화로 자신을 충분히 잘 표현하지 못했고, 그녀가 자신감 없고 무능력한 인상을 주게 될까 봐 두려웠다. 그녀는 전화 받는 것을 회피하기 위해 할 수 있는 모든 방법을 생각해냈다. 그 임무는 점점 더 크게 느껴졌고, 그녀는 정말로 안절부절 못하게 되었다. 그녀는 포기할 것만 같은 느낌이 들었다.

줄리아는 통화가 즉시 효과가 있어야만 성공할 수 있을 것으로 생각했다. 일단 이런 믿음이 그녀를 방해하고 있다는 것을 깨닫고 나자 그녀는 그런 식으로 일이 진행되어야 한다는 목표를 중단시켰다. 그녀는 결과가 어떠하든지 다음 휴식을 취하기 전에 세 번의 전화를 하겠다는 매우 작은 첫 번째 목표를 세웠고, 이 목표를 성취했을 때 기분이 좋았다. 일단 연습을 통해 익힌, 사용하고 싶은 말들에 익숙해지자 그녀는 통화를 통해 주소나 그 회사에 대한 정보 한 조각, 연락처 등 무엇인가 얻어내는 것을 다음 목표로 삼았다. 그녀는 종종 자신이 전화를 걸었던 사람들이 그녀에게 소식을 듣고 도움받는 것을 놀랍도록 기뻐한다는 것을 알게 되었다. 그녀가 마침내 확실한 계약을 성사시켰을 때 그것은 거의 힘들어 보이지도 않았다. 그러나 줄리아는 자신이 첫 번째 했던 전화로부터 얼마나 멀리까지, 자신에 대한 첫 번째 기대들이 얼마나 비현실적이었는지, 그리고 그 과정에서 얼마나 많이 배웠는지 실감했다.

그만하면 되었다는 것을 알고 완수하도록 허용하기

만약 당신이 충분하다는 것에 대한 감각이 부족하다면, 당신은 무언가를 마무리할 때가 언제인지 다른 사람들이 어떻게 결정하는지 알아내려고 노력할 수도 있다. 우리 모두는 완벽주의자이거나 어설픈 사람이 될 가능성을 가지고 있다. 일을 끝내는 것과 훌륭하게 해내는 것의 균형을 잘 맞출 것 같은 사람들을 찾아보라. 당신이 신뢰하는 사람들에게 일을 해내는 데 얼마만큼의 시간을 쓰는지 말해달라고 요청하라. 당신이 마무리에 문제를 겪고 있다는 것을 알았다면, 그들과 비슷한 시간제한을 설정하는 실험을 해보라.

> 마틴과 내가 우리 회사를 위한 로고를 만들고 있었을 때, 나는 우리가 생각해낸 첫 번째 디자인들 중 하나에 그가 빠르게 만족하는 것처럼 보이는 것이 끔찍했다. 내 뜻대로 하도록 내버려두었다면 나는 우리가 만들었던 것에 대해 곰곰이 생각했을 것이고, 한 주간의 시간이 지난 후 그 디자인으로 되돌아와서 그에게 얘기를 하고, 약간 새로운 각도로 생각하여 결국은 내가 정말로 '바로 이거다'라는 생각이 드는 무언가를 보냈을 것이다. 반면에, 그는 첫 번째 스케치들은 우리가 합의했던 원칙들을 잘 사용했으며 회사를 뒷받침하고 있고 훌륭하고 강렬한 색감들을 가지고 있다고 언급했다. 또한 다른 무언가가 당연히 더 완벽할 수도 있겠지만, 이 정도로도 충분히 훌륭하고 이미 스케치 하는 데 두 세 시간이나 걸렸다는 점을 지적했다. 나는 예술적으로 음미하고 정교하게 만드는 작업을 즐긴다. 그

렇게 하는 것이 괜찮은 다른 환경에서라면 말이다. 그러나 여기서 우리는 회사를 만드는 데 필요한 그 모든 과제를 진행시켜 나가기보다는 탁월한 디자이너가 되려고 노력하는 쪽으로 방향을 바꾸었을 수도 있었으나 그렇게 하지 않았다.

우리는 원래 작업했던 것을 발송했고, 로고는 만들어졌으며, 우리는 그것이 맘에 들었다. 우리는 그것에 충분한 관심, 시간, 주의를 기울였던 것이다.

충분함을 평가하기 위해, 당신이 뭘 하고 싶어 하든 당신이 하려는 과제가 실제로 당신이 진행시키고자 하는 전체적 전략에 얼마나 기여하는지를 인식함으로써, 당신이 당면한 그 과제에 얼마나 많은 시간, 에너지, 돈 등을 할당하려고 하는지에 대해 균형 잡는 연습을 하라.

잠시 멈춰서 점검을 해봄으로써 당신이 충분한 상태인지 알아보는 연습을 해보라.

약간 배부른 느낌, 만족스러운 느낌, 또는 너무 먹은 느낌, 약간 지친 느낌, 기분 좋을 정도로 피곤한 느낌 또는 소진된 느낌 사이의 차이를 주목해보라. 당신이 일요일에 언제 신문을 매우 읽고 싶은 느낌인지, 언제 텔레비전을 시청하거나 책을 읽고 싶은지 주목하라. 그리고 언제 당신의 흥미가 줄어드는지를 주목하라.

당신이 언제 충분히 따뜻한 느낌이 드는지, 시원한 느낌이 드는지, 충분히 휴식한 느낌이 드는지, 충분히 운동한 것 같은지, 언제 집에서 충분한 음식을 먹었는지, 언제 당신이 사람들과 함께 충분한 시간을 가졌는지 또는 혼자 충분한 시간을 가졌었는지를 주목하라.

당신이 보통 충분히 했다고 생각하기 훨씬 전이나 또는 나중에 마치 '충분한 것'처럼 말하거나 행동하는 실험을 해보라. 그리고 그 차이를 주목해보라. 당신이 무언가 새로운 것을 살 때는 옛것은 버려라. 만일 당신이 일을 끝내는 중이 아니라 돈을 쓰는 중이라면 '충분함'에 대한 당신의 내적 반응에 주목해보라. 왜냐하면 당신이 일을 할 때는 끊임없이 새로운 '개선점'들에 대한 생각을 하게 되고, 조사를 하고, 잃어버린 것들을 찾아 다니고, 토론하고, 대결에 몰두하고, 어쩔 수 없는 무언가를 계속 걱정하기 때문이다.

만약 당신이 똑같은 생각을 백번을 했다면(아니면 심지어 천번), 그 생각들을 중단하고 당신 자신에게 이제 지루하다고, 그 문제에 대해 새로운 방식으로 생각해보고 싶다고 혼잣말을 해보라. 작은 문제들에 대해서조차도, 충분히 좋은 행동 또는 충분히 좋은 행동이 아닌 것은 무엇이라고 생각하는지 당신의 의견을 주목해보라. 만약 당신이 기분이 좋지 않다면, 그동안 너무 오랫동안 충분히 괴로웠던 것은 아닌지 자신에게 물어 보라. 자신을 용서할 방법을 찾고, 안 좋은 기분을 느끼는 상황들을 변화시키거나 거기서 벗어날 방법들을 찾아보라.

당신의 원가족이 한계를 설정했는지 또는 그렇지 않았는지를 주목하거나 기억해보라. 그리고 당신이 여전히 그것들에 동의하는지 여부를 알아보라. 당신이 여전히 듣고 있는 '충분하다'라는 말은 누구의 목소리인지 주목해보고, 그것이 당신 자신의 목소리인지를 점검해보라. 당신이 보기에 가장 도움이 되는 패턴들을 만들어보라.

만약 당신이 세부사항들 때문에 수렁에 빠져있는 그런 종류의 사람이라면, 편안히 앉아서 질문하는 것을 연습하라. 이런 세부사항들이 결국 완성된 작업 결과와 어떤 관련이 있는가? 당신은 극히 작은 것에 지나치게 가치를 둠으로써 마무리 짓는 것을 미루고 있는 것인가? 만약 당신이 심장외과 전문의라면, 봉합하기 전에 당신의 모든 장비가 제자리 있는지를 확인해야 할 것이다. 그러나 당신이 소매상점에서 일한다면 재고량이 매장에 있는 것과 정확히 들어맞지 않는다는 것을 알 것이며, 같은 신발, 책, 또는 커피 상자들을 한 번 더 헤아려보는 것은 아무 소용이 없다. 여행할 때 당신은 현관 자물쇠를 네 번까지 점검해보지 않았을지라도 공항을 향해 출발해야만 한다는 것을 알고 있다. 심지어는 당신이 대통령 후보자이고, 개표가 전부 끝나지 않았더라도 '이 정도면 충분하다'고 말할 시간이 올 것이다. 그리고 당신이 정직한 것에 충실한 사람이라면, 아무리 많은 용기가 요구되더라도 진리는 드러나야만 한다고 생각한다. 우리는 전체적인 목적과 우선순위를 유념해야 한다. 물론 어떤 결정들은 많은 생각을 필요로 하며, 어떤 과제들은 당신이 가지고 있는 모든 자원을 엄청나게 쏟아부어야만 한다. 변별하는 것과 우선순위를 아는 것은 당신을 불필요한 온갖 종류의 낭비로부터 자유롭게 한다.

당신의 책상이나 침대 옆 탁자 또는 주방 찬장 위에 있는 모든 것을 상자 안에 다 깨끗이 넣어라. 적어도 48시간 동안 그 위를 깨끗하게 하고, 필요한 것만 그 상자에서 꺼내고 다시 원래대로 두어라. 당신이 설거지를 할 때는, 건조시킨 후 모두 찬장에 원래대로 올려놓으라. 옷을 세탁한 후에는 그것들을 다 개서 치워두라. 당신이 깨끗한 곳을 바라볼 때 어떤 느낌이 드는지 주목해보라. 당신이 다른 곳을 바라볼 때는 어떤 느낌이 드는지도 주목해보라.

당신이 일단 충분하다고 말했다면 당신은 마무리지을 수 있다. 완성은 어떤 방식으로든 흔적을 남길 필요가 있다. 그것은 성공한 것들에 대해서는 축하하고, 상실한 것에 대해서는 슬퍼하는 시간을 갖는다는 의미이다. 그러면 당신은 개의치 않기보다는 오히려 관심을 가지고, 잠시 멈춘 후에, 계속 나아갈 수 있을 것이다. 완성에 흔적을 남긴다는 것은 당신이 첫 번째 일을 적절히 끝내기 전에는 다음 계획, 다음 프로젝트 또는 다음 관계로 곧장 돌입하지 않는다는 의미이다. 만약 끝이라는 것에 대해 명확한 감각이 없다면, 다음번에는 어려움이나 고투가 결국엔 정말로 끝난다는 것을 자신에게 확신시키기가 훨씬 더 어려워질 것이다.

무언가의 곁을 떠난다는 것은, 문자 그대로,
끝이라는 기억을 우리의 몸으로 옮긴다는 것이다.

만약 무언가가 끝난 후에 당신이 하려던 걸 하려고 예상한다면, 완성(마무리짓기)의 일부로서 앞 일부터 하라. 자신에게 보상 주기를 완수하라. 이것은 다음 일을 마음속에 그려보는 능력을 강화시키고, 인생에서 힘든 것뿐 아니라 좋은 것들을 자신 있게 기대할 수 있는 자기 신뢰를 계속해서 쌓게 한다. 그것은 또한 당신이 속도에 변화를 주고, 신선한 공기를 마시며, 수고한 후에 긴장을 풀 기회를 갖는다는 의미이기도 하다. 시작한 것만큼이나 완성했다는 것에 대해 자신에게 경의를 표하라. 이것은 당신의 그 모든 노력이 가치가 있었다고 느낄 수 있다면 어떤 방식으로든 축하 하는 것을 의미한다. 당신은 완성한 것에 대해 기분이 좋아지도록 자신을 허용할 수 있는가? 당신은 잠시 휴식을 취할 수 있겠는가? 재미있게 즐기는 건 어떤가? 당신이 들인 수고와 당신이 이겨낸 어려움에 대해 자신을 축하하는 것은 어떤가? 여기까지 오는 동안 당신을 도왔던 모든 사람에게 전화를 걸어서 그들에게 그 두려운 일이 끝났다고 말하는 것은 어떤가? 무엇이 적절하고 격려가 될까?

작은 완성들이 중요하다. 당신은 큰일이 올 때까지 기다릴 필요가 없다. 반면에 당신이 점점 효과적으로 일을 처리 할수록, 너무나 오랜 시간이 걸리곤 하던 과제들을 매우 빨리 처리하게 될 것이고, 완성과 보상의 패턴은 변하게 될 것이다. 그러나 그 일이 쉬워졌다고 완수하는 데 신경 쓰는 것을 잊지는 말라.

당신의 원가족에서 마무리와 완수하기를 잘하는 사람은 누구였는가? 작은 것들에 주목했던 사람은 누구였는가 ? 만족감을 경험했던 사람은 누구였는가? 크든 작든, 일을 끝낸 것을 공유하기 위해 다른 사람들을 초대했던 사람은 누구였는가? 진정으로 축하하는 법을 알았던 사람은 누구였는가? 당신의 원가족에서 어려운 마무리를 잘 다룰 줄 알았던 사람은 누구였는가? 고통스러운 감정을 견뎌내고 공유할 줄을 알았던 사람은 누구였는가? 이전의 괴로움이나 실패로부터 배웠던 교훈들을 계속 쌓아간 사람은 누구였는가? 그 패턴을 파악해보라. 그리고 당신 스스로 최선의 것을 개발해보라.

잠시 멈추기를 자신에게 허용하기

일을 완성한 후에 당신이 잠시 멈추게 되면, 지금 막 끝낸 일의 결과를 경험할 수 있도록 자신에게 허용하는 셈이다. 당신은 매우 행복해서 충만한 자긍심, 기쁨, 즐거움과 만족감, 그리고 자신에 대해 가장 관대하며 삶이 고양되는 방식으로 마음이 가득 차는 것을 느낄지도 모른다. 한편, 일을 완수하는 것은 어려운 감정들이 생기게 할지도 모른다. 슬픔, 실망, 후회,

공포감을 느낄 수도 있고, 기분 좋은 피곤함보다는 무거운 피로감, 심지어는 절망감까지 느낄지도 모른다. 시간이 지나면 언젠가 그러한 상황으로부터 무언가 배울 수 있다는 것을 당신이 인정한다고 해도, 이러한 감정들은 실제적이고 또한 존중될 필요가 있다. 이것은 생각도 해보지 않고 '그래, 이 모든 게 인생사 희노애락의 일부일 뿐이야'라는 강요된 기쁨을 갖도록 자신을 섣불리 밀어붙이라는 이야기가 아니다. 즉시 격려를 시도하는 것은 완성 후 표시하는 것을 놓치게 되며, 당신이 더 오랫동안 무력감을 느끼도록 내버려둘지도 모른다. 그러나 당신은 여전히 산책을 하고, 신선한 공기를 마시며, 물을 많이 마실 필요가 있는데, 이 모든 것들은 당신의 전체적인 시스템이 활력이 있고 열린 상태로 유지되도록 돕기 때문이다.

당신의 원가족에서 실패나 고통이 수치스러운 어떤 것으로서 숨겨져 왔다면, 당신은 지금 실패나 실망에서 교훈을 얻거나 심지어 혜택을 얻는 방법을 잘 모를 수도 있다. 신은 새로운 역할모델을 필요로 한다(아래를 보라). 그리고 물론 양쪽 감정이 뒤섞이게 만드는 결말들도 많이 있다. 마침내 당신이 싫어했던 집을 떠난다면 엄청난 안도감을 느끼게 될 수 있지만, 그 당시에는 당신이 최악의 시간을 지나는 동안 견디도록 도왔던 이웃들이 당신에게 얼마나 소중했는지 깨닫지 못했을 것이다. 오직 당신이 새로운 장소에 정착했을 때야 비로소 그들을 그리워한다는 것을 깨닫는다. 어려운 관계를 떠나는 것은 당신으로 하여금 그 또는 그녀에게 끌리게 했던 당신 파트너의 가장 좋은 점을 직면하도록 해준다. 지역 공원에 쇼핑몰이 건립되는 것을 막기 위한 기나긴 투쟁에서 승리한다는 것은 당신이 동지애와 목적의식을 잃는다는 것을 의미할 수도 있다. 그리고 당신이 항상 원했던 멋진 승진을 한다는 것은 그 즐거움이 더 이상 '그 무리들 중의 한 명'이 되지 못한다는 슬픔이나 불안감으로 흐려진다는 것을 의미할지도 모른다.

살아본 삶과 살아보지 못한 삶

그 일이 끝났을 때… 당신 자신에게 이런 질문들을 해보라.

경험 \ 감정	기쁨	나쁨
일어난 일	일어난 일 중에서 당신이 기뻤던 일은 무엇인가?	일어난 일 중에서 당신이 여전히 슬프거나 화나는 일은 무엇인가?
일어나지 않은 일	일어나지 않은 일은 무엇인가? 그리고 당신은 그 일이 일어나지 않아서 기뻤는가?	일어나지 않은 일은 무엇인가? 그래서 당신이 여전히 슬프거나 화나는 일은 무엇인가?

예 – 톰은 그의 직업을 그만두려고 한다.

경험 \ 감정	기쁨	나쁨
일어난 일	나는 많은 것을 배웠고, 몇몇 좋은 사람을 만났다.	나의 어머니는 내가 승진되기 전에 돌아가셨다. 어머니는 정말로 자랑스러워하셨을 텐데.
일어나지 않은 일	그 팀은 조직 재편성에서 와해되지 않았다? 하느님 감사합니다!	우리 팀은 재배치 되었어야만 했다. 모든 사람이 옮길 준비가 되어 있었고, 그 모든 계획했던 시간이 허비되었다.

기꺼이 잠시 멈추는 것은 다음에 무슨 일이 일어날지 모르는 상태로 진입한다는 의미이며, 여기서 당신은 많은 다른 감정을 경험하고, 당신이 해온 것과 일어났던 일들에 대해 새롭게 생각하는 방법들을 발견하는 것을 의미한다. 그것은 남의 눈에 띄지 않게 있는 상태이며, 심지어는 일시적으로 동면하거나 미래를 향해 준비하기 위해 과거를 소화시키는 단계이기도 하다. 그것은 항상 끊임없이 일하는 것이 아니라 수면, 휴식, 고요한 상태가 원기회복과 새로운 에너지 그리고 열정을 일으킨다는 의미로, 같은 종류의 활동이나 새로운 관계들로부터 자유로운 상태 또한 그러하다.

만약 당신이 운동을 한다면, 당신은 휴식을 취할 필요가 있다는 것과 충분히 수면을 취할 필요가 있다는 것을 안다. 그것이 바로 힘든 노력에 대한 반응으로 근육이 만들어지는 때다. 휴식을 취하지 않으면 단지 근육조직들을 연소시키기만 하는 것이고, 그러면 힘을 기르지 못할 것이다. 마찬가지로 당신이 충분한 수면을 취하지 않는다면, 당신의 정신적 과정들은 벼랑 끝에 몰릴 정도로 엉망진창이 될 것이다. 모든 것이 더 어려워 보일수록 당신은 더 많이 꾸물거릴 것이다. 충분히 깊이 잠들면 당신의 시스템은 충전되고 세상에 맞설 수 있을 것 같은 기분이 든다. 만일 당신 자주 점심 식사를 생략하고 주말 내내 일하며 휴일을 빼먹거나 휴일을 예약해두지 않는다면, 같은 식으로 행동하는 사원이나 친구에게 당신은 뭐라고 말해줄 것 같은지 생각해볼 필요가 있다. 당신은 이 사람이 완전히 기진맥진하는 방향으로 가고 있다는 것을 즉시 알아차릴 수 있을 것이다.

때때로 사람들은 자신이 계속 일하고 있다는 것을 눈치조차 채지 못한다. 그들의 마음은 똑같은 틀에 너무 고정되어 있어서 휴가를 보내고 있는 것처럼 보이는 중에도 실제로는 여전히 사무실에 남겨둔 그 문제들과 씨름하고 있다. 강한 감정들은 고된 노동과 마찬가지로 회복하는 데 시간이 걸린다. 그래서 보고서를 끝내느라 늦은 밤까지 일한 후에 그런 것처럼, 큰 감정의 격변을 겪은 후에는 휴식이 필요할지도 모른다. 당신은 휴식의 필요성을 의식적으로 마음에 두지 않으면서도 마치 그렇게 하고 있는 것처럼, 즉 자신을 위해 여유를 가지고 있는 것처럼 행동할 수도 있다. 때로 감정은 겉으로 드러나기 위해 시간이 걸린다. 만약 당신이 끊임없이 돌진해 나아간다면, 당신은 어떤 감정이 예기치 못하게 불쑥 떠오를 때까지 무엇을 마음속에 묻고 있는지 알 수 없을 것이다. 휴식하기를 미루는 것은 당신의 시스템이 당신으로 하여금 휴식을 취하도록 강요함으로써 당신을 놀라게 할 수도 있다는 것을 의미한다. 오토바이크에서 떨어져 다리가 부러진, 일 중독자처럼 말이다. 당신의 시스템들이 전부 멈출 때까지 몰아붙이지 마라.

당신의 원가족에서 멈추어 휴식을 취하고 회복할 줄을 아는 사람은 누구였는가 ? 한숨 돌릴 줄 알았던 사람은 누구였는가? 서두르지 않는 방식으로 자신의 주변을 살펴볼 줄 알았던 사람은 누구였는가? 조용하고 평화로운 사람은 누구였는가 ?

그들은 어떻게 새로운 기분과 삶에 대한 열정을 회복했는가? 그들은 어떻게 활력을 다시 만들어냈는가? 계속해서 호기심을 유지한 사람은 누구였는가? 당신에게 가장 효과적이라고 느껴지는 패턴들을 알아보라. 자신을 위해 그 패턴들을 더 발전시켜보라.

휴식을 취하는 것이 당신에게 정말로 어렵다면 겨울에 흙 속에 있는 구근들을 상상해 보라. 비록 잎이 우거지고 아름다운 꽃을 피우는 것과 같은 활동은 전혀 없는 것처럼 보이지만, 실제로는 거대한 양의 세포 활동이 일어나고 있다고 당신 자신을 위로해보라. 만약 확신이 필요하다면 겨울내내 찬장에서 구근을 키워보고 봄이 될 즈음 무슨 일이 일어나는지 지켜보라. 휴식하는 것 = 아무것도 안 하는 것 = 게으른 것 / 뒤처지는 것 / 희망 없는 것이라고 말하는 당신의 머릿속에 있는 파괴자에게 도전하라. 그리고 휴식을 취하라. 때때로 뇌가 지치고 과도하게 스트레스를 받은 경우에는 우리가 하는 일이 아무것도 아니라거나 몰두와 통제가 되지 않는 상태는 경험할 가치가 전혀 없다는 어리석은 생각이 떠오르게 된다. 자연스럽게 일어나는 본능이 그 역할을 떠맡으려 할 때 우리가 허용하지 않는 것은 바로 이런 오만한 생각들 때문이다. 우리의 뇌가 휴식을 취하면, 뇌는 우리 몸과 영혼과 함께 협조적이고 건강한 역할을 다시 하게 된다. 계절은 우리가 자신을 어떻게 다루어야 하는지에 대한 은유와 상징을 제공한다. 언제나 개화 단계를 유지하는 것은 정말로 불가능한 일이다. 이쪽 들판에서 저쪽 들판으로 순환해가며 농작물을 재배하는 것을 생각해보라.

'농사짓지 않고 땅을 놀린다'는 구절의 의미를 음미해보도록 하라.

무엇이 당신을 잠시 동안 아무것도 하지 않고 쉴 수 있도록 도울 수 있는가? 당신은 언제 가장 잘 쉬었다고 느끼는가? 당신이 긴장을 풀고, 느긋해지고, 깊은 숨을 고르도록 하려면 당신은 무엇을 해야 하며, 무엇을 가져야 하고 무엇을 놓아버려야 하는가? 당신은 혼자 있어야 하는가, 아니면 사랑하는 사람들과 함께 있어야 하는가?

당신은 집안에서 아늑하게 휴식할 필요가 있는가, 아니면 기분전환을 위해 외출할 필요가 있는가? 당신의 뇌가 그 모든 시끄럽고 분주한 임무에서 해방되

어, 한가해지기 시작하도록 도울 수 있는 것은 무엇인가 ?

활력을 보충하고 즐거움을 느끼는 휴식을 취하기 이전에 우리는 불편함의 단계를 거쳐야만 한다. 어쩌면 죄책감을 느낄 수도 있고, 안절부절 못할 수도 있고, 또는 스스로 무얼 해야 할지 모를 수도 있다. 이런 감정들을 없애기 위해 어떤 과제를 고르거나 다음 일로 돌입하는 것은 구미가 당기는 일이다. 마치 휴가를 갔다가 기진맥진한 채로 돌아와 또 한 번 휴가가 필요해지는 사람과 같다 ! 그러나 당신이 가만히 기다리고, 단순하게 시간을 보내면서 신체적인 것들에 집중하고, 의미 없는 말들이 마음속에 떠오르도록 놔두면, 당신은 더 깊은 수면과 더 많은 활력이 있는 곳으로 옮겨가게 되고, 현재에 머무는 것에서 더 많은 즐거움과 감사를 느끼는 자신을 발견하게 된다. 그리고 당신은 무엇이 다가오든지 더 많이 준비된 상태가 된다.

관계들

삶을 대처하는 우리의 전략은 다른 사람들과의 관계 속에서 발전한다. 우리의 창의적이고 파괴적인 경향은 그들로부터 배우는 것과 그들과 함께 하면서 배우는 것들에 의해 강화되고 확장된다. 이제 당신은 한 성인으로서 배운 것을 사용하거나 폐기하는 책임을 갖게 된다. 그리고 당신이 자신의 목적을 성취하고 당신의 논리와 직관을 따르도록 도울 수 있는 데 딱 맞는 사람들을 발견할 수 있다. 다른 사람들의 사랑과 지지와 애정은 최초로는 엄마의 뱃속에서, 그 후에는 강하고 친절한 품에서 경험했던 것과 같은 강력하게 붙들어주는 힘을 표상한다. 이런 사람들은 심지어 그들이 존재하지 않을 때라도 우리를 둘러싸는 일종의 보호막이 되어 준다.

그리고 그것이 우리를 너무 위축시키는 느낌이 드는지 아닌지, 너무 냉랭한지 그렇지 않은지, 딱 알맞은지 그렇지 않은지는 우리가 관계를 어떻게 키우고, 협상하고 또 무시하는지에 달려 있다. 우리가 미루는 행동을 효과적인 행동으로 바꿀 때, 우리의 소중한 사람들이 우리에게 여전히 강화될 필요가 있는 부분들을 대신해줄 수 있다. 그리고 우리도 그들을 위해 비슷한 역할을 해줄 수 있다. 그런 사람들은 협력자들이 된다.

협력자들

협력자들은 우리가 이전에 허용받았지만 그것을 잊고 있었다는 것을 상기시키고, 허용이 부족한 곳에서 우리 자신에게 새로운 허용을 하도록 도와준다. 올바른 협력자를 선택하는 것은 당신이 다른 방식으로 일할 준비가 정말로 되어있는가를 알아보는 좋은 시금석이 된다. 예를 들어 당신이 오랜 기간 미루어 온 무언가에 대해 새로운 친구의 도움에 의지한다면, 당신은 진정한 변화를 만들어 내는 것을 미루기 위해 친구와의 논의를 사용하는 것일 수 있다. 아마도 그 새로운 사람이 어떻게든 불가피한 것을 당신이 회피할 수 있도록 할 것이라는 희망 때문일 것이다. 반면에 당신이 탐색하고 실험하는 것이 어렵다고 느낀다면, 때때로 어떤 새로운 관점은 당신이 필요로 하는 자극을 제공해준다. 당신이 처한 같은 단계에서 꾸물거리지 않는 사람을 발견하는 것은 유용하다. 그러나 이미 말했듯이 우리 대부분은 자신의 한계들을 극복하는 것보다 다른 사람을 돕는 일을 더 잘 한다. 그러므로 자신의 내부에서 오는 신호를 알아차리는 누군가가 당신에게는 최고로 좋은 자산이 될 수 있다! 결국 가장 중요한 것은 그 선택은 매우 개인적이라는 것이고, 좋은 협력자라는 유일한 증거는 그들의 도움으로 당신이 그 일을 완수하고 계속 전진해 나가는가이다. 잠깐이라도 누군가를 당신 곁에 두는 것은 매우 도움이 될 수 있다.

자신의 사업 계획을 나누고 싶어 하는 친구는 그 보답으로 당신이 일요일 저녁에 자신과 저녁식사를 함께할 수 있는지 알고 싶어 한다. 검진 결과를 확인하는 것을 미루고 있는 당신의 누이는 당신이 함께 병원에 가주길 바란다. 계속해서 승진 요청을 지연시켜왔던 한 동료는 사장에게 어떻게 말해야 할지에 대해 당신과 함께 의논하고 싶어 한다. 이 사람들은 모두 실제 행동에 돌입하기 위한 행동을 개시하는 데 필요한 지원을 요청하는 중이다. 만약 그들이 지지를 요청할 수 있다면 당신 또한 그럴 수 있다. 그것은 아마 연습을 위한 것이거나 교제를 위한 것일 수 있다. 그것은 모델링(당신이 무엇을 하는지 나에게 말해주세요. 당신은 어떻게 하는지 보여주세요)을 위한 것일 수도 있다. 또는 어떤 과정의 각 단계가 완성된 것에 대한 보상 때문일 수도 있다. 당신은 자신이 무엇을 필요로 하는지 알아내고 나서 요청할 만한 적합한 사람을 찾을 필요가 있다. 당신이 앞으로 전진해감에 따라 더 적합한 사람은 달라질 수 있다. 예를 들어, 당신이 어떤 생각들을 떠올리도록 도울 수 있는 사람은 당신이 완수하는 것을 돕는 데는 알맞은 사람이 아닐 수 있으며, 그 역 또한 성립한다.

의식하기

당신이 알아채지 못한 인생의 어떤 측면을 당신에게 지적해주는 사람은 동맹자일 뿐 아니라 하늘의 선물이다. 당신의 옷에서 냄새가 난다고 말해주는 당신의 상사든지, 당신이 함께하는 시간에 우선순위를 두는 것을 계속 잊어버리기 때문에 자신이 무시당하는 느낌이 든다고 말해주는 당신의 파트너든지, 당신의 음주 수준 때문에 당신의 간이 병들고 있다고 말해주는 의사든지, 컴퓨터 뒤쪽을 꽉 채우고 있는 온갖 서류들 때문에 당신의 컴퓨터가 과열되고 있다고 말해주는 기술자든지, 이런 사람들은 당신이 사람, 감정, 결과들이 존재하는 실제 세상 속에서 살아가는 실제적인 사람이라는 것에 대해 당신의 다른 모든 감각과 눈을 뜨게 해준다. 만일 당신의 삶 속에 당신과 당신의 행동이 가진 영향력을 있는 그대로 알게 해주는 용기있는 사람들이 있다면, 당신은 운이 좋은 것이다. 그것은 편안한 것이 아닐 수도 있다. 때때로 그것은 충격적일 수도 있다. 그리고 변화를 이끌어낼 만큼 충분히 오래 인식상태를 유지하는 것은 노력이 필요할 것이다. 그러나 더 넓게 인식하는 것은 삶의 경험을 풍요롭고 깊어지게 만들 수 있다. 당신의 협력자들에게 만일 당신이 '인식하지 못하는' 방식으로 다시 들어설 때 지적해달라고 요청할 수 있다면 그들은 피드백을 제공해 줄 수 있다. 당신은 자신을 비난하거나 공격당할 필요가 없다. 그들을 경청하기만 하면 된다.

탐색하기와 실험하기

새로운 방식으로 일을 하거나 삶을 바라보는 것에 능숙한 사람이 주위에 있으면, 그들은 기운을 북돋아준다. 누군가와 함께 곤란한 상황에 대한 대안적인 해결책들을 브레인스토밍하면 당신은 완전히 다른 사고방식에 접근할 수 있다. 탐색하고 실험하는 능력을 개발하기 위해는 항상 일이 똑바로 되거나, 항상 안전해야 한다거나, 승인되어야 할 필요가 있다고 여기는 사람이 아니라 무슨 일이 일어나든지 진심으로 흥미를 느끼는 협력자가 필요하다는 사실을 기억하라. 호기심과 창의력에 호의적인 사람 말이다.

'의욕을 일으키는 일이라면 무엇이든지 한 번 해보라'며 친구와 그 노력에 대해 완전히 지지를 보내주는, 화가이자 치료사이며 멋진 살사 댄서이기도 한 내 친구 브루스 같은 누군가 말이다. 그는 소심하고 위축된 상태로 있기에는 삶이 너무나 짧다는 것을 깊이 감지하고 있는 사람이다.

모험심을 지닌 협력자를 찾아 함께 실험해보라. 또는 혼자 발견하거나 경험한 것들에 대해 그들에게 알려주라. 당신은 뉴질랜드에서 번지점프를 할 수 있을 때까지 기다릴 필요가 없다. 전혀 그러고 싶지 않을지도 모른다. 2시간만 일찍 일어나보라. 귀가할 때 익숙하지 않은 길로 운전해 보라. 또는 다른 장소에서 만나도록 약속을 잡아보라. 그런 사소한 변화들까지도 당신에게 새로움을 경험하게 해주고, 새롭다는 것이 항상 압도적으로 겁나는 일만은 아니라는 내적인 자신감을 강화시켜준다. 협력자들은 위험을 계산할 수 있게 도와주고 당신을 위험으로 끌어들이지 않는다. 그들은 절대로 자신들의 의심으로 하여 당신을 다치게 하지도 않는다. 그들은 당신의 경험을 인정해주고 공유하며, 가능성들에 대해 한껏 즐거워하고, 그 다음은 어떻게 되는지 궁금해 하며 물어본다.

선택하기와 몰입하기

대안들을 함께 살펴볼 수 있는 사람들이 있다면 그것은 유용한 일이다. 당신이 물어볼 때 또 다른 대안을 제시해줄 사람이 있다면 그것은 멋진 일이다. 만약 그 사람이 자신이 해온 관점에서만 당신이 하고 있는 것을 바라보거나 '뻔하잖아. 너는 … 해야만 해'와 같은 말을 하면서 그의 논리를 즉시 따르지 않을 때 투덜거리거나 조급해한다면, 그는 당신에게 그리 도움이 되지 않는다. 협력자는 이 단계에서 당신이 장단점을 검토해보는 것을 경청해주고 정보를 덧붙여 주거나 당신이 자신을 평가절하하고 있지나 않은지 또는 당신이 넘겨짚고 있는 건 아닌지 주목함으로써 도움을 줄 수 있다. 그들은 또한 당신이 대안들을 (다시) 쭉 살펴보는 것은 더 꾸물거리려는 책략이라며 지적해 줄 수도 있다. 즉, 결과물에 대해 이리 저리 생각해 보고 '단지' 좀 더 정보를 필요로 할 뿐이라면서 말이다. 새로운 대안들을 끊임없이 만들어내는 것은 앞으로 나아가는 행동을 가로막는다.

꾸물거리는 데 능숙한 사람들은 놀라운 상상력을 가지고 있는데 이것은 정말로 위험하다. 좋은 협력자들은 그들이 속이려 한다는 것과 제정신이 아니라는 것을 감지할 것이다! 협력자들과 함께 대안을 살펴보는 데 있어서 요점은 앞으로 나아가는 방법을 찾는 것이며 그 순간에 당신이 볼 수 있는 한도 내에서 어느 정도 최선의 대안을 찾고 그 길을 따라 행동을 통해 앞으로 나아가는 것이다. 협력자는 당신이 첫 단계를 확인하도록 도울 것이고, 당신이 길을 가는 내내 손을 흔들어 줄 것이다. 만일 당신이 환상에서 빠져나오는 데 어려움을 겪으며 실생활로 돌아와 실제로 행동에 옮기는 것에 어려움을 겪고 있다면, 어떤 지원이 도움이 될 것인가? 현실을 회피하고 무시하는 것이나 행동하는 것보다는 말하고 꿈꾸는 것이 여전히 더 안전하고 편하게 느껴진다면 어쩔 것인가? 만약 당신이 그러한 경우라면, 당신이 그 일을 하지 않고 있건 피하고 있건 당신을 사랑하고 믿어주는 사람이 대개 가장 중요하다. 당신은 당신에게 정직하며 단도직입적인 대답을 해줄 수 있는 사람들이 필요하며, 고통이나 역경 또는 수고를 필요로 하는 일에 대한 당신의 걱정들이 모두 쓸데없는 것이라고 당신을 설득하려는 시도를 하지 않는 사람들이 필요하다. 반면에 바로 이런 사람들은 당신이 공황상태에 빠졌을 때 사리 분별력이나 경험에 대한 자신만의 시각을 잃지 않으며, 당신이 넘겨짚고 있거나 아무 도움이 되지 않는 일반화를 하고 있다고 생각한다면 당신에게 그대로 말해 줄 것이다. 이런 유형의 협력자는 자신들이 이해한 것에 대해 움찔하고 놀라며 '그래, 그거 어려운 문제 같다'고 말할 수도 있다. 그러나 그들은 당신이 견뎌낼 것이며 성공하리라 확신할 것이고 어쩌면 당신에게 다른 도움까지 제공할지도 모른다. 또 당신이 계속해서 '그거 내일 할 거야?'라고 말한다면, 당연히 결국에는 당신에게 단호한 자세를 취할 것이다. 그들은 행동이 따르지 않는 말은 공허한 것이라며 당신에게 맞설 것이다. 만약 당신이 그들을 실망시킨다면, 그들은 실망감과 상처를 감추지 않을 것이며 당신의 회피로 인한 최악의 영향력으로부터 자신을 지키려고 할 것이다.

『쿠퍼 여성들의 딸들(Women's Press 1990)』이라는 책에서 앤 카메론은 캐나다 벤쿠버 섬의 누트카 족 여성들의 한 관습을 기술했다. 각 여성은 자신의 문제들을 여성들의 토론 모임에 세 번 가져 올 수 있게 되어 있다. 다른 여성들은 세 번 듣는다. 그들은 자신의 경험에서 나오는 제안을 할 것이고, 어려운 문제를 설명하는 그 여성을 세 번 지지하고 위로해줄 것이다. 만일 그 여성이 이전에 격려와 조언을 듣고도 아무것도 하지 않은 채로 같은 문제를 네 번째 들고 오면, 그 나머지 다른 여성들은 들어주지 않으며 비난도 하지 않는다. 그러나 일제히 일어나 다른 곳으로 가서 모임을 갖는다. 그 여성은 혼자 남겨진다. 그 집단은 그 여성에게 그녀가 곤경에 처해 있기로 선택하고 있다는 것을 상징적으로 보여준다. 그들은 그녀가 스스로 다루려고 하지 않는 문제에 대해 자신들의 에너지를 소모하지 않을 정도로 자신들을 충분히 존중하고 있는 것이다. 그녀는 그 모임에 다시 참여할 수 있지만 그 문제를 다시 언급할 수는 없다. 혹은 그녀가 그 문제에 대해 무언가를 하고 나서야 다시 대화를 나눌 수 있다.

이야기가 너무 냉정해 보일 수는 있겠지만, 나는 이 이야기를 매우 좋아한다. 좋은 협력자들은 우리에게 이 같은 종류의 자기 존중에서 우러나는 지지를 제공해 줄 것이며, 우리가 스스로에게 이러한 지원을 할 수도 있다. 좋은 치료자는 아마도 당신의 이야기를 세 번 이상 경청할 것이다! 그들은 꼼짝하지 않고 갇혀 있는 것이 과연 당신에게 무슨 유익함이 있는지 당신이 이해할 수 있도록 도와주고, 당신이 그 상태에 계속 머무르기를 원하는지 그 여부를 결정할 수 있도록 도울 것이다. 만약 당신이 그 상태를 원하지 않는다면, 당신이 앞으로 나아가는 데 필요한 작은 첫 걸음을 내딛도록 도와줄 수도 있을 것이다.

당신이 무언가에서 꼼짝없이 갇혀있을 때는, 방해하지 말고 그저 곁에 있어달라고 협력자들에게 요청할 수도 있다. 만일 당신이 혼자 산다면, 꼭 대화를 위해라기보다 그저 곁에 함께 있기 위해 친구가 당신 집에 머물도록 하는 것이 도움이 된다는 것을 알게 될 수도 있다. 대신, 당신의 협력자는 당신이 일을 하는 동안 저녁식사를 준비하거나/아이들을 돌본다거나/장을 본다거나/개를 산책시키고 그저 당신으로부터 좀 떨어져서 잘 지내 줌으로써, 당신이 필요한 일을 할 수 있도록 시간과 공간을 마련해 줄 수 있다. 당신은 다른 경우에 그에 대한 보답으로 그와 같은 자리를 그들에게 마련해줄 수 있다. 아이들은 놀이터가 만족스럽고 안전할 때 집중해서 즐겁게 논다는 것을 떠올려 보라. 당신의 과제가 아무리 진지한 것이라 하더라도 당신은 바로 이러한 공간을 만들려고 노력해야 하는 것이다. 아이들의 놀이도 진지한 것이다. 당신은 이러한 공간을 만들기 위해 타협할 필요가 있으며 어떤 요소들이 가장 건설적인지 알아낼 필요가 있다.

좋은 협력자들은 당신이 당신에게 필요한 일을 하는 동안 그들 자신을 돌볼 수 있다.

만일 당신이 무언가를 해야만 한다는 것이 두려우면, 누군가에게 당신과 함께 있어달라고 요청하는 것은 아주 당연한 일이다. 이것은 분명히 아주 단순한 말처럼 들린다. 그러나 대기실이나 근처 카페에서 또는 공원에서 기다리고 있는 시간이나, 어려운 미팅이나 회의 또는 면접이 끝난 후 예정된 전화를 걸어 상대편과 통화하고 있을 때나, 곁에 있는 다른 누군가와 결속을 재확인하는 단순한 일이 얼마나 편안한지를 부정한다는 사실에 나는 깜짝 놀랄 때가 너무나 많다.

사람들은 일반적으로 지지를 요청받는 것을 좋아한다. 다른 사람에게 필요한 존재가 되고, 힘의 원천으로 보인다는 것은 칭찬이다. 당신이 지지를 요청하거나 또는 받은 경험이 많지 않다면, 당신의 원가족의 영향 때문에... 최근에 힘이 없는 듯이 느껴지거나 아무것도 아닌 일에 법석을 떠는 것처럼 느껴질 수도 있다. 실제는 그럴 수도 있고 그렇지 않을 수도 있다. 가장 먼저 해야 할 일은 앞으로 나아가는 것이므로 도움을 요청하고 받는 연습을 하라. 당신이 점차적으로 몰입하는 능력과 몰입을 유지하는 능력을 개발하게 되면, 당신과 당신의 협력자들은 꾸물거리는 연기를 하는 것인지, 진짜 불안하고 공포를 느껴서 그에 따라 행동을 하는 것인지 그 차이를 구별하게 될 것이다.

반면에 당신은 '도움'을 통제와 억제로 받아들이는 경험을 했을지도 모른다. 또는 당신의 위신이 떨어지는 느낌이나, 무력감 또는 무능함이 느껴지도록 내버려두는 방식으로 도움을 받았을지도 모른다. 당신은 이제 이 감정들을 피하기 위해 혼자서 일을 하지만, 당신에게 취약한 느낌이나 노출되는 느낌을 남기는 것에 대해서는 어떤 것이든 늘 꾸물거린다. 당신은 한때 당신을 위해 통제되었던 그러한 영역 안으로 감히 들어가지 못함으로써 당신의 삶을 작게 만들고 있다. 이러한 경우에는 당신이 신뢰할 수 있는 협력자들이 당신의 이야기를 정말로 들어주고, 천천히 진행하려는 당신의 욕구를 존중해주며, 당신이 자신에게 잘 맞는다고 여길 수 있는 방법으로 지지를 보내주는 것을 확신할 수 있는지가 매우 중요하다. 당신이 이렇게 해줄 수 있는 협력자들의 능력 안에서 점점 자신감을 얻게 될수록, 당신은 완전한 통제에 대한 당신의 욕구를 포기할 수 있고 더 건강해질 수 있다. 그리고 쓸모 있는 사람이 되려고 어슬렁거리며 여기저기 돌아다니고 있는 친구에게서 이런 저런 특이한 도움을 받아들이게 될 것이다. 성적 또는 정서적 학대로부터 회복 중인 사람들이 친밀해지는 관계를 지연시키는 것을 그만두기로 결심할 때, 이런 종류의 민감한 지지가 필요하다.

협력자들은 당신이 심지어 절망의 구렁텅이에 빠져 최악의 행동을 하거나 최악의 기분을 느끼거나 최악의 모습을 보일 때라도, 계속해서 차를 가져다주고 전화를 하고 이메일을 보낸다. 그들은 사랑과 분노로 당신에게 일단 시작하라고, 당신은 해낼 수 있다고 말해준다. 그들은 삶이란 항상 이렇게 나쁘지는 않다는 지식을 붙들며, 당신이 너무 지쳐서 자신을 지탱할 수 없을 때 당신을 위한 희망과 목표를 굳건히 쥐고 있다.

완수하기

일을 완수하도록 지지해주기 위해 협력자들은 우선순위들을 붙들 필요가 있고, 어느 정도면 충분한지에 대한 좋은 감각을 가질 필요가 있다. 만약 그들이 스스로 일을 완수하는 데 능숙하다면, 그리고 당신의 '끝내기 게임'–딱 한 번만 더, 나는 완벽해야만 해, 나는 쓸모없어, 난 할 수 없어, 나를 억지로라도 하게 만들어 줘–에 붙잡히지 않는다면, 이는 엄청난 도움이 된다. 이런 협력자들은 자신의 시간과 에너지, 그리고 당신의 시간과 에너지를 소중히 여긴다. 그들은 당신과 함께 미래에 대한 계획을 세우거나, 끝내는 시간을 기록해 둠으로써 당신이 시간 개념을 잘 유지할 수 있도록 도와준다. 그들은 스스로를 보호하기 위한 기한과 한계를 설정할 수도 있으며, 당신은 그것을 싫어할지도 모르지만, 그들은 그 기한과 한계를 계속 지켜 나감으로써 당신을 도울 수 있다. 그들은 사이드라인에 서서 당신이 마지막 박

차를 가하는 동안 격려하는 소리를 외칠 것이며, 당신이 거의 다 왔다고 확신하게 해줄 것이다. 그리고 당신이 일을 완수하면 당신이 얼마나 큰 일을 해냈는지 당신은 놀라운 사람이라고 말해줄 것이다. 그러고 나면, 그들은 아마도 독한 술이 필요할지 모르며 잘 쉬어야 할 필요가 있을 것이다.

잠시 멈추기

일단 당신이 해야 할 일을 끝마치고 나면, 협력자들은 당신이 축하하는 것을 도울 수 있다. 그들은 깜짝 파티들을 준비한다! 그들은 당신과 술을 한 잔 마시거나 영화를 보거나 놀러 나가거나 휴가를 떠나고 싶어 줄을 서서 기다리고 있을 것이다! 협력자들은 완수의 중요성을 알며 그것을 긴 여정의 출발점만큼이나 매우 중요하게 여길 것이다. 그들은 완수에 대한 보상의 한 부분으로 그곳에 있으며, 심지어 당신이 그 성공으로 인하여 그들로부터 멀어진다 하더라도 당신의 성공을 맨 먼저 축하해주는 사람들이다.

협력자들은 행동을 제안하는 것과 마찬가지로 그만큼의 휴식도 제안한다. 그들은 당신이 잠깐 휴식할 필요가 있다는 것이 분명하면 당신을 계속 밀어붙이지 않을 것이다. 그리고 만약 당신이 실패했다면, 또는 일을 끝낸 것이 당신에게 슬픔, 실망감, 소진된 느낌을 남기고 잠시의 휴식이 그러한 사실을 분명히 드러나게 한다면, 그들은 당신이 그러한 상황에서 교훈을 얻도록 도울 수 있고, 당신이 다음 장애물을 향해 힘을 모으는 동안 거기에 함께 있을 수 있다. 완수 후에 당신은 더 많은 여유와 시간을 갖게 되며, 당신의 협력자들은 당신이 머릿속에 지난 일을 더 이상 떠올리지 않는 것을 보고 기뻐할 것이다.

말이야 좋은 말이지만, 협력자들이 반드시 천사일 필요는 없다. 그렇게 되면 도움이 될 수는 있겠지만 말이다! 이 사람들은 당신만큼 실수를 할 수 있는 사람들이다. 그들이 불완전하고 조급하고 애정 어린 사람일수록 당신은 지지를 받는데 그들을 더 잘 활용할 수 있다.

어떤 관계에서든 핵심은 상호성의 원리다.
당신은 그 보답으로 당신의 힘을 제공하게 될 것이다.

그리고 당신이 더 강해질수록 당신은 더 많은 것을 제공할 수 있다.

역할 모델들

당신이 만약 꾸물거린다면, 당신은 존경하는 사람으로부터 지지를 이끌어낼 수 있다. 당신이 효과적, 능률적, 생산적이라고 생각하는 누군가를 선택하라. 그리고 자신이 하는 일을 즐기는 누군가를 선택하라. …하다고 생각하는 누군가라고 표현한 것은 당신이 알고 있는 누구나 당신이 전혀 알지 못하는 부분에서는 당연히 꾸물거릴 가능성이 있기 때문이다.

어떤 문제에도 전혀 우유부단하지 않을 것이라고 당신이 생각했던 사람들이 실제로는 그렇다는 사실이 갑자기 드러나면 그것은 매우 놀랍다. 그러나 그들이 미루는 경향을 극복하고 성공하기 위해 나아가며 그들이 원하는 것을 성취할 수 있는 것은 그들의 능력과 용기 덕분이며, 그렇다는 사실은 도움이 될 수 있다.

4가지 종류의 역할 모델들

- 당신이 아는 사람 혹은 알았던 사람
- 당신이 전혀 만나보지는 못했지만 당신은 그들에 대해 무언가 알고 있다. 가령 정계에 속한 사람들, 미디어, 역사 등에 나오는 사람들. 그들은 생존해 있을 수도 있고 사망했을 수도 있다
- 만들어낸 허구적 존재들과 만화로 만들어진 대상들을 포함하여 이야기, 신화, 그리고 전설에 나오는 허구적 캐릭터들
- 당신 자신의 어떤 다른 측면, 또는 당신이 되고자 열망하는 자기 자신 *(예를 들어 1장에서 살펴본 매우 창조적이고 생산적인 당신의 일부분)*

이제 누군가를 생각해보라(넬슨 만델라, 마틴 루터 킹, 마더 테레사, 매슈 핀센트, 화학 교사인 미스 머레이, 미켈란젤로, 당신의 어머니, 모스 경관, 밴 모리슨 등.

가능한 한 자세하게 그 사람을 상상해보라.
당신에게 그 사람을 생각나게 하는 무언가를 가까이에서 발견해보라(만약 그게 어떤 예술가라면 그들의 작품들 중 하나를 끄적거려보라. 만약 친척이라면, 사진을 한 장 찾아 보거나 당신의 몸에서 그들을 닮은 부분이 어디인지 발견해보라. 만약 정치인이나 스포츠인이라면, 그들의 가장 훌륭한 업적에 대한 문장 하나를 써 보라).

이 사람이 당신이 꾸물대고 있는 바로 그 일을 하고 있다고 상상해 보라.
그/그녀는 어떤 식으로 그것에 접근하겠는가?
그/그녀는 어떻게 움직이겠는가? 그/그녀는 서 있을까, 앉아 있을까, 걷고 있을까?
그/그녀는 혼자 있겠는가 아니면 다른 사람들과 함께 있겠는가? 침묵 중이겠

는가 아니면 대화 중이겠는가?

그는 무엇을 느끼겠는가? 그녀는 무엇을 생각하겠는가?

그 사람의 어떤 면이 당신은 너무 어렵게 여기는 그 일을 성취하도록 돕겠는가?

만약 그들이 당신과 똑같은 어려움들을 가지고 있다면, 그들은 어떻게 그 어려움들을 극복하겠는가?

이 사람은 당신을 위해 어떤 조언을 해 주겠는가?

그 조언을 '듣기' 위해 당신은 오직 상상 속에서 그 사람을 지켜보거나 탁자 맞은편에 그들을 앉혀 놓고 당신 마음속에 떠오르는 질문들을 하고, 그들의 대답을 찾아 듣기만 하면 된다. 만약 당신이? '나는 그저 계속 해 나갔지?'라는 대답을 들으면, 그들이 그것을 어떻게 했는지, 그들이 자신에게 하는 혼잣말은 무엇인지, 어떻게 어려움을 이겨냈는지 좀 더 자세히 말해달라고 '질문하라'. 어쨌거나 당신의 상상 속에서 이 모든 사람은 기꺼이 도우려고 하고 있다. 생산적으로 활동하느라 너무 바빠서 당신에게 대답하기를 거절하는 사람들을 떠올리는 것은 아무 소용이 없다. 이 사람을 당신의 개인 트레이너나 코치로 상상해 보라. 만약 당신의 역할 모델이 당신이 아는 실제 인물이라면, 당신은 사적으로 그들에게 말을 걸거나 활동 중인 그들의 모습을 지켜볼 수도 있다. 일반적으로 사람들은 질문을 받는 것에 놀라고 기뻐한다.

당신이 받은 핵심 조언을 카드에 적어서 늘 가지고 다녀라.

당신에게 역할 모델을 상기시키는 무언가를 발견하고 당신이 가장 꾸물거리는 곳에 그것을 두라. 당신이 어려운 전화 통화를 하러 가거나, 두려운 회의를 주선하거나, 전문의를 만나려고 기다리거나, 체육관에 가려고 옷을 갈아입을 때, 그 카드를 바라보거나 그 조언을 따라서 반복해보라. 당신이 존경하는 몇 사람과 함께 그 과정을 반복하고, 그들의 조언이나 그들의 모습으로 콜라주를 하나 만들어라. 당신이 담배를 피우고 싶지만 그러기를 원치 않는다는 것을 알 때, 그것을 떠올려라. 당신의 사장과 당신이 너무나 오랫동안 회피해 왔던 대화를 시작할 때-사직서를 다 쓰고 나서 한 번 더 수정하기 위해 개봉하기보다는 이제 그것을 우편함에 넣어야 한다는 것을 받아들여야 할 때 말이다. 당신이 힘을 회복하고 쌓아 나가야 할 때, 당신이 존경하는 사람들의 힘을 활용하라.

물론 당신도 똑같은 강점을 가지고 있지만, 이러한 점들은 다른 사람들 속에서 더 쉽게 알아볼 수 있기 때문이다. 때때로 우리는 생산적이고 기쁨을 주는 자신의 역량과 능력을 보지 못한다. 그것은 구름 뒤에 있는 태양을 보지 못하는 것과 같다. 그러나 태양은 항상 거기 있다. 우리는 집으로 가는 길 – 역할 모델을 갖는 것은 지름길을 만들어 낼 수 있다 – 을 발견하기만 하면 된다. 당신은 오랜 시간에 걸쳐 서로 다른 역할 모델을 가지고 있다는 것을 알게 될지도 모른다. 당신이 누구를 존경하는지 그리고 이것이 어떻게 변하는지 주목해보는 것은, 당신이 어떻게 변하고 있는지, 즉 미루는 문제를 다루는 더욱 더 멋진 방법들을 어떻게 찾아내고 있는지에 대한 징표가 된다.

존중과 책임

꾸물거림은 종종 외롭게 만드는 습관처럼 느껴지며, 이것은 당신을 시간-왜곡time-wrap 속으로 집어넣는다. 그러나 그것은 외부와 단절된 상태에서 일어나는 것이 아니다. 일을 자주 미루는 것은 다른 누군가에게도 부정적 영향을 미치게 된다. 당신이 존경하거나 사랑하며 오랫동안 신뢰해왔던 그 사람이 믿을 수 없고, 시작한 일을 끝내지 않거나 끝까지 해내지 못하고, 또는 그들의 능력을 하찮게 여기면서 오랜 시간을 보내고, 만신창이처럼 보이며, 점점 더 초라하게 자신에게만 빠져있을 때는(특히 그들이 미루고 있는 것이 무엇인지 또는 왜 그런지 설명해주지 않는다면) 감정이 상하고 당황하게 되는 것은 자연스러운 일이다. 꾸물거리는 것에 점령당한 에너지는 또한 인간관계를 발전시키고 유지하는 데에서 계속 빼내온 것이므로 우리의 가족들, 친구들, 동료들이 이의를 제기하는 것도 그리 놀라운 일은 아니다. 만약 당신이 정말로 꾸물거리는 문제를 가진 사람이라면, 다음 부분(만약 당신이 아는 사람이 꾸물거린다면…)을 읽는 것이 매우 불편할지도 모른다. 만약 그렇다면, 당신은 이미 올바른 방향으로 움직이고 있는 중인데, 당신이 느끼는 불편한 마음은 다른 사람들에 대한 당신의 영향을 인식한다는 뜻이기 때문이다. 당신이 덜 꾸물거리기 시작할 때 당신은(기껏해야) 짜증이 나고 (최악의 경우) 미루기가 당신 자신뿐 아니라 당신이 사랑하는 사람들에게 해로운 영향을 미친다는 것을 눈치채게 된다. 종종 우리가 가장 아끼는 바로 그 사람들을 마치 우리 자신의 연장선인 것처럼 생각하여 그들을 가장 소홀히 여기는데, 이것은 비극적인 사실이다.

아무리 이 사실이 당신을 슬프게 만들지라도, 이것을 알아차리는 것은 일을 다른 식으로 하도록 당신의 결심을 강화시키는 데 도움이 될 것이다. 슬픔을 허용하라. 그러나 당신이 변화를 만들어낼 때 슬픔이 당신을 파괴하도록 허용하지는 말라. 그것이 당신을 해치도록(손상시키도록) 허용하지는 말라. 그 덫은 자기비난의 깊고 어두운 웅덩이에 빠져서 안심시키는 말을 필요로 하게 만들 것이다. 후회는 더 정확하게 우리를 내리치는 막대기이며 그것을 사용하는 파괴자에게 먹잇감이 되도록 만든다.

– 너는 너무 많은 약속을 어겨왔고, 아무도 다시는 너를 믿지 않을 거야.

– 너는 너무 많은 사람을 실망시켜왔으니, 행복해질 자격 없다.

후회하는 것은 이런 식으로 에너지를 고갈시킨다. 그러니 그것이 누구에게 도움이 되겠는가? 당신이 아끼는 사람들에게는 확실히 아니다. 만약 당신이 여태 행동해온 방식과 그것이 다른 사람들에게 영향을 미쳤던 방식에 대해 후회한다면, 그런 감정이 들도록 놔두어라. 그러한 감정들은 우리가 일을 달리 할 방법에 대해 생각하게 만들어주고, 우리가 행동하는 데 있어 새롭고 더 건설적인 방식들로 우리 자신의 논리를 따르도록 해주는 커다란 에너지원이 될 수 있다.

그러므로 그들이 말하는 것처럼, 미리 사과를 하라.
그리고 일을 다르게 해나가기 시작하라.

만약 당신이 소홀하게 대한 누군가가 있다면, 그 사람은 누구인가? 당신의 마음에 처음으로 떠오르는 사람이 누구인지 생각해보라. 그들이 했던 표현을 생각해보고, 지금 이 순간 그들이 필요로 할 것 같은 간단한 일은 무엇인지 상상해보라. 전화 한 통, 껴안아주기, 한 잔의 와인? 당신이 일어나서 그것을 해주는 데 무엇이 필요하겠는가? 당신이 자꾸만 더 생각하지 않고, 그저 그 일

을 마친 다음에 그들을 만나면 어떤 일이 생길지 알아보라. 아무것도 복잡할 것이 없다. 너무나 간단하다. 이 일을 시작하기 위해 할 수 있는 것이라면 무엇이건 하면 된다.

꾸물거림을 극복하는 것은 궁극적으로는 더 온전히 사랑하는 것을 배우는 것과 관련이 있다. 우리 자신과 다른 사람들에 대한 존중이 있다면 꾸물거림과 같은 습관이 오래 지속되기는 매우 어려운데, 이는 우리가 누구이고 우리가 무엇을 하는지와 같은 우리 자신의 모든 측면과 우리가 아끼는 사람들, 우리의 공동체들, 우리의 환경들이 소중해지기 때문이다. 시간, 에너지, 노력과 감정은 더 이상 낭비되지 않을 것이다. 왜냐하면 우리는 이런 자원들이 우리의 모든 삶을 풍요롭게 만드는 데 얼마나 중요한지를 너무나 잘 인식하기 때문이다.

만약 당신의 아이들이든 다른 사람들의 아이들이든 당신의 삶 가운데 아이들이 있다면, 당신은 아마 그 아이들이 사람에 대해 가능한 최고의 본보기를 갖게 되기를 바랄지도 모른다. 일을 정면으로 직면하고, 상황을 인식할 줄 알고, 온전히 즐겁게 살며, 일을 시작하고, 몰입하며, 실수에서 배우고, 완수하고, 축하하거나, 슬퍼하기도 하며, 휴식을 누릴 수 있는 그런 사람, 일의 어려움을 부정하지 않지만 가능성에 도전하며, 이를 악물고, 심호흡을 한 후 앞으로 전진해나가는 그런 사람의 본보기 말이다. 바로 이런 사람이 당신일 수도 있다. 당신이 하룻밤 사이에 그런 사람이 될 필요는 없으며, 완벽해야 하는 것도 아니다. 우리의 모든 아이는 자신의 인간적인 면을 너그럽게 넘기는 사람들의 본보기가 필요하다. 자기 자신과 인생에 대해 진심으로 웃어넘길 수 있는 사람들 말이다.

다른 창의적인 전략들

유머

당신이 꾸물거리는 습관에서 벗어날 수 있는 주요한 방법들 중의 하나는 유머 감각을 개발하는 것이다. 이 책에 만화가 있는 것도 그런 이유다. 꾸물대는 것은 우리의 삶에서 색깔, 빛, 생명, 가치, 의미와 활력을 고갈시킴으로써 기본적인 인간의 욕구와 즐거움도 앗아갈 수 있다. 진짜 신나게 웃는 일, 소리 내어 웃는 것은 당신이 더 많은 산소를 흡입하도록 하고 전신의 근육들을 이완되게 한다. 그러므로 당신이 만약 계속해서 일을 미루고 있다면, 당신이 빠져있는 일종의 망연자실한 상태에서 재빨리 빠져나오는 것이 좋다.

그러므로 만약 당신이 이 책을 읽는 것 외에는 아무것도 하지 않고 있다면, 당신의 삶 속에서 큰 소리 내어 웃을 거리를 발견할 기회를 늘려라. 그건 당신의 건강에도 좋고, 당신의 관계에도 좋으며, 당신이 왜 계속해서 일을 미루고 있는지를 보도록 하는 데 도움이 될지도 모른다. 인생은 짧다. 그러나 재미있지 말란 법은 없다. 당신은 이제 사용하지 않고 남아있는 에너지를 쓰게 될 것이고, 불안해하며 꾸물거리는 옛 드라마 속에서 그 에너지를 잃지는 않을 것이다. 그러니 이제 즐겨라!

코미디 비디오들을 꺼내라. 당신이 만나는 모든 사람에게 당신에게 농담을 하나 해보라고 요청하고, 공책에 적어 두었다가 친구들에게 전해보라. 어린아이와 함께 웃어보라. 바닥이나 침대에 누워 누군가의 머리를 당신의 배 위에 올

려놓도록 해보라. 큰 소리로 '하 하 하' 라고 말해 보고 '하' 소리를 낼 때마다 당신의 배 근육으로 그들의 머리가 튕기도록 해보라. 그러고 나서 당신의 머리를 그들의 배 위에 올려놓고, 그들이 똑같이 해보도록 하라(그것이 당신을 저절로 킥킥거리도록 바꾸지는 않는다 하더라도, 당신은 바닥 위를 굴러다니며 조금이라도 운동을 하게 될 것이다). 거울을 보며 우스운 표정을 지어보라. 걸어가는 것을 제외하고 거실을 가로 지르는 10가지의 다른 방법들을 생각해 내보라. 당신이 치과에 간 오랑우탄인 것처럼 가장해보라. 당신의 추억 속에서 진짜 소리 내어 웃었던 마지막 때가 언제였는지, 즐겁게 미소 지었던 마지막 때가 언제였는지 떠올려보라.

목록들

목록을 작성하고 일을 점검하는 것은 어떤 사람들에게는 도움이 되는데, 다음과 같은 조건이 있다.

- *목록을 작성하는 것이 새로운 방식의 꾸물거리기가 되지 않아야 한다.*
- *그 목록은 당신이 그 일을 하기 위해 시간을 낼 생각이었던 일들 가운데 찾아 넣어야만 한다.*
- *목록에 사소한 것들을 덧붙이고 그것을 하기보다는 목록 중에서 중요한 것들을 한다.*

'난 이런 거 다 안다! 이미 다 해봤어.' 그렇다면 다른 색깔의 펜, 별 스티커, 보상체계를 이용해보라. 가장 닿기 쉬운 곳에 목록을 핀으로 꽂아 두고, 무언가를 끝내고 체크를 할 때마다 노래를 불러보라. 만일 이것이 당신에게 효과가 있다면 이 일을 즐기고, 잘한 일에 대해 기뻐해보라.

때때로 목록을 작성하는 사람들은 새로운 목록을 작성할 때마다, 주요 항목들이 예전 목록에서부터 계속 반복된다는 것을 알아차리게 된다. 이런 일이 여러 번 일어난다면, 이 항목들은 하고 싶지 않은 것이거나 그 항목들을 다룰 새로운 전략을 찾아야 할 필요가 있는 것이다. 만일 당신이 하루, 일주일, 예측할 수 있는 미래 등을 한 가지 우선 사항으로 단순화해야 한다면 그것은 무엇이겠는가? 그것에 초점을 맞추라. 중요한 일을 먼저 하라. 리스트 작성자들이 공통적으로 지닌 한 가지 문제는 무엇이 목록에 있는가뿐 아니라 얼마나 많은 것을 끝냈는가 하는 점을 그들이 종종 잊는다는 것이다. 만약 당신이 이런 사람이라면, 이런 일이 얼마나 당신의 능률에 대한 믿음을 손상시키는지 주목하라. 당신이 해낸 모든 것을 목록으로 적어보고, 해야 할 일을 정리해두었던 목록과 비교해보라. 당신은 놀라게 될지도 모른다.

낭비를 인식하는 법을 배우고 그것을 미워하라

꾸물거리는 것은 우리의 삶에서 시간을 훔쳐가고, 그 보답은 거의 없다. 당신이 점점 덜 꾸물댈수록 당신은 당신의 절약된 시간이 얼마나 소중한지 알게 될 것이고, 당신의 삶이 얼마나 더 풍부해지고 더 즐거워지고 덜

긴장되는지를 알게 될 것이다. 당신은 삶을 더 온전히 경험할 수 있다. 그것은 그처럼 단순한 것이다. 당신이 꾸물대는 방식과 그것이 초래하는 낭비를 인식하는 한, 당신은 정체된 삶의 장소와 제자리 걸음을 걷던 그곳으로 돌아갈 필요가 전혀 없다. 만약 당신이 내일 해야지라는 길로 다시 내려가기 시작한다는 것을 눈치 채면, 그곳에서 멀리 떠나라. 그렇다, 정말로, 일어나서, 다른 발 앞으로 한 발을 내딛고 멀리 떠나라. 당신이 서 있는 또는 앉아 있는, 꾸물거릴 생각을 하고 있는 바로 그 장소에서 말이다. 당신이 있던 곳을 돌아보라. 얼마나 당신이 능률적으로 행동하고 있는지 주목하고 다시 시작하라. 당신 다리의 근육들이 이렇게 하는 데 더 많이 익숙해질수록, 당신은 자신이 정체된 장소로부터 자연스럽게 멀리 떠나 전진하고 있음을 더 많이 알게 될 것이다.

물건을 버리는 것

때때로 당신은 틀림없이 물건들로 가득 찬 찬장이나 책상 또는 방을 정리하는 일을 회피하는 중일 것이다. 당신은 한 가지를 집어드는 것으로 시작할 수 있다. 즉, 작은 종이조각 하나 또는 수저 하나 또는 잔뜩 쌓여있는 것들이나 서랍에서 고른 그 무엇이든, 그 하나를 처리하는 것으로 시작할 수 있다. 그리고 나서 당신은 휴식을 취하면서 초콜릿 바 하나를 먹을 수 있다.

"뭐라고요?" 당신이 폭발하는 소리가 들린다.
"그렇게 해서 언제 일이 끝납니까!"
흠. 더 좋은 생각이 있는가?
두 개?
여섯 개? 여덟 개?

작은 목표를 설정하고, 그러고 나서 중단하라.

또는, 당신이 일을 끝낼 때까지 계속 전진하기 위해 쌓아둔 추진력과 힘을 사용하라. 그러고 나면 당신은 잔뜩 쌓인 물건들에서 자유로워지는, 멋지고 새로운 기분을 경험하게 될 것이다.

당신이 물건을 버릴 때 육체적 수고를 그 과정에 넣는 방법(음악이 도움이 될지도 모른다)과 재미있게 할 수 있는 방법을 찾아보라. 만일 시작할 힘이 없다고 느껴진다면, 심지어 느릿느릿하고 축 늘어진 식(멜로드라마 같은 조용한 영화의 등장인물들을 생각하라)으로 소심하게 행동해보라. 춤을 추거나 노래를 해보라. 종이나 오래된 옷, 대개 쓸모없는 잡동사니들에게 당신이 무엇을 하는 중인지 말해주고 그것들이 반격해오도록 해보라. 그것들을 모두 버리는 데서 즐거움을 만끽하고 상쾌한 공간이 생겨나는 것을 볼 때 축하하라.

당신은 새로운 활력을 만들어내기 위해, 또는 당신이 계속해서 미루고 있는 더 깊고 어려운 문제들을 해결하기 위해 단순히 물건을 버리는 방법을 사용할 수도 있다. 당신이 어수선하게 쌓여있는 그 작은 것들에 더 많은 주의를 기울일수록 중요한 의문점들과 도전들, 그리고 해결책들이 더 또렷해질 것이다. 당신이 무언가를 버릴 때, 당신은 그 물건에 대한 물리적인 관계를 끝내는 것이다. 당신은 여전히 감정적으로 정신적으로 그 물건과 연결되어 있을지 모르는데, 당신이 좋아했으며 항상 기억하게 될 옛날 사진들이나 연애편지들이 그럴 수 있다. 그러나 물리적으로 그 물건은 이제 없으며 당신과의 사이에 간격이 생겼다. 그것은 우리가 새로움을 느끼고 삶에 대해 다시 열린 태도를 갖도록 돕기 위해 우리에게 몹시 필요한 것이다. 그러니까 중요한 것은, 당신이 꼼짝도 하지 못하는 느낌일 때 어떤 것이든 일을 끝마쳐보는 것이 도움이 된다는 사실이다.

나오미는 긴 보고서를 하나 쓰려고 노력 중이었는데, 깊게 몰입하는 것과 완수하는 것을 계속 미루고 있었다. 그녀는 몇 부분을 시작하긴 했고, 불완전하게나마 다른 부분들을 완성했으며, 무수한 생각들 속에 빠져 있었지만 주장의 가닥을 잡을 수 없었다. 그녀는 초조해졌고, 좌절감을 느꼈으며, 포기하고 싶은 강한 느낌을 받았다. 어느 날 오후, 그녀는 완전히 일을 포기하고 그 대신 다락을 치우기 시작했는데, 죄책감과 부루퉁한 기분이 동시에 들었다. 처음에는 쓸데없는 것들만 검은 비닐봉투에 던져 넣었지만, 시간이 지날수록 그녀는 점점 더 과감한 결정을 내리고 오랫동안 지니고 있던 것들을 내버리고 있는 자신을 발견했다. 저녁식사 후에 나오미는 활력이 가득 차는 것을 느끼며 보고서를 쓰는 작업으로 돌아왔고, 힘들이지 않고 빨리 끝낸 것에 스스로 매우 놀랐다. 사실 그녀는 그 일을 즐기기까지 했다. 그녀는 아침에 출근하는 기차 안에서 그 보고서를 읽어보았고, 참신하면도 간단명료한 글로 인해 매우 기뻤다.

시각화하기

당신이 일단 그 일을 완수하고 나면 어떤 느낌이 드는지, 그리고 만족스러운 결론으로 그 일을 통과할 수 있도록 돕기 위해 무엇이 필요한지를 상상해보는 것은 매우 도움이 된다. 만일 당신이 강한 상상력을 가지고 있다면(그리고 꾸물거리는 사람들이 그렇듯이 당신도 그럴 가능성이 있다), 당신이 집중할 때 경험해보고 싶은 좋은 느낌들을 아마 되살려낼 수 있을 것이다. 어쩌면 당신은 앞으로 발생할지도 모르는 유쾌하지 못한 강한 감정들을 떠올렸을지도 모른다. 그러니 이제는 그 똑같은 힘을 긍정적인 결과를 미리 맛보는 데 사용해보라. 물론 어떤 누구도 나중에 당신이 정확히 어떤 느낌을 갖게 될지 예상할 수 없다. 그렇다 하더라도 당신이 꾸물거리는 중이라면 당신은 아마 해낼 수 있다는 상상을 할 것이다. 그러므로 당신이 해야 하는 그 일을 끝낸 후 바로 그 지점에서 당신은 긍정적인 기분을 느낄 것이라고 상상하는 것이 더 나은 일이다. 아니 어쩌면 심지어 일을 하고 있는 그 과정 중에라도 긍정적인 기분을 느낄 것이라고 상상할 수 있다. 당신이 이것을 더 많이 연습하면 할수록, 즐거운 감정이나 편안한 느낌을 일이 진행되는 과정의 더 앞에 가져다 놓을 수 있게 된다.

시각화를 사용할 수 있는 또 다른 방법은, 당신 생애의 마지막 날들 또는 마지막 순간들에 자신을 투영시켜보는 것이다(그것이 얼마나 먼 미래가 될지 미리 결정할 필요는 없다). 그 지점에서부터 현재의 시점으로 시간을 되돌려본다면, 당신은 자신이 어떻게 행동하는 것을 보고 싶은가? 자신이 무엇을 했으면 좋겠는가? 어떻게, 그리고 언제? 나이가 더 들고 더 현명해진 자신이 당신의 생각과 의사 결정과 행동을 안내하도록 해보라.

자세 놀이

의자에 대충 주저앉아서 어깨를 내리고, 입 꼬리를 늘어뜨리고, 팔로 허리둘레를 꽉 껴안아보라. 그러고 나서 몸을 앞으로 기울이고 중얼거려보라.

'나는 그 일을 할 거야.'

이제 똑바로 일어나서 발을 약간 벌리고, 손목을 흔들고, 팔을 벌리고 손가락을 쫙 펴고, 손바닥이 앞으로 향하게 하고, 똑바로 앞을 쳐다보며 단호하고 분명하게 말해보라.

'나는 그 일을 할 거야.'

어떤 차이점이라도 있는가?

일단 당신이 그 차이를 느낄 수 있게 되면, 심지어 앉아서 손가락을 쫙 펴고 목 뒤를 곧게 펴고 있는 동안에라도 당신은 자신이 서서 그 말을 한다고 상상할 수 있다. 그저 당신이 힘주고 서 있을 때 어떤 느낌이었는지 활용함으로써 이러한 훨씬 더 작은 신호들을 바탕으로 유사한 감정을 일으킬 수 있다는 것을 알게 될 것이다.

척추를 곧게 세우고 의자에 편안하게 앉는 것은(그러면 의자 등받이에서 약간 떨어지게 된다) 텔레비전 인터뷰에서 자신 있어 보이기 때문에 선호하는 자세이며, 그것은 다른 곳에서도 같은 효과를 낸다. 그러므로 만약 당신이 털썩 주저앉아 있다고 생각되면 당신은 열려있고, 더 결단력 있어 보이는 자세로 바꾸라. 아니면 그냥 그대로 계속 대충 주저앉아 있어보라. 틀림없이 스스로 – 그리고 근처에 있는 누구라도 – 웃게 될 것이다. 당신이 계속 나아가는 데 고통으로 신음하는 것보다 더 좋은 것이 있겠는가!

보상

보상은 반드시 당신이 진정으로 고대할 수 있는 것이어야만 하고, 추가로 주어지는 것이어야 하지만, 완수에 대한 성취감을 대체하는 것이 되어서는 안 된다. 뇌물은 당신이 일을 해낼 수 있도록 도울 것이다. 최악의 것들을 이겨내는 것을 도울 것이다. 우리 중 대부분은 나름대로 귀중하게 여기는 것들이 있다. 최고의 보상들은 행복과 가치에 대한 당신의 감각을 적극적이고 긍정적으로 향상시킨다. 이러한 것들은 당신이 나아가고 싶어 하도록 만들고, 다른 무언가를 끝내고 싶어 하도록 만들어주는 것들이다. 휴일, 혼자 있는 시간, 꽃, 한 잔의 커피나 허브차, 훌륭한 포도주, 약간의 피드백, 오페라 관람, 마사지, 새 옷, 이발, 당신을 기쁘게 해주기 위해 다른 사람들이 그만두어야만 하는 것들에 대해 이야기 나누기. 일을 완수하는 데 쏟았던 노력에 잘 맞는다고 생각되는 것이면 무엇이든지 좋은데, 그러한 보상들은 스스로에게 일이 잘되었다는 메시지를 강화시키는 데 도움이 된다.

당신에게 효과적일 만한 뇌물이나 보상의 이미지를 알아보라. 그것은 신체적인 것인가, 정신적인 것인가, 정서적인 것인가, 실용적인 것인가, 사회적인 것인가 또는 영적인 것인가? 그것은 당신이 움직이거나, 이야기하거나 혼자 있거나 또는 다른 사람들과 함께 있는 것과 관련이 있는가?
그것은 얼마나 많은 시간과 공간을 필요로 하는가?
당신이 그것을 받을 때 어떤 느낌이 들겠는가? 누가 그것을 당신에게 주겠는가?

당신은 스스로 보상을 줄 수도 있고, 다른 사람이 보상해주도록 요청할 수도 있다. 중요한 것은 당신이 정말로 좋아하는 것을 선택하는 것과, 보상을 받기 전에 당신이 맡은 모든 것을 완수하는 것이며, 신뢰할 만한 수여자를 찾아내는 것이다.

이것은 당신이 될 수도 있다.
스스로에게 한 약속들을 지키는 것을 즐겨보라.

비탄과 상실

만약 당신이 어떤 습관을 변화시키고 싶다면, 당신은 비탄이나 상실과 타협할 필요가 있다. 우리가 일을 미루는 것을 중단할 때 떠오르는 감정들을 다루지 않는다면, 그때는 정말 왜 그러는지도 알지 못한 채 옛 패턴들을 반복하는 것도 무리가 아니다. 그렇다면 이것은 무슨 연관성이 있는 것일까?

친숙하고 오래된 습관을 포기하기

첫 번째 연관성은 우리의 꾸물대는 습관은 마치 오랜 친구와도 같은데, 그 친구는 우리가 필요로 할 때 우리를 돕기 위해 최선을 다했던 친구이다. 당신이 어쩌면 두려움이나 불안함, 분노, 상처받는 느낌과 같은 힘든 감정을 피하기 위해 꾸물거리기 시작했을지도 모른다는 사실을 기억하라. 비록 꾸물대는 오랜 습관이 당신을 막고 있으며, 비생산적이고 제한적인 역할을 하게 되었다 할지라도, 그것이 한때는 당신이 환경을 다루는 최선의 방법이었다. 이제 당신은 자신을 따스하게 감싸기 위해 '내일은 뭘 할까'라는 꿈으로 당신을 둘러싸던 그 시절에 상상했을지도 모르는 것보다 더 많은 만족감과 행복을 가져다줄 새로운 전략들을 개발할 수 있다. 따라서 당신은 자신을 안전하게 느끼도록 돕기 위해 만들어진 그 오랜 습관에 작별인사를 할 필요가 있고 어쩌면 그렇게 하고 싶을지도 모른다. 혹 당신이 못 견디게 이 기차(목적지가 '현재로'라고 표시된)에 타고 싶을지라도 당신은 정중하게 작별인사부터 해야 한다. 당신은 자신의 일부를 잘라내기 위해 떠나는 것이 아니라, 그것이 당신의 삶에 미치는 영향력으로부터 거리를 두려고 떠나는 것이다.

오랜 습관들은 우리가 스스로 잘 살아갈 수 있다는 것을 완전히 확신할 때까지 우리 내면의 무대에 등장하여 끼어드는 것을 포기하지 않는다. 그리고 우리가 스트레스, 피곤함, 질병, 호르몬의 변화, 삶의 양식에서의 변화를 겪는 시점이나, 새로운 무언가를 시작하려 하거나, 활기찬 경험이 사라지고 하루하루 계속되는 삶에서 오는 일상적인 스트레스 아래 놓일 때 그 오랜 습관들이 다시 등장하는 것은 어쩌면 당연한 일이다. 당황하지 말라. 그것은 단지 당신에게 자신을 잘 돌보도록 상기시켜줄 의도로 방문한 것일 뿐이다. 그것이 다시 거주지를 마련하려고 하는 것이 아니다. 일단 정말로 안심이 되면 그 오래된 습관은 떠나갈 것이다.

꾸물대는 당신의 오랜 습관을 당신의 행복에 대해 매우 염려하는 한 인물로 생각해보라. 당신은 기차에 타고 있으며, 플랫폼에 오랜 습관을 남겨두고 떠나려 한다는 것을 상상해보라. 당신이 최고로 잘되기를 진심으로 빌어주는 누군가에게 작별인사를 하면서 슬픈 감정이 드는 것이 당연하다. 그들이 사라질 때 마음속에 으스스하고 익숙지 않은 고요함이 느껴질 수도 있다. 어릴 적부터의 오래된 습관을 알게 됨으로써 당신은 꾸물대는 자신의 일부와 동지가 된다. 그리고 더 나아지기 위해 그것을 어디엔가 건네는 것이다.

나의 오래된 습관은 옛날이야기에 등장하는 쭈그렁 할멈ancient crone인데, 그녀는 내가 다칠까(정신적으로, 육체적으로 또는 감정적으로) 아니면 결국 노숙자로 끝나버릴까 끊임없이 걱정했다. 그녀는 어떤 상황 속에서는 항상 긍정적인 면을 볼 수도 있었을 테지만, 잠재적인 부정적 측면들에 대해 훨씬 더 많이 알아차리고 있었다. 그녀는 거대하게 진화한 더듬이를 가지고 너무 민감하게 굴었으며, 강한 완벽주의자 경향을 가지고 있었고, 매우 비판적이었으며, 과장하는 면이 뛰어났다. 그녀는 나를 비난했고, 특히 내가 몰입하고 완수할 때 꾸물거리도록 부추겼는데, 이는 내가 상처 입거나 숨막히는 것으로부터 나를 보호하려는 그녀만의 방식이었다. 지금 그녀는 나의 협력자가 되었다.

놓쳐버린 것에 대해 애도하기

만일 당신이 어렸을 때 중요한 공백을 다루기 위해 꾸물대는 것을 배웠다면, 자신과 환경과 다른 사람들을 더 많이 인식하게 될수록 자신이 놓쳐버린 경험들을 갈망하고 있다는 것을 당연히 알게 된다. 이러한 경험들에는 누군가 붙들어주고 안아주는 경험, 누군가 함께 해주며 지지를 보내주는 경험, 누군가 이야기를 들어주고 진지하게 받아들여주는 경험, 당신 자신이 선택을 할 수 있도록 격려받는 경험, 무언가에 몰두할 만큼 충분히 안전하다고 느끼는 경험, 무언가를 놓아버리는 것을 편안하게 느끼는 경험, 함께 축하하는 경험, 누군가 당신이 하는 일뿐만 아니라 당신의 존재 그대로에 대해 즐거워해주는 경험 등이 포함될 수 있다. 놓쳤거나 잃어버린 것에 대해 슬퍼하는 것은 자연스러운 일이다. 그 다음 단계는 이제 그러한 욕구들을 완전히 책임져야 한다는 것을 받아들이려고 노력해야 한다는 것이다. 당신은 구조받으려는 꿈을 포기해야 하는데, 그러한 꿈은 우리 중 누구에게라도 폭풍 같은 어린아이식의 저항심을 일으킬 수 있다. 만약 당신이 어느 날 구조대가 도착할 것이라는 믿음으로 계속해서 어려운 시간을 겪는 중이라면 그렇게 하는 것이 특히 더 어렵다. 당신은 좌절하고, 분노하며, 분개하고, 놀라고, 슬퍼할지도 모른다. 이러한 모든 것은 받아들이는 과정의 일부이다.

잃어버린 것에 대해 애도하기

세 번째로, 삶에서 전진해나간다는 것은 모든 것을 갖는 것이 가능하다는 믿음에 더 이상 매달릴 수 없다는 것을 뜻하기 때문에 당신은 탄식하며 슬퍼할지도 모른다. 당신이 꾸물거릴 때 그것은 각각의 모든 길이 당신에게 열려있다고 혼잣말을 하면서 교차로에 머물러있는 것과 같다. 그러나 일단 당신이 길을 선택하고 앞으로 나아가게 되면 다른 길들은 이용할 수 없게 될 것이고, 다른 문들은 닫히게 된다. 얄궂게도 당신이 더 많이 선택할수록, 동시에 더 많은 것들에게 작별인사를 하게 된다. 당신은 당신의 역할들, 사람들, 장소들이나 꿈들에게 작별인사를 해야만 한다. 당신은 당신이 선택한 바로 그것을 더 풍부하고 더 깊이 경험하게 된다. 정말로 당신은 포기한 것에 대해 애도할 필요가 있다.

하산은 자신을 위한 새로운 삶을 만들어나가기를 계속 미루고 있는 망명사였나. 예전에 적극적이고 유능한 전문가였던 이 남자는 아침마다 아내에게 내일은 집을 나가보겠다고 말하고는 이내 아침이 되면 움직이기를 거부했다. 그의 가족은 그가 집에서 온종일 현재의 상황에 불평하고 예전의 삶이 얼마나 멋졌던가에 대해 점점 더 비현실적인 꿈을 꾸면서 시간을 보내게 되자 점점 그에 대해 걱정하기 시작했다. 결국 아들은 하산에게 상담 전문가를 만나보라고 설득했는데, 그 상담 전문가는 그에게 닥친 문화적, 사회적 도전들과 그의 부모가 탈출하지 못했을 때 자신은 살아남았다는 사실을 받아들이려고 애쓰면서 겪었던 어려움들, 그리고 그러한 모든 상실에 대한 고통을 이해했다. 하산은 여러 달 동안 상담 전문가를 만났다. 그 둘을 통역해주던 사람이 혹시나 하여 하산에게 다음번 종교 기념일을 축하하기로 계획된 모임에 가보고 싶은지 제안했을 때, 그는 그 제안을 받아들이고 그곳에 갔다.

결코 일어나지 않을 것에 대해 애도하기

당신이 덜 꾸물거리기 시작하고 인생을 좀 더 즐기기 시작하면, 아마도 당신은 인생은 짧고 이전보다 나이가 들어버렸음을 깨닫고 완전히 충격을 받아 급기야 가슴에 사무치게 탄식하며 슬퍼하게 될지도 모른다. 당신이 더 능률적이고 활동적인 사람이 되면 그동안 얼마나 많은 시간을 허비해왔는지 예리하게 인식하게 될 것이다. 당신은 계속 잃어버린 기회들, 보내지 않은 편지, 하지 않은 대화, 성취하는 것은 고사하고 가져보지도 않은 꿈을 꾸었다. 비록 다행히도 우리가 일단 꾸물대는 것을 멈추면 어떻게든 경험할 수 있거나 가능한 것들이 있긴 하지만, 다른 어떤 것들은 정말로 너무 늦어버렸기 때문에 비통해 할지도 모른다.

아기를 갖기에는 너무 늦었다. 할아버지를 찾아 뵙기에는 너무 늦었다.
구직서를 내기에는 너무 늦었다. 음주 운전을 멈추기엔 너무 늦었다.
아이들의 어린 시절을 만끽하기에는 너무 늦었다.
파트너에게 잘 대해주기에는 너무 늦었다. 이번에 투표하기에는 너무 늦었다.
치아를 관리하기에는 너무 늦었다. 노숙자 여성들에게 도움을 주기에는 너무 늦었다.
고문에 대해 반대하기에는 너무 늦었다. 탁 트인 전원지역을 구하기에는 너무 늦었다.

이것은 당신이 꾸물거렸기 때문에 살아보지 못한 인생이자, 놓쳐버린 기회들이다. 당신은 결코 이러한 것들을 되돌릴 수 없을지도 모른다. 이러한 깨달음은 너무나 고통스러울 수 있다. 그리고 당신은 매우 슬퍼하고 죄책감을 느끼며 후회로 가득 찰지도 모른다. 울 필요가 있을지도 모른다. 당신에게 책임이 있으며 이러한 상황들을 다르게 만들 수도 있었다는 것을 더 빨리 깨닫지 못했던 자신에 대해 매우 화가 날 수도 있다. 괜찮다. 울고, 슬퍼하라. 당신이 할 수 있는 부분에 대해 사과하라. 당신 자신을 부드럽게 대해주라. 무엇을 배울 수 있을지 생각하기 위해 머리를 맑게 하는 데 그 분노를 사용하라. 당신을 껴안아주고, 비판하지 않고 당신의 말을 들어 줄 만한 친구에게 전화를 걸거나, 혼자 있기에 안전하다고 느낄 수 있는 아름다운 장소를 알아보라.

그러고 나서… 잠깐 시간이 흐른 후…
잠시 후, 당신은 탄식하며 보내는 많은 시간이 지구상에서 당신에게 남겨진 무슨 시간이든 그것을 더 없애는 중이라는 것을 깨닫기 시작해야만 한다. 과거에 대해 경의를 표하고, 그로부터 무언가를 배우고자 유용하게 과거를 인식하는 것은 과거에 붙들려 현재의 삶과 현재의 관계들에 관여하고 기여하는 힘을 감소시키고 파괴하는 것과는 차이가 있다. 과거의 행동을 후회하는 데 사용되는 시간은 현재의 그 모든 가능성에서 우리의 에너지를 빼앗는다. 당신 자신이나 다른 사람들 또는 운명을 탓하는 것은 당신의 에너지를 감소시킨다. 괴로운 감정들을 수용하고 그 감정들로부터 무언가를 배울 때, 그 감정들은 최선의 것을 우리에게 아낌없이 내준다. 그러고 나면 당신은 다음 단계로 넘어갈 수 있다.

스스로를 이렇게 하도록 놓아둘 때, 때로는 여전히 당황스러운 느낌이 든다 할지라도 당신은 배운 게 있다는 사실을 알게 된다. 이런 과정 속에서 삶이 짧다는 것을 알게 되어 우울해지는 것과 그러한 사실을 실감함으로써 활력을 얻는 것 사이 어딘가에 우리 모두가 도달하게 되는 임계점이 있는 것 같다. 이러한 과정을 겪는 것은 대단히 고통스러우며 당신은 삶이란 것이 당신이 바라던 대로 다 되지 않는다는 사실에 슬픔을 느끼게 되는 순간이 언제나 있을 것이다. 그러나 당신은 목적의 명확성, 지혜, 그리고 마음의 평화가 자연스럽게 뒤따라온다는 것을 발견하게 될 것이다. 이것이 바로 나선형 과정이다. 우리가 시간을 허비한 것에 대해 깊이 탄식하도록 더 많이 허용하면 할수록, 우리의 에너지를 현재의 영광, 도전, 그리고 책임감에 완전히 몰입하는 데 더 자유롭게 쓰게 된다. 하지만 이번에는 스스로를 삶 속에 억지로 끌어다가 밀어넣어야만 하는 것이 아니라 삶에 대해 새로이 흥분되고 고양되는 것이다. 진실된 감정들이 파도처럼 밀려올 때, 그 감정들이 끊임없이 주위에 머무르는 것은 아니다. 비탄의 물결이 몰려올 때 그것을 허용하고 느껴라. 그 이후에는 활력과 흥분의 또 다른 물결이 뒤따를 것이고, 그러고 나면 또 다른 감정이 다가올 것이다. 이것은 모두 내가 지금껏 설명해온 것과 같은 과정의 일부분이다.

우리가 앞으로 전진할 때 막혀있다고 느껴지면
우리가 놓아버려야 할 것들을
존중하고, 인정하라. 그리고 다음 단계로 넘어가라.

Ⅳ

당신이 아는 누군가가 꾸물거린다면

집에서 꾸물거림
일터에서 꾸물거림
여기저기서 꾸물거림

해야 할 일들 목록
1) TV 시청
2) 잠자는 것
3) 빈둥거리기
4) 나가서 놀기
5) ~~~~~~~~

당신이 아는 누군가가 꾸물거린다면

만일 당신의 세계에 있는 누군가가 꾸물거린다면, 당신은 아마 이것이 당신에게 미치는 영향들에 대해서는 너무 많이 인식하고 그것이 그들에게 미치는 영향에 대해서는 부분적으로 인식하고 있을 것이다. 그 사람과 당신의 관계에 따라, 당신은 아마도 그것을 다루는 방법을 발견했을 것이며, 이러한 전략들은 당신 자신이 편안하고, 건강하며 행복할 때 최고의 효과를 발휘한다. 그렇지 않은 때, 그들이 꾸물거리는 것은 당신을 몹시 화 나게 만들고 미칠 지경으로 몰아간다. 혹은 당신 자신이 가끔 꾸물거리고 있다는 것을 알고 그것에 대해 어떻게든 해보려는 중이더라도, 자기 보호와 마음의 평화를 위한 구체적 전략들에 대해 생각해보는 것은 도움이 될 수 있다.

관계는 함께 만들어가는 것이다. 그러므로 한 사람이 너무 꾸물거리면 그 행동은 두 사람 모두에게 효과를 나타낸다. 그러므로 두 사람 모두 해결의 당사자이다.

집에서 꾸물거림

당신의 배우자가 꾸물거린다면

당신의 파트너가 삶의 어떤 영역에 대해 꾸물거리고, 당신은 또 다른 영역에서 꾸물거릴 가능성이 있다. 그러므로 대체로 두 사람은 서로 보완적이다. 그녀는 가정의 재정 문제를 다 처리했다고 확신한다. 그러나 당신은 세제가 남아있지 않다는 것을 알아차린다. 그는 실내 장식에 관한 일이라면 잘 해나가지만 새 옷을 사는 문제에 관해서라면 초조해지고, 당신은 쇼핑이라면 그보다 더 기쁠 게 없지만 가능한 집 주변에 놓인 실제적인 일들은 자꾸 미룬다. 한편, 둘 다 같은 문제에 대한 어려움을 가지고 있기도 하다. 두 사람 모두 매우 유능한 전문가들이고, 프로젝트를 시작하고 개발하여 팀을 꾸려나간다. 하지만 집에서는 당신들 두 사람 중 어느 쪽도 휴가 계획을 세우거나 심지어 주말여행 계획에 관심을 두지 않는다.

부득이하게도 관계에서의 꾸물거림은 곤란한 감정들(격노, 분노, 좌절, 짜증 등)이 위장된 형태로 발생하는 또 다른 방법일 수 있다. 그러므로 만약 당신이 꾸물거리는 누군가와 살고 있거나 밀접한 관계가 있다면, 당신은 우선 삶의 영역 중에 자신이 일을 미루는 부분들을 먼저 처리하고 싶어 할지도 모르고, 당신의 습관이 당신에게 무엇을 알려주고 있는지 더 분명히 알고 싶어질지도 모른다. 당신의 파트너로 하여금 당신이 무엇을 하고 있는지 알게 하라. 무엇이 효과가 있고, 무엇이 그렇지 않은지, 두 사람 모두 무엇을 필요로 하는지, 당신이 하고자 하는 일에 착수하고 실행하는 것을 배울 때 서로를 어떻게 지지할 수 있는지에 관한 대화에 나오도록 정중히 요청하라. 절대로 비난을 하거나 수치감을 주는 태도로 빠져들지 않게 하라. 당신은 어느 정도는 당신을 위해 이 일을 하는 중이며, 그들을 교정시키려는 것이 아니다! 가능한 한 어느 영역에서든지 서로 협력자가 되어라. 두 사람이 모두 싫어하는 일에 대한 어려움을 지나치게 강조하는 데 공모하게 되는 지점이 어디인지 주목해보거나 다른 사람이 자동적으로 그 일을 책임져야 한다고 여기게 되는 지점이 어디인지 알아보라.

로버트의 노모인 클래어는 심하게 넘어졌고, 그 가족은 그녀가 너무 약해져서 혼자서 살 수 없다는 것을 깨달았다. 그 상황을 즉각 해결하기를 원했기 때문에 로버트는 남은 방을 비우고 그들과 함께 살도록 어머니를 모셔오기로 아내인 수잔과 의견을 모았다. 로버트는 출장으로 자주 집을 떠나 있었기 때문에, 수잔이 그 방 짐을 꾸리겠다고 말했지만, 로버트가 집에 돌아올 때마다 수잔은 시작도 하지 않고 있었다. 이런저런 이유로 그녀는 계속 미루고만 있었다. 커플은 그 상황에 대해 일련의 논쟁을 벌였는데, 수잔은 압박감과 비난을 받는 느낌이 들었고 로버트는 좌절감을 느끼게 되었다. 수잔은 그 방을 정리하는 것에 대해 생각할 때마다 눈물이 가득 고이고 분노를 느꼈다. 시어머니를 좋아하고 있었기에 그 감정들은 그녀를 혼란스럽게 만들었다. 그녀는 계속해서 건성으로 그 일을 대하거나 그 일을 완전히 회피했다. 점점 논쟁은 매우 심한 말다툼으로 악화되었고, 어머니가 함께 사는 문제에서 점점 더 멀리 벗어나서 두 사람의 관계에 관한 문제와 누가 책임을 져야 하는지(또는 그렇지 않은지)를 따지는 커다란 문제로 옮겨졌다. 그 논쟁은 마침내 수잔이 혼자 사는 게 낫겠다고 소리 지르는 것으로 끝났다. 이것은 그들 모두에게 충격을 주었다. 수잔은 그것이 자신이 정말로 원하는 것이 아니라는 것을 깨닫고, 다시 논의를 시작하자고 제안했다. 로버트는 아내가 자신을 정말로 떠나려고 하는 것이 아니라는 사실에 안심했고, 그의 어머니가 그들의 집으로 와서 사는 것에 대해 냉정하게 생각해 보았으며, 그는 몹시 상반되는 양면의 감정을 느끼고 있다는 것을 깨달았다. 그는 어머니가 넘어져 다친 직후 불안감이 최고조에 달했을 때 그 제안을 했지만 그것은 그나 수잔, 심지어 어머니조차도 반드시 원했던 것은 아니었다. 그는 수잔이 침실을 치우는 데 꾸물거린다는 사실에 초점을 둠으로써 그의 불안감을 미루어둘 수 있었으며, 어머니와 함께 대안을 논의하는 것을 꺼리고 마음을 무시할 수 있었던 것이다.

꾸물거리는 것이 파트너의 행동 목록 중 작은 부분에 해당한다면, 아마도 당신은 지금쯤 언제 끼어들어야 할지 말아야 할지 알고 있을 것이다! 그러나 파트너의 습관이 꽤나 심각한 문제가 되었거나, 또는 중요한 문제들에서 곤란을 유발하기 시작한다면 어떻겠는가? 때때로 관계의 초기 단계에서는 꾸물거리는 행동이 실제적 문제로서 뚜렷해 보이지 않을 수 있는데, 그때는 발뒤꿈치에 날개라도 돋아난 것처럼 장밋빛 사랑에 빠져서 아드레날린과 세로토닌, 새로운 발견의 기쁨으로 불태우는 시간이며, 자신이 최고라고 느껴지고 무엇이라도 할 수 있을 것 같은 시간이기 때문이다. 그러나 이런 찬란한 단계에서 다른 단계로 넘어가게 되면, 당신이 사랑하는 그 사람이 삶의 한 가지 또는 그 이상의 영역에서 심각하게 교착상태에 빠져 있다는 것이 분명해지기 시작할지도 모른다. 이런 상태는 함께 지내기에 극히 어려울 수도 있다. 당신이 아끼며 알고 있는 그 사람, 그리고 다른 사람들이 알고 있는 바로 그 사람이 사라지고, 당신은 자신이 거의 알지도 못하는 누군가와 함께 남겨진 것처럼 보일 수도 있다. 혼란스럽게 만드는 행동을 하는 어떤 사람이 당신에게 문제를 일으키고 있는 것이다. 그 낯선 사람 주변에서 당신은 좌절하고, 혼란스러워 하며, 화가 나고, 자신을 가지고 노는 느낌을 받으며, 걱정스럽고, 두렵고, 무력하고, 무시당하는 느낌이 들고, 때로는 매우 외롭게 느껴진다.

그러면 당신이나 배우자에게 효과가 있는 것은 무엇이고, 도움이 되지 않는 것은 무엇인가?

I. 그 또는 그녀가 미루고 있는 일이 당신에게 특별히 영향을 미치지 않을 때

도움이 될 수도 있는 것

- 당신 자신이 꾸물거리는 경향이 있음을 이야기하는 것
- 그 사람이 자신의 속도로 자신에게 알맞은 일을 하리라고 신뢰하는 것
- 그들이 자신의 꿈들을 이행하지 못한다 해도 그들을 사랑하는 것
- 경청하는 것 : 그들이 어떤 지지를 필요로 하는지 물어보는 것
- 요청받았을 때 당신이 받아들일 수 있다고 느끼는 한도 내에서 도와주는 것
- 빈번히 '그래, 그렇지만…' 이라는 말들로 그 사람에게 참견하는 대신 한 번 안아주는 것
- 그 과제의 어려움에 대한 그들의 염려들을 헤아려주는 것
- 심지어 그들이 잊어버렸을 때라도 그들의 장점들과 성공 경험들을 기억해주는 것
- 그가 해낸 일에 대해서만큼이나 당신 파트너의 존재에 대해서도 당신이 고마움을 표시하고 칭찬해주는 것

도움이 되지 않는 것

- 자신의 꾸물거리는 경향을 모른 체하거나 축소하는 것
- 그 사람을 '게으른 꾸물' 이라고 부르는 것, 또는 학대하기 시작하는 것
- 요청받지 않은 조언을 제공하는 것
- 요청받지 않았는데 많은 도움을 주는 것, '구조해 주는 것'
- 당신을 포함한 다른 사람의 행동과 그 사람의 행동을 비교하는 것
- 왜 꾸물거리는 사람은 그들이 해야 할 일을 하지 않는가에 대한 반복적인 대화로 참견하기 시작하는 것
- 그 또는 그녀가 하려고 노력하는 것에 대한 결과물에 너무 집착하기 시작하는 것
- 비판적인 태도를 취하는 것, 또는 위협을 가하는 것

- 상황이 어렵다고 느끼는 것에 대해 그 사람을 얕잡아보거나 모욕하는 것
- 뇌물 수수
- 포기(또는 그러겠다는 위협)
- 당신이 인정하는 뭔가를 성취했을 때만 그 사람을 칭찬하는 것
- 그들이 하는 일에 대해 그들의 책임이 없는 것처럼 그 사람과 공모하는 것, 또는 그 사람의 행동이 실제로는 피해를 주고 있음에도 피해 주는 일이 없는 것처럼 공모하는 것
- 그들 자신에 대한 부정적인 관점이나 그들의 능력에 대한 전반적인 모욕 또는 그 과제의 끔찍함과 불가능성에 관한 상상 등에 대해 그 사람과 맞장구치는 것
- 그 사람이 스스로 자신의 문제를 처리할 때까지 당신 스스로의 즐거움을 거부하는 것
- 그 일이 당신들 관계의 즐거움을 삼키도록 놔두는 것

2. 그 또는 그녀가 미루고 있는 일이 정말로 당신에게 영향을 미칠 때

도움이 될 수도 있는 것

- 당신 자신의 꾸물거리는 경향을 확인하고 감소시키는 것
- 당신 자신의 욕구들에 대해 주목하고 당신의 파트너가 꾸물대는 것이 어떻게 당신에게 영향을 미치는지 알아보는 것
- 꾸물거리는 행동을 구체화하기 위해, 그 사람이 그 일을 하는 과정 중 어떤 단계에서 꾸물거리는지를 알아보는 것
- 그 꾸물대는 행동이 어떻게 당신에게 영향을 주는지 명확하고 단순하게 설명하는 것

다음과 같은 구절들을 사용해 보라.

"당신이 xxxx할 때, 나는 yyyy하게 느낀다."

또는

"당신이 xxxx하지 않을 때, 나는 yyyy하게 느낀다."

그들의 행동을 가능한 한 단순하고, 객관적이며, 정서적인 느낌이 실리지 않게 서술하도록 노력하라. 한 상황에서 다른 상황으로 일반화시키지 말라. 또는 '너는 항상'–또는 '너는 절대'–과 같은 유형의 언급을 포함하지 말라. 이런 말들이 진실인 경우는 드물다. 한 번의 언급에 변화되기 원하는 것들을 너무 많이 채워넣지 말라.

그러므로, 예를 들면 이렇게 하라.

"당신은 가끔 일을 하다가 모든 것을 나중으로 미루어놓지. 또 가끔 당신이 지불하지 않은 청구서들을 포함한 종이더미들을 탁자 위에 산뜩 쌓아두면 나는 짜증나고 불안하게 느껴져. 나는 이런 일들이 언짢아."

이렇게 하기보다는

*"당신은 탁자 위에 저 ***** 난장판을 계속 그대로 놔두고 있지. 내가 아무리 당신이 해야 한다고 말해도 어떤 은행 입출금 내역서도 열어보지 않아. 정원 창고는 엉망진창이고, 당신은 절대로 당신 어머니께 전화를 하는 법이 없고, 당신은 나를 완전히 미쳐버리게 만든다니까."*

- 당신이 필요로 하는 것을 계속 똑같이 명확하게 요청하고, 적절한 위치에서 당신 스스로 책임지는 것

그러므로 – *"만약 당신이 작업을 끝내면 깔끔히 정리를 해. 그러면 도움이 될 것 같아. 그리고 우리가 재정에 관련된 서류들을 정리할 새로운 방법을 찾으면 좋겠어. 내가 저녁 식사를 만들면, 나중에 함께 청구서들을 살펴볼 수 있게 자리 좀 치워줄래요?"*

이렇게 하는 것이 비난하고 나무라는 것보다 훨씬 더 효과적이다. 이렇게 하는 것은 그 사람에게 자신의 행동을 볼 수 있는 기회를 제공해준다. 그리고 그 사람이 당신들 관계의 전후사정 속에서 그 일이 당신에게 미치는 영향을 알 수 있게 해준다. 또 이것은 상대방이 선택 사항들을 인식하고 자신의 자존감을 지킬 수 있는 행동에 대해서도 협상할 수 있도록 출발선을 제시해준다.

- 만약 상대방이 당신 말을 듣지 않고 있는 것을 알게 되면, 한계와 경계를 정하고 그것들을 고수하라.
- 당신 자신을 위한 지원, 휴식, 즐거움의 다른 원천을 알아내서 그것들을 사용하라.
- 그 꾸물거리는 행동이 삶을 위협하게 되면, 최후의 순간에는 떠날 수 있도록 준비하라(예를 들어 누군가 약속을 하고 음주운전을 멈추지 못할 때).

도움이 되지 않는 것

– 당신 자신의 꾸물거리는 경향을 무시하는 것

– 당신 자신의 욕의, 특히 안전과 행복에 대한 욕구들을 무시하거나 감소시키는 것

– 그 사람의 행동이 마치 그의 책임이 아닌 척 그 사람과 공모하는 것

– 상처 받았을 때 마치 상처받지 않은 것처럼 가장하는 것

- 당신이 필요한 것에 대해 간접적으로 요청하는 것, 슬쩍 힌트를 흘리는 것, 부루퉁해 있는 것, 무겁게 한숨을 내쉬는 것. 당신이 생각하고 있거나 필요한 것을 다른 사람이 직관적으로 '알아채기'를 기대하는 것
- 학대하는 것
- 한계들을 정하고는 그것을 붙들지 않는 것. 혹은 그 대신에 극적인 위협을 가하거나 앙심을 품는 것
- 상대방의 행동에 대해 당신 자신을 탓하는 것
- 상대방의 행동이 당신의 세계를 모두 장악하도록 허용하는 것
- 순교자가 되는 것

상당히 꾸물거리는 누군가와 함께 사는 것은 매우 외로운 경험이 될 수 있는데, 특히 그 사람이 공적인 삶의 영역들에서 생산적으로 지낸다면 더욱 더 그렇다. 당신이 어느 누군가에게 지금 일어나고 있는 일들을 이야기라도 하게 되면, 자신이 충실하지 못한 것처럼 느껴질 수도 있다. 당신은 당신의 파트너가 집 밖에서는 체계적이며 유능한 것처럼 보이는 것에 화가 날 수도 있고, 당신만 그의 혼란스럽고 미성숙한 측면에 노출되어 있다는 사실에 화가 날 수도 있다. 당신이 그 사람에게서 이러한 좋은 행동을 이끌어내는 데 도움이 안 되는 뭔가를 하고 있지나 않은지 궁금해질지도 모른다. 최악의 경우에는 당신 잘못이라고 생각할 수도 있다는 것인데, 특히 심하게 꾸물거리는 그 사람에 대한 혼란스러운 생각들이 당신이 명확하게 생각하는 데 영향을 미치기 시작하면 더욱 그렇다. 꾸물거리는 행동은 건강하고 전진하는 반대편의 삶에서는 그저 거슬리는 부분일 수 있지만, 그것은 또한 에너지를 완전히 소진했다는 표시일 수도 있다. 즉, 일상적인 보통의 스트레스 상태를 넘어선 상태로, 건강에 심각한 위험요소가 될 수도 있고 의학적인 주의를 요하는 상태일 수도 있다.

만약 당신의 파트너가 꾸물거리는 것이 그 사람에게 큰 문제인 듯 보인다면, 다음 질문들을 잘 생각해보라.

1. 그 사람이 일반적으로는 자신의 욕구들과 목표들을 잘 다루어나가지만, 삶 가운데 꾸물대는 어떤 특정한 영역이 있는 것인가(그러나 결국은 그 일을 해내는가)?
2. 그 사람이 보통은 편안하게 능률적으로 처리하던 영역에서 최근에 꾸물대기 시작했는가? 그 사람이 평상시보다 더 초조해하고 안절부절못하며, 열의가 없거나 우울해 보이는가? 그 사람이 새로운 일로 활력을 얻기는 하지만 어떤 것이든 완수하는 것은 어렵다고 생각하고 있는가?
3. 꾸물거리는 것이 그 사람의 삶의 한 방식이 되었는가?

만일 염려가 된다면, 당신 자신의 욕구들을 살펴보고 당신의 파트너에게 말하기 바란다. 그 사람이 건설적인 변화들을 이룰 수 없거나 그러지 않으려 한다면, 당신의 염려들을 공유할 다른 누군가를 찾아보라. 당신이 파트너에게 충실하지 않은 것이 결코 아니다. 두 사람의 관계 밖 누군가와 당신이 대화할 필요가 있다는 것을 당신의 파트너로 하여금 알게 하는 것은 그 또는 그녀에게 '이제 더는 안 돼'(좌절, 걱정, 불안 등)라고 말해주는 사람의 본보기를 제공하는 것이 된다. 그것은 당신의 파트너가 갇혀있는, 꾸물거리는 순환 고리를 깨는 데 실제로 도움이 될 수도 있다.

당신의 아이가 꾸물거린다면

꾸물거리는 것이 대다수의 인간에게 흔한 일이라는 것을 고려할 때, 당신의 아이들이 온갖 종류의 일을 미룬다는 것을 당신이 알아차리게 될 가능성은 매우 높다. 이것은 전혀 놀랄 일이 아니다. 이는 활동성과 수동성, 원인과 결과, 통제와 힘을 실험해보는 자연스러운 부분이다. 그러한 행동은 보통 걸음마를 배우는 해에 절정을 이루고(특히 배변 훈련 시기에 그러한데, 아래 '응가'의 의미에 관한 부분을 보라), 다시 10대 중반에 절정을 이룬다.

아이의 꾸물거리는 습관을 다루어야 할 시기는, 그것이 습관화되기 시작하거나 문제를 일으키거나 위험해지기 시작할 경우이다. 2장에서 나는 일을 하는 것을 어떻게 배우며 꾸물거리는 행동을 어떻게 키워가는지 언급했다. 나는 거기서 허용과 전략에 관해 많은 것을 제안했는데, 그 허용과 전략들은 아이들이 창의적이고 즐거운 삶을 추구하면서 자신의 정서적 논리를 자신 있게 따를 수 있는, 능률적이고 공감할 줄 아는 개인으로 발달하도록 도와준다. 그러므로 만일 당신의 아이가 의미심장한 방식으로 일을 미루는 것을 눈치 챈다면, 나선형 행동과 관련된 부분을 다시 읽고 싶어질 것이다.

집 가까이에 훌륭한 역할모델이 있는 것이 아이들에게는 가장 효과가 있을 것이다. 이는 바로 당신을 뜻한다! 당신을 가장 짜증나고 걱정스럽게 하는 그들의 행동 양상을 알아내보고, 필요하다면 당신의 파트너나 가까운 친구 또는 전문 상담가나 치료사에게 지원을 받으라.

'응가'의 의미에 대한 짧은 여담

나선형 행동을 거쳐가는 과정을 신체에 빗대어 볼 때 완벽히 들어맞는 것은 바로 응가를 내보내는 것이다(배변). 유아기 때 우리는 대개 무언가를 섭취하고, 모든 단계에 걸쳐 흡수하고, 우리가 필요하지 않은 것은 배출하는 데만 관계가 있다가, 일단 뭔가를 섭취하고 한동안 우리 안에 보유하다 보면 뭔가가 배출된다는 것을 점차 알게 된다. 나의 남동생은 그의 첫 아들이 매우 어릴 때, 어떻게 이것(아기 음식을 넣는 작은 병 몇 개의 내용물)이 이것(커다란 박스 안의 일회용 기저귀들)을 가득 채우게 되는지가 인생의 기적 가운데 하나라고 말했던 적이 있다. 우리는 더 튼튼해지기 위해 섭취한 것 중 좋은 부분은 간직하고 필요하지 않는 부분은 제거한다. 우리는 더 커지고 강해지는 매일매일의 과정을 그다지 알아차리지 못하지만, 결국 그 응가는 알아차리게 된다.

그것을 배출하는 것은 단지 우리에게 필요 없는 무언가를 놓아버리는 수동적인 과정이 아니다. 그것은 청소 시스템, 편안함, 그리고 만족스러운 감정을 만들어내는 근육의 활동이자 창의적인 활동이기도 하다. 우리의 치아가 딱딱한 음식을 잘게 자르는 능력이 발달함에 따라 소화 시스템은 선택하고, 흡수하고, 저장하고, 우리에게 필요 없는 것을 버리는 일을 한다. 우리는 단지 젖을 먹을 때보다 그런 활동을 훨씬 더 많이 해야만 한다. 우리가 성장하고 우리의 근육들을 통제하기 시작할 때, 어른들(그리고 우리가 만나는 다른 사람들, 예를 들면 수영장 직원들 같은)은 우리가 괄약근을 통제하기를 바라기 시작한다. 사람들은 우리가 나선형 행동의 이런 각각의 순환 과정을 어떤 특정한 때가 되면 특정한 방식으로 특정한 장소에서 진행해나갈 수 있기를 바란다(엄마, 이것 봐요. 내가 처음으로 만들어낸 거예요! 나의 첫 창조 활동이에요. 엄마한테 선물로 주고 싶어요). 그들은 우리가 그렇게 할 때 틀림없이 칭찬해준다. 따라서 우리의 수고는 두 배로 보상받는다. 사람들의 협조에 대한 사랑을 증명하려는 방식으로 우리는 창조적 활동들을 완수하는 것을 배워갈 수 있다. 그리고 사소한 것들을 다른 사람들에게 떠넘기기보다는 스스로 다루는 법을 배울 수 있다. 그렇지 않으면 우리는 억누르고, 거절하고, 저항하고, 좌절시키고, 그리고 마침내 우리가 통제할 수 있는 무언가를 발견하게 되면 어른들에게 복수한다.

어른들은 아마도 (골디락스에게는 사과를 표하며 -**골디락스와 세 마리 곰이라는 영국 전래동화의 금발 소녀의 이름으로 항상 가장 적당한 것을 고르는 캐릭터인데 본문에는 설명이 전혀 없음), 우리의 응가 배출 부분에 대해 관심이 너무 많았거나 너무 적었거나 아니면 딱 적절한 관심을 주었을지도 모르는데, 어른과 아이는 점차 그들 사이의 만족스러운 타협지점에 도달하게 된다. 이 시기 때 무슨 일이 일어나든지 그것은 우리나 다른 사람들의 욕구에 대한 온갖 종류의 틀을 만들어내기 시작한다. 걸음마기는 행동과 통제에 대한 우리의 태도를 결정짓는 데 지대한 영향을 미친다. 우리의 첫 번째 창조 과정 - 응가 배출 - 안에는 우리 기분이 (충분히) 좋은지 그렇지 않은지, 우리가 하는 일이 (충분히) 좋다고 느끼는지 그렇지 않은지와 같은 것들이 함축된 은유적인 의미들이 들어있다. 그 과정은 우리에게 섭취와 생산, 주고받는 것, 관용, 그리고 보류와 협상에 관해 가르쳐준다. 그리고 그것은 또한 꾸물거리는 행동에 포함되는 회피, 건강하지 못한 긴장, 초조, 그리고 만족이나 안도감의 결핍에 대해서도 가르쳐줄 수 있다.

아래 화장실에서 일어나는 두 가지 묘사와 생각을 한 번 보라.

그것을 응가와 비교하며 읽어 보고, 그리고 그것을 당신이 꾸물거리고 있는 일들에 대해 어떻게 생각하는지와 비교하며 읽어보기를 권한다. 나는 어린아이들이 실제로 이렇게 생각한다고 말하려는 것이 아니다. 이미지나 일반적인 느낌상으로 볼 때, 그들이 실제로 그럴 수도 있지만 말이다. 성인인 우리는 우리가 하려고 애쓰는 일, 우리 자신에 대한 느낌, 생산적으로 지낼 수 있는 능력이나 그 능력의 부족, 그리고 우리를 둘러싼 사람들과 관련하여 이러한 생각들을 반드시 할 수도 하지 않을 수도 있다. 요점은 나선형 행동이 꾸물거리는 것에 의해 근본적으로 방해받거나 막히게 된다는 것이고, 우리가 나선형 행동의 각기 다른 단계들과 어떻게 타협해 나가는지에 대한 많은 것이 여기에 반영될 수 있다는 것이다. 그리고 우리는 일을 진행하고 있는 어느 특정한 단계에 대한 부정적인 생각들을 유의미한 말에 집중함으로써 뒤집을 수도 있다.

응가 이야기

나는 훌륭해. 세상은 좋은 것들과 좋은 사람들로 가득 차 있어	*나는 훌륭하지 않아 세상은 암울하고 힘들어 나에게서 나오는 것은 좋은 거야*
나에게서 좋은 것들이 나오도록 하는 이 과정이 즐거워	*나에게서 나오는 것은 좋지 않은 거야 강제로 안간힘을 써야만 나쁜 것들이 나오게 할 수 있어 – 그 과정에서 아플지도 몰라*
내 안에 좋은 것들이 있다는 느낌이 좋아. 그렇지만 놓아버려야 할 때는 반드시 오지. 항상 더 좋은 것들이 올 거야	*내가 가진 것이라곤 모두 내 안에 있는 나쁜 것들뿐이야 그리고 / 또는 가능한 한 빨리 나에게서 나쁜 것들을 꺼내버리고 싶을 뿐이야*
세상은 내가 좋은 것들을 내놓을 때 나로 인해 기뻐할 거야. 내가 내놓는 것들이 어떤 모습으로 드러나든 세상이 그것을 환영하리란 것을 나는 알아	*내 안에 있는 나쁜 것들을 나오게 한다면 나는 세상에 해를 끼칠 거야. 나는 그런 일이 생기는 게 겁나 (또는 기뻐) 나는 모든 사람이 다 싫어 세상이 내 안에 있는 것을 즐거워한다는 게 나는 기뻐*
나에게서 좋은 것들이 나오게 하는 과정이 좋아. 심지어 그것이 수고로운 일이라 해도, 근육들을 사용하는 느낌이 좋아. 나는 그 동안 편하게 숨을 쉬지.	*세상이 왜 내 안에 있는 것을 가져야만 하지? 세상이 도대체 나에게 뭘 해줬는데? 나는 왜 그들을 기쁘게 해주려고 뭔가를 만들어내느라 괴로워해야 하는 거지? 나는 편하게 숨쉬는 것을 멈출 거야. 숨을 참을 거야*

내 안에 있는 좋은 것들을 생각하는 게 좋아. 그렇지만 나는 그것들을 공유하고 새로운 것들로 옮겨가고 싶어. 항상 더 흥미진진한 것들을 발견할 수 있거든	내 안에 있는 것을 놓아버리면 공허한 느낌이 들까 두려워. 내가 가진 것들은 모두 나쁜 것일 것 같아서 부끄러워. 나는 똑같은 구닥다리들을 생각하면 불편하고 진부한 느낌이 들지만, 적어도 그것들이 익숙하기는 해. 나는 힘들고 피곤해
나의 좋은 것들 중 하나를 밖으로 나오게 하면, 나는 만족감과 기분 좋은 피로감을 좀 느껴. 그 후 곧 다시 기운이 나고 활기차지고 다음 것을 할 준비가 될 거야. 나의 바깥에도 관심이 가는 좋은 것들이 많이 있어	나의 나쁜 것들 중 하나를 강제로 나오게 하면, 나는 실망감, 공허감, 좌절감, 그리고 때로는 분노감을 느껴. 나의 바깥에 있는 것들로 주의를 돌리기가 어려워. 그것들도 그렇게 멋지진 않아
나의 것들은 완벽하지는 않지만 그래도 그것들은 내 거야	나의 것들은 절대 완벽하지 않고 참아내기 힘들다는 걸 알아
누군가가 나의 것들 중 하나를 좋아하지 않는다 해도 나는 그리 크게 마음 쓰지 않아	만약 누군가가 나의 것들 중 하나를 좋아하지 않는다면 나는 그들이 나를 좋아하지 않는다고 느껴. 나는 개인적으로 비난받는 느낌이 들어
때때로 나의 오래된 것들을 되돌아볼 때, 나는 그것들을 만들어낸 나라는 존재에 대한 애정을 느끼고 그때 이후 내가 어떻게 성장해왔는지 감사한 마음이 들어 나의 새 것들은 내 오래된 것들과 달라	나의 것들을 되돌아볼 때, 나는 여전히 케케묵은 똑같은 것을 하고 있는 것처럼 보여서 스스로 비난하는 느낌이 들고, 방어적이 되고 불안해져 나는 항상 더 잘 했어야만 한다고 생각해. 나는 결코 만족감을 느끼지 못해

내 안에, 그리고 나의 바깥에 어떤 새로운 것이 있을지 발견해내는 것이 흥미진진해	*내 안에서 새로운 것들이 나올 것이고 나빠지지 않을 거라고 믿기가 어려워 어떤 것에 대해서든 흥미진진한 기분을 느끼기가 어려워*

캐롤의 딸은 잘못을 고백하는 데 지독한 문제가 있었다. 엠마가 뭔가 잘못했을 때 캐롤은 자신에게 말하는 것에 대해 매우 초조해하고 괴로워하는 데 화가 났다. 엠마는 사소한 문제들이 완전히 심해질 때까지 그 사소한 문제들에 대해서도 말하기를 미루었다. 엠마는 심한 악몽들을 꾸었지만, 그것들이 어떤 것이었는지 캐롤에게 말하려 들지 않았다. 캐롤은 무슨 일이 일어나고 있는지 이해할 수가 없었다. 그녀는 자신이 그렇게 무서운 부모라고 생각하고 싶지 않았지만, 그 아이가 자신이 한 일을 인정하지 않으려는 데 짜증이 났다. 두 사람과 이야기를 나눈 아동 심리학자의 도움으로, 캐롤은 자신에게, 그리고 간접적으로 엠마에게 믿을 수 없을 정도로 높은 기준들을 세웠다는 것을 깨닫게 되었다. 몹시 비판적인 어머니 밑에서 자랐고 미혼모인 캐롤은 아이에게 아무런 부족함이 없는 완벽한 어머니로 보이는 데 매우 민감했다. 그녀는 만약 자신이 뭔가를 잘못하면, 예를 들어 아이를 수업에 제 시간에 데려가지 못하거나, 가정환경조사서를 작성할 때 실수를 저지르면 스스로에게 가혹하게 대했다. 아이들이 뭔가 잘못을 저지르면 그녀는 자신의 어머니가 했던 것처럼 소리를 지르지는 않았지만, 자신이 실패했다고 느끼면서 침묵하고 틀어박혔다.

그 심리학자는 이렇게 틀어박히는 것은 아이가 여전히 벌을 받는 느낌이 들게 내버려두는 것일지도 모른다고 생각했다. 캐롤의 행동은 자신과 어머니 모두를 보호하려고 시도한 하나의 방법인 것처럼 보였다. 그 어린 소녀는 완벽하지 않은 것은 어떤 것이든 어머니를 화나게 하고 불안하게 만든다는 것을 알아차렸던 것이다. 엠마는 쉽게 만족하지 못하는 할머니의 성격의 그림자를 두려워한 셈이다. 그 그림자는 엠마가 캐롤에게 마침내 대수롭지 않은 잘못들을 고백했을 때 캐롤이 보여주었던 통제된 반응과 결코 다르지 않은 것이었다. 캐롤은 자신의 실수들에 대해 자신을 용서하는 법을 배웠고, 아이들이 듣고 있는 상황에서 그 실수들에 대해 친구들과 얘기를 나누는 법도 배웠으며, 심지어 자신이 실수한 일을 놓고 웃을 수도 있게 되었다. 엄마가 편안해지자 엠마도 그렇게 되었다. 악몽은 멈추었다. 엠마가 지갑을 잃어버렸다는 것을 솔직히 자신에게 말해주었을 때 캐롤은 기뻤고 눈물이 났다. 이전 같으면 엠마가 말하기를 미루고 몇 주 동안 감추었을 무언가였을 텐데 말이다.

당신의 아이의 행동을 주목해보라. 만약 아이의 행동이 문제를 일으킨다면, 그 아이와 그것에 대해 사랑스럽고 건설적이고 수치를 주지 않는 방식으로 얘기를 나누어보라. 일어난 일에 대해 대립하는 것을 최소화하고, 그것이 두 사람 사이의 전쟁터가 되도록 허용하지 말라. 파트너가 곤란한 감정을 꾸물대는 행동으로 드러내는 것과 똑같이 아이도 그렇게 할 수 있다. 나쁜 행동이 끝없는 방식으로 계속 곪아터질 수 있는 분위기를 허용하지 말라. 왜냐하면 이것은 일을 꾸물거리는 습관이 발달하는 것으로 반영될 것이며, 당신의 아이가 더 깨기 힘들어질 것이기 때문이다.

문제를 직접적으로, 그리고 간략하게 다루어라. 성공한 사례들을 생각해내라. 그리고 꾸물거리는 것이 반대로 가는 행동이라기보다는 일시적인 문제라는 생각을 촉진시키라. 당신의 아이는 자신이 왜 일을 미루는지 모를 수도 있고, 당신을 깜짝 놀라게 만들지도 모른다. 그 아이가 변화를 이루려면 무엇이 필요한지 확인하는 일에 그 아이와 함께하라. 우리의 아이들은 교착상태를 뚫을 수 있는 어른, 끝없이 반복되는 좌절의 모험담에 끌려다니지 않는 어른의 모델을 내면화할 필요가 있다. 다른 사람들이 자신을 싫어하는 것을 이겨내고, 상상력을 발휘하며, 어려운 결정을 내리고, 끝까지 해내고, 유머 감각을 발휘할 수 있는, 그리고 걸음마를 하는 아기(어린이 또는 십대 청소년)가 되는 것이 얼마나 어려운지 공감할 수 있는 어른들의 보호를 그들은 필요로 한다. 일단 당신과 아이가 정말로 서로의 말을 들어주고 말해야 할 것들을 말하고 나면, 아이가 삶이 한 단계 더 나아갔고 자신이 사랑받고 소중히 여겨지고 있으며, 앞으로 몰입할 만한 많은 흥미로운 것과 긴장을 풀 시간이 있다는 사실을 인식하고 있는지 확인하라.

우리는 아이들이 자신을 대하는 태도에
중대한 영향을 미칠 수 있다.

당신은 그 영향이 어떤 것이었으면 좋겠는가? 당신 자신을 위해 만들어내는 긍정적인 변화들은 아이들이 무엇을 물려받을 것인가에 대해 긍정적인 영향을 줄 것이다. 그리고 아이를 대하는 당신의 태도를 아이는 모든 단계마다 육체적으로, 정신적으로, 감정적으로 흡수할 것이다. 이는 그들이 성장하고 사랑하고 원숙해지고, 자기 훈련이 잘 된 독립적인 성인이 될 수 있도록 해주는 '내적 부모'를 만드는 틀의 일부분이 된다.

그들의 '내적인 대화들'은 그들이 어떤 식으로 이야기를 들어왔는지를 반영할 것이며, 당신이 그들에게 허용한 것들은 그들 자신의 것이 될 것이다. 세계일주 여성 요트 조종자인 앨런 맥아더와 같은 사람은 얼마나 넓은 범위의 허용에 접근할 수 있었을지 생각해보라. 인식, 탐험, 몰입, 강인함, 실수에서 배우는 능력, 완수, 축하 등 그 목록은 끝이 없을 것이다. 아무리 환경이 다르다 할지라도, 아니면 아무리 환경이 우리와 별다를 게 없을지라도, 그녀 자신의 놀라운 영혼과 용기는 그녀가 전진하도록 만들고 수백만의 사람에게 영감을 준다. 꾸물거리는 것은 따라하고 배울 수 있는 하나의 습관이며, 행복해하고 몰두하고 능률적인 능력도 역시 마찬가지이다. 당신은 자신을 위해, 그리고 당신의 아이들을 위해 그 능력을 발달시킬 수 있다.

일터에서 꾸물거림

당신의 직원이 꾸물거린다면…

만약 당신이 심하게 꾸물거리는 사람을 고용하거나 관리하고 있다면, 작업을 수행하는 과정 중 어느 지점에서 그 행동이 시작되는지 주의 깊게 살펴볼 필요가 있다. 전반적으로 모든 곳에서 그러지는 않을 것이다. 만약에 그런 경우라면, 그리고 이 행동이 그들이 평상시에 탁월하게 작업을 수행하는 것과 현저하게 다르다면, 당신은 훨씬 더 심각한 문제(건강 문제, 가정 내 갈등, 소진, 또는 일에 관해 아직 언급되지 않은 갈등들)에 대한 증상을 알아차렸을 수도 있다. 그러나 그 행동이 일에 접근하는 만성적인 부분으로 보인다면, 일단 그가 어느 시점에서 일을 지연시키기 시작하는지 확인하고, 일의 이러한 측면을 당신은 어떻게 관리하고 있는지 주목해보라. 당신 자신이 일정에 맞추어 잘 행동하고 당신이 원하는 종류의 행동에 대한 모범을 보여주는 것보다 더 필요한 것은 없다.

그 다음으로는, 꾸물거리는 행동과는 예외인 경우를 주목해보라.

그 또는 그녀가

- 태평스럽고 무관심하기보다는, 언제 그 또는 그녀 주위에서 무슨 일이 일어나고 있는지 의식하는가?
- 언제 정시에 도착하는가? 허둥대기보다는 언제 에너지와 열정을 가지고 행동으로 뛰어드는가?
- 언제 행동의 방향을 결정하는가? 주의가 대단히 산만해지는 대신에 언제 자신의 임무에 집중하고 몰입한 상태를 유지하는가?
- 변명과 극적인 태도로 끝없이 연장하기보다 언제 제시간에, 그리고 예산에 맞추어 일을 완수하는가?
- 책임을 회피하고, 기본적 실수들을 반복하고 / 또는 결코 잠시도 쉬지 않고 일을 하기보다 언제 실수를 인정하고 교훈을 배우며, 휴식과 긴장 완화를 즐기며, 성공을 축하하는가?

일단 당신이 예외의 경우들이 있음을 알아차리게 되면, 당신은 딱 맞는 적임자를 찾은 것인지 아닌지(예를 들면 '태생부터 사람들과 어울리기 좋아하는 사람'을 관리자로 바꾸려고 애쓰고 있다거나, 또는 꼼꼼하고 정확한 성격의 '숫자를 좋아하는 사람'을 판매원으로 변화시키려 한다거나) 평가할 수 있다. 그러고 나면 당신은 그들을 더 적절하고 더 생산적인 역할로 이동시킬 수 있다. 아니면 다른 대안으로 앞서 논의된 지침들을 따라 그 사람과 의논해보기 시작할 수도 있다.

긍정적인 예외들도 포함하여 행동을 구체적으로 서술하기,

당신이 필요로 하고 원하는 것을 말하기,

그들이 필요로 하고 원하는 것을 발견해내기,

해결책을 함께 협상하기,

그 행동이 더 낫게 변했다는 것을 둘 다 어떻게 알 수 있는지 그 방법에 합의하기

만약 그 사람이 변하지 않는다면, 당신은 명확하고 단호한 제한들을 설정할 필요가 있다. 꾸물거리는 행동은 보통 저절로 없어지지 않는다. 그러므로 차라리 일찌감치 행동하는 것이 최선이다. 효과적인 행동에 대한 모범을 보이고 당신이 기대하는 종류의 기준들을 보여주라.

당신의 상사가 꾸물거린다면

고용주나 상사의 행동은 우리의 행복에 강한 영향력을 행사할 수 있다. 고용주의 행동이 미치는 부정적인 영향들을 언급하는 것은 어려울 수 있다(그리고 대부분의 사람들이 그것을 미룬다!). 그러나 만약 그 행동이 지속된다면, 그리고 그 행동이 일을 잘 해낼 수 있는 당신의 능력에 실제로 영향을 주고 있다면, 조만간 당신은 무언가 말을 해야만 할 것이다.

다른 사람의 경우와 마찬가지로, 상사의 꾸물거리는 행동이 당신에게 정확히 어떻게 영향을 주는지 가능한 한 자세히 확인하려고 노력해 보라. 당신의 상사가…

– 직원들의 행복에 필요한 환경의 변화를 알아차리거나 충족시키지 못하는가? 당신이 요청한 것에 주의를 기울이는 것처럼 보이지만 즉시 잊어버리는가? 사업의 실상에 직접적인 영향을 미치는 시장에서의 중요한 변화들을 알아차리지 못하는가? 이메일이나 편지들을 열어보지 않거나 또는 청구서들을 처리하지 못하는가?

– 많은 새로운 아이디어, 요구, 논평, 질문을 제시하지만, 아무 도움이

안 되는 것들인가?
팀이 따르고 성취하고 싶어 하는 것보다 훨씬 더 많은 일을 시작하고 너무 많은 상황을 만들어내는가?

- 주의가 산만하여 다른 사람들이 집중하거나 몰입하는 것을 방해하는가? 어김없이 의제에서 벗어나서 끝없는 회의를 하는가? 전략들을 바꾸고 또 바꾸어서, 방향을 잃고 헛되이 일하게 하는가? 다른 사람들이 처리하도록 불충분한 사무 처리 흔적을 남기는가?

- 마감기한 즈음에 극적인 요소들을 만들어내는가? 모든 것을 마지막 순간까지 남겨두고, 당신을 기다리게 하다가 업무 완수를 위해 늦게까지 일해야만 하도록 내버려두는가? 완벽함을 고집하는가, 또는 점점 더 많은 개선 사항을 요구하는가?

- 실수에서 교훈을 얻지 못하는가? 성공을 기념하는 것을 소홀히 하는가? 휴가를 내지 않고, 점점 더 기진맥진하면서도, 휴식에 대한 다른 사람들의 욕구를 인식하지 못하는가?

나는 방금 지옥에서 온 상사를 묘사했다고 확신한다! 이런 사람은 많은 직원을 오랫동안 데리고 있지 못할 것이다. 하지만 많은 고용주가 이런 행동들 중에서 하나 또는 그 이상을 보일 수 있지만, 그것이 그 또는 그녀가 전반적으로 좋은 경영자가 아니라는 뜻은 아니다. 당신의 상황 가운데 자신에게 가장 영향을 끼치는 것이 무엇인지를 인식하고 분명하게 알아볼 수 있는 것으로 시작하라. 당신이 일을 더 잘 할 수 있도록 돕는 데 무엇이 필요한가를 아주 간단히 설명하는 것부터 접근하는 것은 좋은 출발점이 될 수 있다.

앞으로 나아가는 방법을 위한 몇 가지 선택 사항들을 제시하라, 이 선택 사항들은 당신이 책임을 맡았으며 협상하고 싶어 한다는 것을 입증해주는 것들이며, 비난의 뜻이 없는 것이어야 한다. 만약 아무런 변화 없이 시간이 흘러가면, 당신은 점점 더 자존심을 지키기 위한 한계들을 설정할 필요가 있을 것이고, 조직 내의 다른 어딘가에서 지원을 받아야 할 것이다.

여기저기서 꾸물거림

만일 그 사람이 …라면 어떻게 하겠는가?

당신의 아들이 학교 합창단에 입단할 기회가 있는데, 교장선생님에게 추천하는 것을 잊어버린 선생님이라면?
당신의 불평거리에 대해 의회로부터 전혀 전해 듣지 못한 것처럼 보이는 하원의원이라면?
함께 가볼 만한 멋진 장소를 제안하고는 절대로 만날 약속을 하지 않는 당신의 사촌이라면?
항상 정신없이 서두르면서 '다음번'에는 집중해서 더 잘하겠다는 약속을 반복해서 하는 당신의 스쿼시 파트너라면?
당신의 보험금 청구에 대해 계속 추가적 질문을 보내오는 보험회사 판매원이라면?
또는 당신이 일상적으로 접촉하게 되는 다른 사람들 중 당신의 삶에 중요한 영향을 끼치는 사람이라면?

일을 완수하거나 미루는 과정의 단계들을 이해하면, 당신이 필요한 것을 명확하게 요청하는 데 도움이 될 것이다. 그것은 일을 미루고 있는 사람에게 당신으로 하여금 협력자로서 창의적인 지원을 제공하도록 도울 것이며, 그들이 일을 완수할 수 있도록 해줄 것이다. 우리는 다른 사람들의 꾸물거리는 행동이 우리 삶에 끼치는 영향력에서 완전히 벗어날 수는 없지만, 그것을 인식하고 그 영향력을 최소화하기 위해 그들과 협력할 수는 있다.

V

새로운 삶의 방식

오~ 예!

새로운 삶의 방식

일단 당신이 해야 할 일들을 내일보다는 오늘 하기 시작한다면 삶은 어떤 모습이 될까? 꾸물거리는 것은 당신의 시스템이 몹시 느리게 가도록 속도를 늦추었기 때문에, 일을 앞당겨 시작하면 당신은 분명히 더 가뿐하게 일어서고 더 쉽게 숨 쉬는 느낌이 들 것이다. 그러나 그 외에도 훨씬, 훨씬, 훨씬 더 많은 장점이 있다. 일을 미루는 습관은 더 많은 시간, 에너지, 그리고 자원들이 필요하다. 이 말이 이상하게 들릴지 모르겠지만, 당신이 그것에 대해 생각해 본다면, 꾸물거리는 것은 다른 자질들 중에서도 다음과 같은 능력이 필요하다는 것을 알게 될 것이다

- 긍정적인 미래를 믿는 능력(내일은 더 나은 날이 될 거야)
- 상상력을 사용하는 능력
- 주장을 설득력 있게 만드는 말을 사용하는 능력(…하기 때문에 나중이 더 나을 거야)
- 높은 기준들을 설정하는 능력(하나만 바꾸면 더 나아질 거야)
- 지연을 참아내는 능력
- 결코 즐겁지 않은 상황 속에서 인생 최고의 것을 만들어내는 능력

당신이 꾸물거리던 그 모든 시간 내내 당신은 이러한 능력들을 개발해왔다! 일단 당신이 삶을 회피하도록 만드는 것에서 해방되면, 그러한 능력들은 모두 당신이 목표와 꿈을 향해 끈질기게 나아가도록 능력을 강화해주는 대단히 긍정적인 속성으로 변화할 것이다.

그러한 능력들은 당신이 사용하는 꾸물거림의 이면을 강점으로 만들어낸다. 나선형 행동의 각 부분을 통과하는 연습을 하면, 당신은 당신의 시스템을 방해하는 것들을 제거하고 교착상태에서 벗어나게 된다. 당신은 날개를 달고 무대로 나온다. 당신은 신체적, 정신적, 감정적 에너지를 자유롭게 방출하며 새로운 관계, 아이디어, 계획, 가능성, 기회, 그리고 미래에 대해 마음을 열어 놓는다. 당신은 즐거움을 경험하도록 자신을 해방시키게 된다. 당신의 뇌리를 떠나지 않던 옛일들이 없어지면, 세상이 온통 달라 보일 것이다.

당신이 기대할 수 있는 것

…당신 자신에게 인식하도록 허용함으로써

시간이 지나면서 당신은 아마도 삶이 이전보다 더 풍요로워지고, 더 깊어지고, 더 복잡해지고, 더 밝은 색으로 바뀌고, 더 부담되고, 더 만족스러워지고, 더 좌절감을 주고, 더 흥미진진하고, 더 편안해지고, 더 고통스러우며, 더 사랑스러운 장소가 되는 것을 경험할 것이다(그래서 당신은 잠을 더 많이 자야 할지도 모른다!). 당신은 아마도 오래 전에 잃어버렸던 경이감을 다시 경험하게 될 것이다. 당신은 아는가(또는 기억할 수 있는가)? 봄이 시작되는 날 이른 아침의 느낌과, 부드럽고, 향기로움을? 4월의 공기에서 느껴지는 아름다움과 평화로움을? 당신은 이와 같은 많은 순간을 다시 맞이하게 될 것이다. 온종일 그리고 일 년 내내 그 모든 시간과 새로워진 세상 속에서 당신이 음미할 수 있도록 모든 감각이 깨어날 것이다. 당신의 심장과 몸과 마음은 새로운 관심거리들과 경험에 대해 활짝 열릴 것이다.

당신의 새로운 감정들이 고통스럽고 괴롭다면, 신뢰할 수 있는 누군가에게 당신이 경험하고 있거나 기억하고 있는 것에 관해 털어놓으라. 만일 당신이 신체적 또는 감정적 감각을 지각하는 데 익숙하지 않다면, 그러한 감각들을 다시 느끼는 것은 핀이나 바늘로 찌르는 것처럼 불편할 수도 있고, 낯선 세상에서 깨어나는 것처럼 당황스러울 수도 있다. 느긋하게 마음먹고, 뱃속 깊은 데서부터 깊이 숨을 들이마시고, 부드럽게 내뱉도록 하라. 당신은 생애 처음으로 당신이 몸을 지니고 있다는 것을 인식하기 시작할지도 모른다! 이것 역시 약간 놀랍고 즐거운 결과를 가져올 수 있다. 다른 사람들, 그들의 욕구와 소망, 그들의 장점과 취약점 등에 대해 더 잘 알아차리게 될 수 있다. 친밀함과 공감에 대한 당신의 능력은 어마어마하게 자라날 것이다. 그것이 한 방향으로만 흐르는 과정이라 기대하지 말고, 당신을 몰아부치지 말라.

…당신 자신에게 탐색하고 실험하도록 허용함으로써

만약 당신 자신이 새로운 경험들과 제안들에 열려있도록 허용하는 연습을 한다면, 시간이 지나면서 당신의 불안감은 흥분감과 호기심으로 변할 수 있다. 당신은 또한 안도감을 느낄 수도 있다. 당신이 항상 통제할 필요는 없다. 일을 하면서 새로운 방식을 시도해볼 때 삶은 당신을 정말로 지지해줄 수 있으며, 당신은 그 과정 속에서 마주칠 우발적이고 피할 수 없는 충격들에 대한 복원력을 발달시킬 것이다. 모든 실험이 완벽하게 진행되는 것은 아니다(이것이 핵심이다!). 그렇기에 당신은 다른 사람들의 노고와 실수, 그리고 성공에 대해 감사하는 마음이 자라는 것을 알게 될 것이다. 아마도 당신은 사람들과 더 많이 가까워지고, 그들을 덜 부러워하게 된다는 것을 알게 될 것이다. 두렵게 보이곤 했던 사람들과 함께 있는 것이 이제는 도전이 되고, 흥미로우며, 활기를 주는 일처럼 보일 것이다. 더 기꺼이 실험하려는 태도는 당신의 상상력, 창의력, 농담과 장난에 대한 감각을 자유롭게 할 수 있고, 이것은 틀림없이 좋은 것이다(당신의 성생활은 의심의 여지없이 개선될 것이다). 당신은 아마도 더 건강하고 더 튼튼해질 것이며, 또 그렇게 느낄 것이다. 더 많은 에너지를 기대하고, 왜(또는 왜 안 돼?)라고 묻기를 좋아하는 당신의 '내면의 걸음마를 하는 아기'에 더 많이 접근할 수 있다는 것을 기대하라. 사람들은 단기적으로 논쟁을 벌이고, 경솔하게 행동하고, 짜증을 내고 싶은 충동을 일으키며, 저돌적이거나 난폭해지고 싶은, 자연적 본성의 측면들과 마주친다. 당신 자신과 다른 사람들을 안전하게 지키라.

…당신 자신에게 선택하고 몰입하도록 허용함으로써

자신이 좋은 선택을 하리라고 믿는 것, 그 결정을 계속 유지하는 것, 그리고 그 결정을 따라 깊이 몰입하는 것은 당신의 자신감과 자존감을 엄청나게 끌어올릴 것이다. 당신은 끈기, 결단력, 통찰력, 건전한 판단력, 풍부한 자원 등을 구축하게 된다. 당신이 전념하기로 선택하는 것이 무엇이든 그에 대한 당신의 경험은 더 깊어지고 더 보람차게 될 것이다. 그것은 성숙함의 새로운 상태이다. 그래서 당신은 키가 더 커진 느낌이 들 수 있고, 심지어 정말 커질 수도 있다. 어떤 사람들은 신발 크기가 실제로 커진 것을 발견한다. 새로운 스타일을 실험해볼(그리고 오래된 것을 내다버릴) 좋은 기회인 것이다!

당신은 승객이기보다는 당신 삶의 운전석으로 다시 돌아온 것이고, 차를 타는 들뜬 기분은 당신의 것이 된다. 관계를 재조정하는 것은 재치와 민감성을 요구할지도 모른다.

그러나 때로는 우리 가운데 많은 사람이 빠르게 날카로워지는 '이'를 사용하고 싶어 하고, 판단과 괴롭힘으로 다른 사람들을 따돌리는 능력을 사용하고 싶어 하며, 신랄하고, 매정하고, 심지어 잔인하고 싶은 유혹을 받는다는 것을 발견하게 된다. 이런 것들은 단지 감정이 깨어나고 있는 것일 뿐이다. 우리는 다른 사람들을 사랑과 유머로 보호할 필요가 있으며, 자신의 일과 진전에 대해 분별하고 판단하는 힘을 심화 발전시키기 위해 그런 감정을 사용할 필요가 있다. 그리고 물론 당신은 어쩔 수 없이 계속해서 불안을 경험하기도 하고, 때로는 공포까지도 계속해서 경험할 것이다(그러나 이제 당신은 스스로 견뎌낼 것이라는 것을 안다). 여전히 다른 누군가가 당신을 위해 모든 결정을 내려주기를 바라는 때가 있을 것이다. 당신은 독립심을 획득했지만 때때로 여전히 의존적인 상태나 상호의존적인 상태를 즐길 수도 있다. 당신은 자신이 독립적인 다른 사람들에게 끌린다는 것을 발견할지도 모르며, 그들이 전념하는 모습에 자극받아 다시 열중하게 된다는 사실을 발견할 수도 있다. 당신은 아마도 더 많은 것을 하도록 요구받을지도 모르지만(유능한 사람들은 항상 요구받는 상황에 처한다) 당신이 능력이 되는지, 그리고 도움이 되는지에 대해 더 잘 분별할 수 있을 것이다. 관계를 지속할 수 있는 당신의 능력은 상당히 심화될 것이다. 시간 그 자체에 대한 당신의 능력이 변할지도 모른다.

…자신에게 완수하도록 허용함으로써

'훌륭한 끝맺음'과 일을 완수하는 경험은 긴장을 내보내고 커다란 휴식과 안도감을 가져다준다. 더 많은 노력을 기울일수록, 그리고 그 여정이 더 길고 더 격렬할수록 해방감은 더 달콤하다. 이는 성적인 절정감과 꼭 같다(당신은 성적인 절정감도 더 많이 느끼게 될 것이다). 당신이 곤란한 일을 완수하는 능력을 발달시켜감에 따라, 당신의 성관계의 경험이 더욱 풍요로워질 뿐만 아니라 당신의 일반적 자신감, 목표의식과 목적의식 또한 대폭 확장될 가능성이 크다. 일을 완수하는 것을 어렵게 느끼는 사람들은 종종 칙칙한 불안감, 죄책감, 의무감을 느낀다('곰돌이 푸우'에 나오는 당나귀 캐릭터 이요르처럼). 그리고 이것을 흘려보내는 것은 체중이 19kg이나 빠지고 10년의 세월을 잃어버리는 것 같은 느낌이 든다. 외모상으로는 전혀 변화가 없어

보이면서 말이다!

당신은 번데기 상태를 애써 깨고 나와 세상을 다시 보기 시작하게 되고, 세상의 아름다움을 새로이 발견할 수 있게 된다. 당신은 소화가 더 잘되고, 식욕이 돌아오는 것을 발견할 것이다. 당신의 집이 더 커진 것처럼 보일 수도 있다!(이제는 덜 어질러져 있으므로).

당신이 몰입해온 그 모든 시간 당신은 자원을 활용하는 경험의 저장고를 만들어왔고, 당신이 하겠다고 말한 것을 하는 기억장치를 만들었으며, 전념하고, 능률적이며, 신뢰할 만한 사람이 되어왔다. 이 모든 것은 미래에 대해 더 많은 확신을 갖도록 이끌어줄 것이다. 만일 당신이 제대로 일을 끝내지 못하여 신뢰받지 못하는 상태로 살아왔다면, '충분해'라고 말하고 그 상태에서 벗어날 용기를 갖는 것은 당신에게 대단한 자존심을 줄 것이며, 삶을 최대한으로 성공하게 만드는 결단력을 선사할 것이다. 그러나 목욕물을 버리려다가 아기까지 버리지 않도록 조심하라. 때때로 사람들은 일을 완수하고 그에 대해 새로 발견한 열정에 완전히 휩쓸려, 나중에는 몹시 그리워하게 될 관계나 상황에서 떠나버리기도 한다. 만일 자유로운 에너지를 새롭게 회복한 것이 당신으로 하여금 사람들에 대해 안달하게 만든다면, 우리는 모두 자신만의 속도로 나아가고 있다는 것을 기억하라. 어떻게, 언제, 그리고 무엇을 놓아버릴 것인지를 배우는 것은 당신에게 더 많은 기쁨과 명쾌함을 가져다줄 것이고, 그것은 당신이 소중하게 여기는 것을 가벼워진 손으로 붙들 수 있게 해준다.

…자신에게 잠시 멈추기를 허용함으로써

우리 자신에게 잠시 멈추기를 허용한다는 것은 예측할 수 없는 것에 열려 있는 태도를 갖는다는 것이다. 일단 우리 몸의 시스템이 우리가 일부러 여유를 가지고 있다는 것을 알게 되면 방치되었던 온갖 종류의 정서적,

정신적인 것들이 표면으로 떠오를 수 있다. 이 중에 어떤 것은 현재의 환경과는 전혀 관련이 없을 수도 있다. 인내심을 가져라. 당신 자신을 돌보고, 필요한 경우에는 지지를 받으라. 점차 잠시 멈추는 것의 즐거움과 소중함은 분명해질 것이고, 그러고 나면 당신은 반드시 그것을 꼭 필요한 것으로 일정에 채워넣을 것이다. 당신은 경청하는 능력, 자신이나 다른 사람들의 지혜에서 배움을 얻는 능력, 감사하는 능력 등이 꽤 성장했다는 것을 알게 될 것이다. 당신은 이전의 똑같은 패턴과 실수를 반복하지 않게 되므로 시간과 노력, 신체적, 정신적, 감정적 에너지를 절약할 것이다. 인생은 짧지만 대단히 만족스러울 것이며 충분히 보람이 있다는 것을 더 많이 알게 될 것이다.

적절하게 휴식을 취하여 자신을 돌보는 사람들 주위에 있으면 즐겁다. 그들은 비축해둔 힘이 있을 때도 '아니오'라고 말하는 법을 알고 있으며, 자신이 기진맥진하여 다른 사람들을 힘들게 하지도 않는다. 심지어 일에서 잠시 물러나 있을 때도 에너지를 다시 보충하는 능력에 대한 그들의 자신감은 우리가 그들에게 쉽게 다가설 수 있게 해주지만, 그들은 혼자만의 시간이 필요하다는 사실을 재치 있게 알려준다. 만약 당신이 이런 사람이 되었다면 당신의 활력과 열정은 (일단 회복되기만 하면) 매우 신체적인 것이기 때문에 전염성이 있으며 상대방의 경계심을 풀게 한다. 정말로 휴식을 취할 수 있다면 당신은 정말로 있는 힘껏 노력을 다할 수 있다. 휴식을 취하는 일이 (고양이에게도 그러하듯이) 당신에게도 자연스럽고 달콤하며 깊이 빠져드는 일이 된다면, 효율적인 활동을 할 수 있는 당신의 능력이 완전히 회복된 것이다.

혹시라도 당신이 이러한 사람이라면,

당신은 지금 당장 자신에게 뭐라고 말하겠는가?

당신은 그 말을 경청하겠는가?

우리 중 누군가가 꾸물거리는 행동을 습관으로, 그리고 삶에 대처하는 방어 전략으로 삼고 수년간 살아왔다면, 몰두해야 할 것들이 많이 있다는 것과 삶이 너무 많이 낭비되었다는 것을 깨닫기 시작하면서 당황할지도 모른다. 우리는 덫에 걸린 느낌이 들 수도 있고 밤새 모든 것을 바꾸고 싶어 할지도 모른다. 우리가 알고 또 확신하는 만큼 그렇게 '즉시' 능률적이고 생산적인 사람이 되기를 바랄 수 없다는 것은 사실이다. 그것은 시간이 걸린다. 그러나 지금 시작한다면 당신이 필요로 하는 시간은 아직 많이 남아있다. 나선형 행동을 따라 한 발 더 조금 내딛는 것은 당신을 자유롭게 만들어 당신의 있는 모습 그대로 커지게 하며, 할 수 있는 만큼 쾌활하고 능동적이며 애정이 많고 활기찬 사람이 되도록 한다.

그 나선은 항상 활동과 성장, 그리고 앞으로 전개될 삶에 대한 일반적인 상징이 되어오고 있다. 당신이 점점 필요로 하는 것과 원하는 것을 할 수 있게 되면서, 당신의 세계는 당신의 희망과 상상력을 넘어 확장될 것이다. 그리고 그러한 외부 확장은 느긋한 자심감과 힘이라는 내적 보상으로 돌아올 것이다.

그러므로 친절함과 확고함, 유머로 자신을 대하라. 휴식을 즐기라. 그리고 그 과정 속에서 지지를 발견하고, 새로운 삶의 방식의 풍성함 속으로 당신을 맞아들이라.

이제는 때가 되지 않았는가?

역 자 후 기

서문을 쓰고 있는 지금도 내 책상과 서재 주변에는 그동안 진행되다가 중단된 여러 과제들, 즉, 소논문, 프로젝트 등이 이곳 저곳에 자리 잡고 있다. 작년부터 사랑니를 뽑아야 한다고 생각만 하고 있지, 정작 아직까지 치과를 가지 못하고 꾸물대고 있다. 노부모님을 모시고 단풍놀이 가려고 여름부터 계획은 하고 있었지만, 어느 덧 낙엽이 떨어지는 겨울의 문턱에 다가와 있다. 이렇듯 미루는 습관은 나의 일상으로 굳어져버려 때로는 이를 제대로 극복하지 못하는 나 자신에 대해 실망할 때가 한두번이 아니다. 나만 미루는가? 다행(?)스럽게도 나뿐 아니라 모든 사람들이 미룬다는 저자의 관찰에 큰 위안을 받는다.

그렇다고 해서 미루는 습관을 마냥 방치할 수만은 없는 노릇이다. 왜냐하면 이런 습관이 때로는 삶에 치명적인 영향을 미칠 수 있기 때문이다. 자동차 타이어의 압력을 장기간 확인 안 하고 방치한 채 사고의 위험을 무릅쓰고 고속도로를 질주한다고 생각해보라. 몇 달 전부터 복부 부근에 묵직한 멍울이 자리잡고 있다는 것을 감지하고도 병원가는 것을 차일피일 미루다가 손을 쓸 수 없는 큰 병을 얻는다면 꾸물대고 미루는 습관이 우리의 삶, 가정, 그리고 행복을 일순간에 앗아가는 치명적인 파괴력을 가져올 것이다.

이 책은 꾸물대고 미루는 습관이 있는 사람들에게는 바이블과 같은 책이다. 이 책은 독자들에게 미루는 습관이 어떻게 생겨났는지에 대해 이해를 돕고 미루는 습관을 만들어 내는 시스템상의 장애를 극복하고 치료하는 데 크게 기여할 것으로 기대된다. 정신건강 전문가들은 물론 미루는 습관으로 고민하고 좌절한 경험이 있는 일반인도 읽을 수 있는 좋은 책이라 적극 추천하고 싶다. 이 책을 번역하는 과정에 도움을 준 김태석 박사님과 좋은 책으로 출간해 주신 임말희 대표님께 감사 드린다.

오태균

총신대학교 목회신학전문대학원 교수(Ph.D.)

참 고 문 헌

자조북 리스트

효과적인 행동 취하기
Feel the Fear and Do it Anyway,
by Susan Jeffers, 1997, Rider, UK

The Seed Handbook
by Lynne Franks, 2000, Harper Collins, UK

The Work You Were Born to Do
by Nick Williams, 2000, Element Books, UK

우울감을 떨치려면
Depression: The way out of your prison
by Dorothy Rowe, 1999, Routledge, UK

삶의 군더더기를 치우려면
Clear Your Clutter with Feng Shui
by Karen Kingston, 1998, Piatkus Books, UK

시간을 아끼려면
Women Who Run With the Wolves
by Clarissa Pinkola Estes, 1998, Rider

창조성을 높이려면
The Grace of Great Things
by Robert Grudin, 1991, Houghton Mifflin, US

The Artist's Way; a spiritual path to higher creativity
by Julia Cameron, 1992, Tarcher Putnam, US

외모 가꾸기
Life Choices, Life Changes

by Dina Glouberman, 1995, Thorsons, UK
Creative Visualisation
by Shakti Gawain, 1998, Bantam Books, US

유아의 발달, 학습, 행동

The Making and Breaking of Affectional Bonds
by John Bowlby, 1990, Routledge, UK

Growing Up Again *(Notes 1 and 2)*
by Jean Ilsley Clark and Connie Dawson, 1998, Hazelden Foundation, US

Gestalt Counselling in Action 2nd Edn.
by Petrushka Clarkson, 1999, Sage, UK

Our Need for Others and its Roots in Infancy
by Josephine Klein, 1992, Routledge, UK

Body Centred Psychotherapy: Hakomi Method
by Ron Kurtz, 1990, Life Rhythm, US

Becoming the way we are
by Pamela Levin, 1988, Health Communications Inc., US

The Drama of Being a Child
by Alice Miller, 1995, Virago Press, UK

Thou Shalt Not Be Aware
by Alice Miller, Lloyd de Mauss, 1998, Pluto Press, UK

Maturational Processes and the Facilitating Environment
by D.W. Winnicott, 1995, Karnac, UK

The Child, the Family and the Outside World
by D.W. Winnicott, 1991, Penguin, UK